大正大学綜合佛教研究所研究叢書　第32巻

瑜伽論　声聞地

第三瑜伽処

— サンスクリット語テキストと和訳 —

大正大学綜合佛教研究所
声聞地研究会

山喜房佛書林　2018

Taishō Daigaku Sōgōbukkyō Kenkyūjo Kenkyū Sōsho XXXII

Śrāvakabhūmi

the Third Chapter

Revised Sanskrit Text and Japanese Translation

Śrāvakabhūmi Study Group
THE INSTITUTE FOR COMPREHENSIVE STUDIES OF BUDDHISM
TAISHO UNIVERSITY

The Sankibo Press, Tokyo 2018

本書は、大正大学綜合佛教研究所研究員の研究活動を奨励し、その優れた学術研究を公表するために創設された「大正大学綜合佛教研究所研究助成制度」の出版助成金の交付を受けて、「大正大学綜合佛教研究所研究叢書第32巻」として公刊されるものである。

はじめに

2007年1月に『瑜伽論声聞地第二瑜伽処』を刊行してから、10年の月日を経た。本研究会ではこの出版後、2007年4月より第三瑜伽処の校訂と和訳研究を開始した。この作業にあたっては、1994年に出版された『梵文声聞地原文影印本』（以下『声聞地写本』）を底本とし、Wayman 1961、Shukla 1973、Sakuma 1973を参照し、北京版、デルゲ版、ナルタン版、チョーネ版の4本のチベット語訳と漢訳を比較対照しながら、より正確なテキスト校訂と和訳の作成を心がけた。その成果は『大正大学綜合佛教研究所年報』第30号から第35号に「梵文声聞地（二十二）」から「梵文声聞地（二十七）」として掲載された。本書はこれらの成果に修正を加え大正大学綜合佛教研究所研究叢書として上梓したものである。この研究は、梵文テキストと和訳を主として長島潤道が行い、他の参加者が検討を加えて、進めたものである。

2014年4月からは週一回のペースで見直し作業を行った。『大正大学綜合佛教研究所年報』に発表した校訂テキストと和訳を、再度、写本、漢訳、チベット語訳と対照させ、誤読や誤記を修正した。また京都ノートルダム女子大学大学院 Robert Kritzer 教授から多くの助言をいただいたことをここに付記しておく。この作業は長島潤道、阿部貴子、佐藤堅正、石田一裕、西野翠、松本恒爾、安井光洋で行い、それぞれ以下の部分を担当した。

A-Ⅰ. 往詣～C-Ⅲ-1-a. 奢摩他品（本書 pp. 2-27）：阿部貴子
C-Ⅲ-1-a-⑴. 六種力～C-Ⅲ-1-b-⑵-iii-(c). 相（本書 pp. 26-53）：石田一裕
C-Ⅲ-1-b-⑵-iii-(d). 品～C-Ⅲ-2-c. 不緩加行（本書 pp. 52-73）：佐藤堅正
C-Ⅲ-2-d. 無倒加行～C-Ⅳ-2. 増長廣大（本書 pp. 74-99）：長島潤道
C-Ⅳ-3. 究竟獲得～C-Ⅴ-4-a-⑴-iii. 過患相（本書 pp. 99-127）：西野翠
C-Ⅴ-4-a-⑴-iv. 光明相～C-Ⅴ-4-b. 慈愍観（本書 pp. 126-153）：松本恒爾
C-Ⅴ-4-b-⑴. 念處趣入～C-Ⅴ-5. 結修作意（本書 pp. 152-175）：安井光洋

この見直し作業を進めながら、2015年と2016年には韓国金剛大学との国際共同研究を行い、2016年度大正大学学内学術研究助成金を受けて、その成果を『声聞地と仏教写本』（*Śrāvakabhūmi and Buddhist Manuscripts*）として出版した。学外より論文を寄稿いただいた８名の著者と金剛大学国際仏教文化研究所所長金成哲教授の尽力により、声聞地研究が進展したことで、学界に些か貢献できたと思う。

校訂にあたり参照したチベット語訳のナルタン版は、成田山仏教研究所の御好意により、同研究所所蔵のマイクロフィルムから複写していただいた同版をチベット語訳資料として引き続き利用させていただいた。ここに、成田山仏教研究所所長橋本照稔貫主猊下をはじめ、同研究所主席研究員松本照敬博士、また故井原照蓮博士に甚深なる感謝の意を表し、御礼申し上げたい。さらにチョーネ版については筑波大学の佐久間秀範教授より頂戴した東京大学所蔵のチベット大蔵経のチョーネ版の『声聞地』の複写も引き続き利用させていただいた。ここに氏に対し再び謝意を表し、御礼申し上げたい。漢訳経典の検索についてはSAT大蔵経テキストデータベースを使用した。漢訳の検索により膨大な『瑜伽論』における、漢語の用例把握や類似する文章の発見など様々な知見が獲得でき、研究の進展を助けられた。

また、本研究会には上記の参加者以外に、松濤泰雄、鈴木晃信、前田亮道、矢板秀臣、田嶋光寿、浅野秀夫、牛黎涛の各氏が、かつて参加されていたことをここに記しておく。

最後に、本研究会の代表として長年にわたり『声聞地』校訂研究を牽引し、『瑜伽論声聞地第一瑜伽処』『瑜伽論声聞地第二瑜伽処』の出版に尽力した松濤泰雄先生が2010年に、また松濤先生とともに長年にわたり研究を続けてこられた前田亮道先生が2008年に、それぞれお亡くなりになったことを銘記したい。両先生の生前に本書の刊行をなし得なかったことは痛恨の極みであるが、お二人の長年の尽力に敬意を表すとともに、この出版を報告し、哀悼の意を表したい。

2018年３月

大正大学綜合佛教研究所
声聞地研究会
（長島潤道 記）

Preface

It has been ten years since the *Śrāvakabhūmi, Revised Sanskrit Text and Japanese Translation, the Second Chapter* (ŚBh II) was published in 2007. After this publication, The Śrāvakabhūmi Study Group began editing the third chapter of the *Śrāvakabhūmi* and translating Sanskrit into Japanese. We published parts 22 to 27 of "Śrāvakabhūmi - Sanskrit text with Japanese translation" in the *Annual of the Institute for Comprehensive Studies of Buddhism*, Taisho University in 2008 to 2013. This publication is a revised compilation of those parts.

Our critical edition is based on the *Facsimile Edition of Śrāvakabhūmi Sanskrit Palm-leaf Manuscript* (Ms.) published by the China Library of Nationalities and Taisho University. We referred to the editions of Karunesha SHUKLA and Alex WAYMAN, both based on the photographs kept in the Bihar Research Society, as well as partial editions of SAKUMA, and compared with the Chinese translation and four editions of Tibetan translation, i.e. sDe dge, Peking, sNar thaṅ, and Co ne.

Since April 2014, the study group has had research sessions once a week for revision, which was shared among NAGASHIMA Jundo, ABE Takako, SATO Kensho, ISHIDA Kazuhiro, NISHINO Midori, MATSUMOTO Koji and YASUI Mitsuhiro. The members read the *Śrāvakabhūmi* manuscript again and added notes for this publication. We express deepest gratitude to Prof. Robert Kritzer for his valuable pieces of advice concerning our footnotes. The editorial work was shared as follows:

ABE Takako:	A-I to C-III-1-a	(pp. 2 - 27)
ISHIDA Kazuhiro:	C-III-1-a-(1) to C-III-1-b-(2)-iii-(c)	(pp. 26 - 53)
SATO Kensho:	C-III-1-b-(2)-iii-(d) to C-III-2-c	(pp. 52 - 73)
NAGASHIMA Jundo:	C-III-2-d to C-IV-2	(pp. 74 - 99)
NISHINO Midori:	C-IV-3 to C-V-4-a-(1)-iii	(pp. 99 - 127)
MATSUMOTO Koji:	C-V-4-a-(1)-iv to C-V-4-b	(pp. 126 - 153)
YASUI Mitsuhiro:	C-V-4-b-(1) to C-V-5	(pp. 152 - 175)

In 2017, *Śrāvakabhūmi and Buddhist Manuscript* was co-published as a result of the joint research between the Geumgang Center for Buddhist Studies at Geumgang University and the Institute for Comprehensive Studies of Buddhism at Taisho University, which was supported by Taisho University Grant in Aid for Research Projects (2016). We are pleased with the progress of studies on the *Śrāvakabhūmi*. We express appreciation for Seongcheol Kim, the president of the Geumgang Center for Buddhist Studies, eleven authors and all of presenters and attendances.

In the four editions of Tibetan translation, we made use of the sNar thaṅ edition reproduced from the microfilm preserved at the Naritasan Institute for Buddhist Studies. We would like to express sincere gratitude to the Rev. HASHIMOTO Shōjin, the president of the Institute, as well as Dr. MATSUMOTO Shōkei, the chief researcher, and the late Dr. IHARA Shōren for their generosity.

We also would like to acknowledge our indebtedness to Prof. SAKUMA Hidenori of Tsukuba University, who kindly offered a copy of Co ne edition. Our group used the SAT Daizōkyō Text Database when referring to Chinese translation. We could understand examples of Chinese translation and find some parallels in the *Yujia shi di lun*. Our research on Chinese texts progressed thanks to the SAT Text Database.

In addition to those mentioned above, the following members participated in the Study Group: MATSUNAMI Yasuo, SUZUKI Kōshin, MAEDA Ryōdō, YAITA Hideomi, TAJIMA Mitsuhisa, ASANO Hideo and NIU Litao.

Finally, I would like to express my condolences for Mr. MATSUNAMI Yasuo and Mr. MAEDA Ryōdō. Mr. MATSUNAMI, who passed away in 2010, led our group and dedicated himself to the publications of the *Śrāvakabhūmi*'s first and second chapters. Mr. MAEDA, who deceased in 2008, contributed to the group and the previous publications. It is our great regret that we were unable to bring this publication to completion before they passed away. We would like to dedicate this publication to them with our sincere respect for their endeavors.

March 2018

NAGASHIMA Jundo
The Śrāvakabhūmi Study Group
The Institute for Comprehensive Studies
of Buddhism, Taisho University

目 次

はじめに ・・・・・・・・・・・・・・・・・・・・・・長島　潤道

目次 ・・・・・・・・・・・・・・・・・・・・・・・・・・・・ I

第三瑜伽処概略 ・・・・・・・・・・ 石田　一裕 ・・・・・ III

参考文献と略号 ・・・・・・・・・・・・・・・・・・・・・XII

凡例 ・・・・・・・・・・・・・・・・・・・・・・・・・・・ XX

声聞地第三瑜伽処科文 ・・・・・・・・・・・・・・・・ XXII

声聞地第三瑜伽処サンスクリット語テキストと和訳 ・・・・ 1

英文要旨 ・・・・・・・・・・・・・・・ 安井　光洋 ・・・・ 177

目次（英文） ・・・・・・・・・・・・・・・・・・・・・・ 185

第三瑜伽処概略

石田　一裕

『声聞地』第三瑜伽処は、末尾の略概要頌（piṇḍoddāna）によると（１）近づくこと（upasaṁkramaṇa）、（２）喜ばせること（harṣaṇā）、（３）問うこと（pṛcchanā）、（４）審査すること（eṣaṇā）、（５）務めを護り集積すること（viniyogarakṣopacaya）、（６）遠離（prāvivekya）、（７）一性（ekatā）、（８）障の清浄（āvaraṇaśuddhi）、（９）作意の修習（manaskārasya bhāvanā）を説くものである。

本書ではこれを踏まえつつ、漢訳によって全体を（A）往慶（upasaṁkramaṇa, harṣaṇā）、（B）問尋求（pṛcchanā, eṣaṇā）、（C）五処（pañca sthānāni）の三章に分け、さらに（A）を（A-I）往詣（upasaṁkramaṇa）と（A-II）讃勵慶慰（samuttejana saṁpraharṣaṇa）に、（B）を（B-I）四種審問処法（catvāraḥ paripṛcchāsthānīyāḥ）（B-II）四種尋求（caturbhiḥ kāraṇaiḥ samanveṣitavyaḥ）の二種に、（C）を（C-I）護養定資糧（samādhisaṁbhārarakṣopacaya）（C-II）遠離（prāvivekya）（C-III）心一境性（ekāgratā）（C-IV）障清浄（āvaraṇaviśuddhi）（C-V）修作意（manaskārabhāvanā）の五種に、それぞれ分類し章立てを行っている。本書の科段を、略概要頌、加藤 1930、Deleanu 2006と対照させると次ページの表のようになる。

全体として第三瑜伽処は、ヨーガの初心者である「初業者（ādikarmika）」が修行を具体的に進めて、色界の心と身心の軽安、そして心一境性を獲得するまでの階梯が説かれていると指摘できる。またその一方で、初業者の指導者たる「瑜伽を知る軌範師（yogajña ācāryaḥ）」が弟子を導くための目安や方法が記されているともいえよう。

このような第三瑜伽処が中心的に説示をするのは不浄観（aśubhā）、慈愍観（maitrī）、縁起観（idaṁpratyayatāpratītyasamutpāda）、界差別観（dhātuprabheda）、阿那波那念（ānāpānasmṛti）という、いわゆる五停心観である。これらの五停心観は（C-III）心一境性と（C-V）修作意において言及されるのであるが、この二つのチャプターは第三瑜伽処の大半を占めるものであり、異なった観点からそれぞれ五停心観に言及している。特に（C-V）修作意において不浄観は詳細に説示され、この観法の重要性がうかがわれる。以下に第三瑜伽処の各章についてそれぞれ内容を概説し、その後に『声聞地』における第三瑜伽処の位置付けを先行研究を踏まえつつ考察しよう。

略概要頌 （piṇḍoddāna）	本書科段		加藤 1930		Deleanu 2006
（1）upasaṁkramaṇa	（A） 往詣	（A-I） 往詣	第一項 往慶問を解す	第一目 往の字を釈す	3.21. Initiation of the beginner into spiritual praxis
（2）harṣaṇā		（A-II） 讃勵慶慰		第二目 慶問を解す	
（3）pṛcchanā	（B） 問尋求	（B-I） 四種審問處法	第二項 尋求を釈す	第一目 四種の審問處法を以て應に審問すべきを明す	
（4）eṣaṇā		（B-II） 四種尋求		第二目 四種の處所に於て四の因縁を以て應に正しく發願種姓根行處を審問すべきを明す	
（5） vinyogarakṣopacaya	（C） 五處	（C-I） 護養定資糧	第三項 安立門を釈す （五句あり）	第一目 護養定資糧を明す	3.22. Guarding and accumulating the requsites [necessary] for meditation
（6）prāvivekya		（C-II） 遠離		第二目 遠離處を明す	3.23. Solitude
（7）ekatā		（C-III） 心一境性		第三目 心一境性を明す	3.24. Focusing of the mind
（8）āvaraṇaśuddhi		（C-Ⅳ） 障清浄		第四目 障清浄處を明す	3.25. Purification from hindrances
（9）manaskārasya bhāvanā		（C-Ⅴ） 修作意		第五目 修作意處を明す	3.26. Cultivation of contemplation

第三瑜伽処概説

(A)往詣(本書 pp. 2-7)

（A-I）往詣では、初業者がはじめに行うべきヨーガの指導者に「近づくこと」が説かれる。次の（A-II）讃勵慶慰では、指導者が入門者である初業者を受け入れ、励まし喜ばせることが説かれている。

(A-I)往詣(本書 pp. 2-3)

初業者が指導者に近づく際に心がけるのは（１）批判の心を持たずに承認を願うこと（２）慢心・傲りを持たずに恭敬すること（３）自身を誇示するためでなく、小善を求めること（４）財産と名声のためではなく、「私は自他を善根に結びつける」と考えること、である。このような心がけを持って、初業者は指導者に対してヨーガの教示を乞い願うべきである。

(A-II)讃励慶慰(本書 **pp. 4-7**)

初業者の願いを受けた指導者は、まずその願いを受け入れ、彼の志を優しい言葉で励まし、喜ばせ、さらに煩悩を断とういうその意思を賞賛する。

(B)問尋求(本書 **pp. 6-13**)

ここでは初業者の願いを受けた指導者のなすべきことが(B-I)四種審問処法(B-II)四種尋求という二段階で説かれている。

(B-I)四種審問処法(本書 **pp. 6-7**)

初業者を励ました指導者は、四つの所定の質問をする。四つの質問とは(1)専ら三宝に帰依し、外道の師や聖者に賛同していないか(2)梵行の修習のための本来の清浄さ、極めて清浄な戒、見解の正しさがあるか(3)四聖諦について多くの教えを聞き、それを受持したか(4)心が涅槃に専心しており、涅槃を得るために出家したか、というものである。

(B-II)四種尋求(本書 **pp. 6-13**)

次に指導者は誓願・種姓・根・行の四点について(1)質問(2)説明(3)行為(4)心のあり方を知る、という四つの方法で初業者を審査する。(1)質問によって誓願・種姓・根・行を審査するとは、初業者の誓願が声聞乗か、独覚乗か、大乗かを質問して、審査する。同様に種姓・根・行についても初業者に質問して、指導者は彼の性質を審査するのである。(2)説明による審査は、指導者が種姓・根・行について初業者に説明し、その反応を見て彼の種姓・根・行を審査するものである。(3)行為による審査は、説明を受けた初業者が見せる行為によって、指導者が彼の資質を審査するものであり、詳細は説明による審査と同様である。(4)心のあり方を知ることによる審査とは、指導者、すなわちヨーガを知る瑜伽者が他者の心を知ることで、彼の種姓・根・行を審査するものである。

(C)五処(本書 **pp. 12-175**)

これまでの二つの章はヨーガの実践をするための前段階であり、第三瑜伽処の大半を占めるこの章においてヨーガの実践が説かれる。ここでいう五処とは、本文当該箇所によれば、(C-I)三摩地の資糧を護り集積すること(samādhisaṁbhārarakṣopacaya）（C-II）遠離（prāvivekya）（C-III）心一境性（cittaikāgratā）（C-IV）障の清浄（āvaraṇaviśuddhi）（C-V）作意の修習（manaskārabhāvanā）のことである。

(C-I) 護養定資糧（本書 **pp. 14-15**）

三摩地の資糧（samādhisaṁbhāra）とは戒のことである。戒についての考察は、第一瑜伽処においては戒律義の中でなされているが、第三瑜伽処ではここで行われるのみである。ヨーガの解説に重きを置く第三瑜伽処は、戒もまた三昧との関連で考察していると指摘できよう。

(C-II) 遠離（本書 **pp. 14-21**）

ヨーガを実践するものは、まず戒を保ち、次に遠離を実践する。遠離とは（１）場所の円満（sthānasaṁpad）（２）威儀の円満（īryāpathasaṁpad）（３）隔離（vyapakarṣa）の三種からなる。（１）場所の円満とは、ヨーガの実践にふさわしい場所に住むことである。そのような場所は阿練若、樹下、空閑処である。その中でも、人気なく静かで、蚊や虻などに煩わされることなく、ライオンやトラに脅かされることなく、乞食にも便利な場所に住することが場所の円満である。（２）威儀の円満とは、修行者として日中は経行や安坐によって、夜間は修行とともに睡眠をとり、また暗いうちに目を覚まして修行に励む。正しい威儀を具えた修行者は正しい姿勢と正しい心で跏趺を組んで坐る。これが威儀の円満である。（３）隔離には身体の隔離と心の隔離とがある。身体の隔離とは在家とも出家とも同伴せずに住すことであり、心の隔離とは染汚と無記の作意を離れ、禅定あるいはその資糧に属する善で意義ある作意を修習することである。以上の三種が遠離の内容である。

(C-III) 心一境性（本書 **pp. 22-91**）

ここからがヨーガの実践についての説明である。（C-III）心一境性の内容は（C-III-1）奢摩他品（śamathapakṣya）・毘鉢舎那品（vipaśyanāpakṣya）と（C-III-2）九種加行（navavidha prayogatā）に大別される。

(C-III-1) 奢摩他品・毘鉢舎那品（本書 **pp. 22-71**）

第三瑜伽処において「心一境性（cittaikāgratā）」は「繰り返す随念と同分の所縁を持ち、連続性と非難の余地のない喜びとに結合した心相続」と説かれ、これが三摩地（samādhi）であり、善なる心一境性である。この心一境性には止に属するもの（śamathapakṣya）と観に属するもの（vipaśyanāpakṣya）とがある。このうち止には九種が、観には四種が説かれる。九種の止は六種の力によって円満し、そこでは四種の作意が働く。一方、四種の観にはさらに三つの門と六事によって区別される所縁とがある。この六事によって区別される所縁の「六事」とは（１）意味（artha）、（２）事物（vastu）、（３）特徴（lakṣaṇa）、（４）品（pakṣa）、（５）時（kāla）、（６）道理（yukti）のことである。観についての説示は、これら六事による五停心観それぞれの分析に費やされている（本書 pp. 34-69）。

（C-III-2）九種加行（本書 **pp. 70-91**）

九種の加行には白品に包含される加行と黒品に包含される加行とがある。九種の白品に包含される加行とは（１）相応加行（anurūpaprayogatā）、（２）串習加行（abhyastaprayogatā）、（３）不緩加行（aśithilaprayogatā）、（４）無倒加行（aviparītaprayogatā）、（５）応時加行（kālaprayogatā）、（６）解了加行（upalakṣaṇaprayogatā）、（７）無厭足加行（asaṁtuṣṭaprayogatā）、（８）不捨軛加行（avidhuraprayogatā）、（９）正加行（samyakprayogatā）のことであり、これに反するものが九種の黒品に包含される加行である。九種の加行が説示されたのちに、正加行の内容である除遣（vibhāvanā）について言及され、これは五種に分類される。除遣とは、例えば画家が写生を行うときに、一枚描いてはそれを捨て去り、新たにまた写生をする。何度もこの作業を繰り返すうちに、彼の絵はより明瞭になっていくように、初業者は所縁を理解したらそれを捨て去り、また新たに所縁を獲得し、それを理解し再び捨て去ることで、彼の所縁に対する理解は深まっていくのである。正加行とは、所縁の理解と除遣を繰り返し行うことである。

（C-IV）障の清浄（本書 **pp. 92-105**）

正加行に次いで説かれるのは障の清浄である。ここでは（C-IV-1）障清浄（āvaraṇaviśuddhi）とともに（C-IV-2）増長広大（bāhulya）、（C-IV-3）究竟獲得（pratilabdha）、（C-IV-4）止観双運転道（śamathavipaśyanāyuganaddhavāhī mārgaḥ）が説示される。障の清浄とは、正しく修行を行う瑜伽者が障（āvaraṇa）から心を清浄にすることである。この障について、その自性（障の本質）と因縁（障が起こる原因）と過患（障によって生じる患い）と対治（障を取り除く方法）とが説示される。増長広大では観が大きくなることで、止もまた大きくなり、それに伴い身心の軽安と心一境性が増すことが示される。そしてこの完成が転依であると指摘される。究竟獲得とは不浄観をはじめとする五停心観の獲得が、また止観双運転道では止と観が結びつきともに働くことが、それぞれ述べられている。

(C-V) 修作意（本書 **pp. 106-175**）

本書は（C-V）修作意を（C-V-1）四作意（catvāro manaskārāḥ）、（C-V-2）可厭患処・可欣尚処（saṁvejanīyam dharmam, abhipramodanīyam dharmam）、（C-V-3）二種法（dvau dharmau）、（C-V-4）五種相（pañca nimittāni）、（C-V-5）まとめに分けている。ここでは初業者のヨーガの実践が初期段階から有作意の者となり、煩悩や身体の麁重に煩わされず、身心の軽安が獲得される段階に至るまでの様子が具体的に説かれる。

(C-V-1) 四作意

入門者である初業者（ādikarmikaḥ tatprathamakarmika）は、心一境性と障の清浄によって正加行を学ぶ。そして、心一境性と断の喜びを証得するため（１）調練心作意（cittasaṁtāpano manaskāraḥ）、（２）滋潤心作意（cittābhiṣyandano manaskāraḥ）、（３）生軽安作意（praśrabdhijanako manaskāraḥ）、（４）浄智見作意（jñānadarśana-viśodhako manaskāraḥ）という四つの作意を修行する。

(C-V-2) 可厭患処・可欣尚処 **(C-V-3)** 二種法

初業者は厭うべき法を厭い、喜ぶべき法を喜ぶ行を修める。厭うべきものは現前した自身の困苦と他者の困苦、消滅した自身の円満と他者の円満である。喜ぶべきものは三宝、学足と戒の清浄、自身の殊勝性の証得を確信することである。これらの厭うべきものと喜ぶべきものを、それぞれ厭い、あるいは喜ぶことで、初業者の心は黒品に背き、白品に向かうものとなる。これによって貪などの煩悩を嫌悪し、善を喜ぶ習性が初業者に身につき、次の段階に至る準備が整う。

(C-V-4) 五種相

五種相とは（１）厭離相（saṁvejanīyaṁ nimittam）、（２）欣樂相（prasadanīyaṁ nimittam）、（３）過患相（ādīnavanimittam）、（４）光明相（ālokanimittam）、（５）了別事相（vasturūpaṇānimittam）のことである。五停心観の実践は、それぞれのヨーガの中でこの五種の相を取ること（udgrahaṇa）から始められる。ここではその具体的な方法、すなわち不浄観、慈愍観、縁起観、界差別観、阿那波那念において五種相を取る方法が、ヨーガを知る瑜伽者（yogī yogajñaḥ）からヨーガを実践する入門者（yogaprayuktam ādikarmikam）への語りかけとして示されている。この五種相の次に止と観の実践が説かれ、さらにそれに続いて四念処に入ることが示される。四念処の実践についての言及は、第二瑜伽処において様々な異門（paryāya）が説示されているのと比較すると、簡潔である。四念処の実践は内外の身・受・心・法を観察すること（anupaśya）であり、ここでは不浄観の実践者は不浄観に専念しつつ、念処に入る過程が説かれている。不浄観以外の四つの観については、不浄観と共通しない点について明示されている。何れにしても、四念処の実践は五停心観と別にあるのではなく、これらの実践によって四念処を行ずるととらえられている。

(C-V-5) まとめ（**本書 pp. 168-175**）

作意の修習のまとめとして説かれるのは、修行によって得られる功徳である。初業者は止観を実践する中において心一境性と身心の軽安を獲得する。この獲得した心一境性と身心の軽安は、修行が進むにつれて増大していく。身心の軽安が増大すると、断の楽の妨げをなす煩悩に属する心の麁重（prahāṇarativibandhakāriṇāṁ kleśānāṁ pakṣyaṁ cittadauṣṭhulyam）や身体の麁重（kāyadauṣṭhulyam）が断ち切られる。このような軽安が影のように伴うようになると、寂静なる様相を持つ心が生じ、その後に初業者は「有作意のもの（samanaskāra）」となる。有作意のものは、貪瞋癡などの煩悩について激しい纏（paryavasthāna）が生起しなくなる。さらに身体の麁重や、憧憬・不快・怯弱を伴う作意が現行することがなくなる。有作意のものはこのような清浄な特徴を有するのである。

声聞地における第三瑜伽処の位置づけ

第三瑜伽処は、瑜伽行の入門者が指導者を訪ね、指導者は彼を喜ばせ、その能力を確認する。その後、色界の心や心一境性を獲得するまでのヨーガの修行階梯が説かれている[1)]。このような内容は第一瑜伽処冒頭の概要頌（uddāna）において説かれる「実践（viniyoga）」に相当し、第一瑜伽処、第二瑜伽処において説かれるプドガラの区分について詳説せず、記述の多くはヨーガを実践するための説明に費やされている。第一瑜伽処と第二瑜伽処はアビダルマ的な理論の解説であるのに対し、第三瑜伽処と第四瑜伽処はヨーガの実践を強調すると指摘される（Deleanu 2006, p. 148）。第二瑜伽処にもヨーガの詳細な記述はあるが、修行体系の包括的な列挙を意図しており、第三瑜伽処は特に止観の具体的な方法やそれによる身心の変容を示すともいわれている（Abe 2017, p. 77）。また成立について、最古層は第三瑜伽処と第四瑜伽処の中に見いだせるという指摘がある（Deleanu 2006, p.148）。声聞地の中には、新古の層が重層的に存在していると考えることができ、現存する声聞地はそれらが有機的に関連して、一つの文献として成立していると言えよう。

---

1) cf. ŚBh II pp. IV-V

第三瑜伽処と前の二つの瑜伽処の間に見られる連関には以下のようなものがある。まず（B）問尋求が a.願、b.種姓、c.根、d.行について言及し、a.とb.を声聞乗、独覚乗、大乗に関連付けて分類し、c.を鈍根、中根、利根と、d.を貪行者、瞋行者、癡行者、慢行者、尋伺行者に分類する点は、第一瑜伽処の種姓地の一部（(I) -A-IV-d~i, ŚBh I. pp. 30-35）と類似し、また第二瑜伽処の建立補特伽羅（(Ⅱ) -A-II-2）においては説示の順番は異なるが、根による区分（(Ⅱ) -A-II-2-a-(1), ŚBh II. pp. 22-23）、行による区分（(Ⅱ) -A-II-2-a-(3)~(3)v, ŚBh II pp. 22-33）、願による区分（(Ⅱ) -A-II-2-a-(4), ŚBh II pp. 32-35）に関する分類の方法が一致している。このうち願による区分において、第二瑜伽処と第三瑜伽処は「大乗（mahāyāna）」に対する誓願を見出すことができる。これが「声聞地」の成立当初から「大乗」が存在したことを示すものであるか、『瑜伽論』の形成過程で挿入されたものかを判断することは難しい[2)]。

また（C）五処は、まず（C-I）護養定資糧において、第一瑜伽処の二道資糧（(Ⅰ) -C-III, ŚBh I. pp. 62-295）で詳細に説かれる項目が端的にまとめられる。この箇所の一部は「声聞地」の原型に含まれていたとの指摘もあり、声聞地の古層を考える際には、 重要な部分の一つであると指摘できよう。（C-II）遠離は、まず處所圓滿（(Ⅲ) -C-II-1）が第一瑜伽処の楽遠離（(Ⅰ) -A-II-4-b-(10), ŚBh I. pp. 20-21）と関連を持ち、さらに遠離障（(Ⅰ) -C-III-11-b-(2), ŚBh I. pp. 248-251）は遠離の障害となるものをあげるという意味で、逆説的にここと関連するといえよう[3)]。威儀円満（(Ⅲ) -C-II-2）は第一瑜伽処の初夜後夜常勤修習覚寤瑜伽（(Ⅰ) -C-III-7, ŚBh I. pp. 150 -171）と類似するが、記述は短くまとめられている[4)]。離隔（(Ⅲ) -C-II-3）については、明確に対応する箇所を指示し難い。

（C-III）心一境性に説かれる奢摩他と毘鉢舎那は、第二瑜伽処に類似を見出すことが可能である[5)]。すなわち、九種の心住として説かれる奢摩他は、第二瑜伽処

---

2) 宇井 1958 は第三瑜伽処の「大乗」について「大乗種性ならば、大乗相應の言論に信解を生ずるなどと述べて、聲聞地に不適切な言もある。あまりに詳しくせんとした爲に、遂に此の如き混雑、無區別の敍述となったものであろう。これ等が瑜伽論の弊害の一であることは否定出來ない」と述べる。

3) ŚBh III. p.17の脚注で指摘したようにŚBh Iの他の箇所（pp. 21-21, 250-251, 280-281）との類似も確認できる。

4) ŚBh I. 正知而住（(Ⅰ) -C-III-8, pp. 172-211）との類似も指摘できる。

5) 詳しくは阿部 2017 を参照。阿部は第二瑜伽処と第三瑜伽処におけるśamathaとvipaśyanāの関係を詳細に考察している。

の無分別影像（(II)-A-II-3-a-(1)-ii, ŚBh II. pp. 44-47）に、また四種の知恵をともなった実践として説かれる毘鉢舎那は有分別影像（(II)-A-II-3-a-(1)-i, ŚBh II. pp. 42-45）に類似する記述を見出すことが出来る。ここでは第二瑜伽処の記述が簡潔であるのに対し、第三瑜伽処は同様の項目をより詳細に説示している。その一方で、不浄観の相（(III)-C-III-1-b-(2)-ii-(c)）に説かれる朽穢不浄は「この体に髪・毛、乃至、脳髄・脳膜・尿がある」と省略した形で説かれるが、これは第二瑜伽処の依内不浄（(II)-A-II-3-b-(1)-i-(a)-①, ŚBh II. pp. 58-61）に列挙される36の項目が省略されたものである。

（C-IV）は第一瑜伽処、第二瑜伽処との特筆すべき関連は見いだせず、（C-V）の四作意は、第二瑜伽処の四作意（(II)-A-II-9-a, ŚBh II. pp. 158-159）、あるいは第四瑜伽処に説かれる七作意（Sh. p.439）とは一致しない。第三瑜伽処は、心一境性を得るための実践として四種の作意を説くにすぎないが、第二瑜伽処と第四瑜伽処では修行階梯と対応させた段階的な作意を説いている。

また第三瑜伽処に説かれる念住は、第二瑜伽処のそれと異なる説かれ方をしている。第二瑜伽処が三十七菩提分法の習修の中に四念住を説き、身・受・心・法を分析的に説示するのに対し、第三瑜伽処で説かれる念住は不浄観や慈愍観といった個別のヨーガを実践しつつ、念住に入ると説かれる。

以上のように、第三瑜伽処には前の二つの瑜伽処と共通する項目がいくつかあるが、念住のように異なる観点から考察されている項目も散見される。前の二つの瑜伽処では網羅的に教理を論じる傾向があるが、ここではヨーガを実践する観点から教理が体系化されていると指摘できよう。

参考文献と略号
(Bibliography and Abbreviations)

基本資料

Ch.	*Yujia shi di lun* 瑜伽師地論. T 30, No.1579.
Choi.	Choi, Jong-nam. 2001.
Co.	Co ne Edition. Microfilms of Co ne bsTan 'gyur edited by the Institute for Advanced Studies of World Religions, stored in Tokyo University Liberary. No.4003, Sems Tsam, Dza 1-201.
D.	sDe dge Edition. *Tibetan Tripiṭaka bsTan ḥgyur: preserved at the Faculty of Letters, University of Tokyo*. Tokyo: Sekai Seiten Kanko Kyokai. 1980. No. 4036, Sems Tsam 6, Dsi 1-195.
Intro.	*Introduction to the Facsimile Edition of the Śrāvakabhūmi'Sanskrit Palm-leaf Manuscript*. Tokyo: The Institute for Comprehensive Studies of Buddhism, Taisho University. 1994.
Mai.	Maithrimurthi, Mudagamuwe. 1999.
Ms.	*Facsimile Edition of the "Śrāvakabhūmi" Sanskrit Palm-leaf Manuscript* 瑜伽師地論声聞地梵文原文影印本, The China Library of Nationalities and The Institute for Comprehensive Studies of Buddhism, Taisho University. Beijing: Minzu Chubanshe. 1994.
Ms. A	Ms. A*a1-b7.
Ms. B	Ms. 29b1R-30a8L.
Ms. S.	Photographs taken by Rāhula Sāṅkṛtyāyana, stored in the Bihar Research Society.
N.	sNar thaṅ Edition. Microfilms stored in Naritasan Institute for Buddhist Studies, Mibu Catalog, No. 3528, Wi. 1-209.
P.	Peking Edition. *The Tibetan Tripitaka* 影印北京版西藏大蔵経: *Peking edition, reprinted under the supervision of the Otani University, Kyoto*. Tokyo-Kyoto: Tibetan Tripitaka Research Institute. 1957. No. 5337, Vol. 110, Sems Tsam III, 1-236.
Sa.	Sakuma, Hidenori. 1990.
Sh.	Shukla, Karunesha. 1973.
Tib.	Tibetan Translation of Śrāvakabhūmi, *rNal 'byor spyod pa'i sa las ñan thos kyi sa*.
W.	Wayman, Alex. 1961.

一次資料

AKBh	Abhidharmakośabhāṣya. *Abhidharmakośabhāṣya of Vasubandhu*, ed. P. Pradhan. Patna: K. P. Jayaswal. 1967.
BBh	Bodhisattvabhūmi. *Bodhisattvabhūmi*, ed. U. Wogihara. 1936 (repr. Sankibo Press, 1971).
BHSD	Buddhist Hybrid Sanskrit Dictionary. *Buddhist Hybrid Sanskrit Grammar and Dictionary* vol. II, ed. Franklin Edgerton. New Haven: Yale University Press, 1953.
BHSG	Buddhist Hybrid Sanskrit Dictionary. *Buddhist Hybrid Sanskrit Grammar and Dictionary* vol. I, ed. Franklin Edgerton. New Haven: Yale University Press, 1953.
DBT	*Dictionary of Buddhist Terminology based on Yogācārabhūmi: Sanskrit-Tibetan-Chinese & Tibetan-Sanskrit-Chinese* 瑜伽師地論に基づく梵蔵漢対照・蔵梵漢対照仏教語辞典, Koitsu Yokoyama 横山紘一, Takayuki Hirosawa 廣澤隆之. Tokyo: Sankibo Busshorin. 1997.
Index	*Index to the Yogācārabhūmi: Chinese-Sanskrit-Tibetan* 漢梵蔵対照瑜伽師地論総索引. Koitsu Yokoyama 横山紘一, Takayuki Hirosawa 廣澤隆之. Tokyo: Sankibo Busshorin. 1996.
Jāt	Jātaka. *The Jātaka: Together with Its Commentary* I-VII, ed. V. Fausbøll. London: Pali Text Society. 1962-1964.
MPS	Mahāparinirvāṇasūtra. *Das Mahāparinirvāṇasūtra*, ed. E. Waldschmidt. Abhandlungen der Deutschen Akademie der Wissenschaften zu Berlin. Berlin: Akademie Verlag. 1950-1951.
MVy	Mahāvyutpatti. *Mahāvyutpatti* 飜訳名義大集, Sakaki Ryozaburo 榊亮三郎. Kyoto: Shingon-shu Kyoto Daigaku. 1916 (repr. Suzuki Gakujutsu Zaidan, 1962).
PsV	Pratītyasamutpādavibhaṅganirdeśasūtra. *Mahāyānasūtrasaṃgraha* Part I, ed. P. L. Vaidya. Buddhist Sanskrit Text No. 17. Darbhanga: Mithila Institute. 1964.
SaBh	Delhey, Martin. 2009.
ŚBh	Śrāvakabhūmi.
ŚBh I	*Śrāvakabhūmi Yogasthāna I: Revised Sanskrit Text and Japanese translation* 瑜伽論声聞地 第一瑜伽処 —サンスクリット語テキストと和訳—, ed. *Śrāvakabhūmi* Study Group, The Institute for Comprehensive Studies of Buddhism, Taisho University. Tokyo: Sankibo Busshorin. 1998.
ŚBh II	*Śrāvakabhūmi Yogasthāna II: Revised Sanskrit Text and Japanese translation* 瑜伽論声聞地 第二瑜伽処 付 非三摩呬多地・聞所成地・思所成地 —サンスクリット語テキストと和訳—, ed. *Śrāvakabhūmi* Study Group, The Institute for Comprehensive Studies of Buddhism, Taisho University. Tokyo: Sankibo Busshorin. 2006.

ŚBh III-(1)	"Śrāvakabhūmi Part XXII: Sanskrit Text, Analysis, and Japanese Translation of the Tṛtīyaṁ Yogasthānam 梵文声聞地(二十二) —第三瑜伽処(1)和訳・科文—," in *Annual of the Institute for Comprehensive Studies of Buddhism, Taisho University*. 30: (1)-(79). 2008.
ŚBh III-(2)	"Śrāvakabhūmi Part XXIII: Sanskrit Text, Analysis, and Japanese Translation of the Tṛtīyaṁ Yogasthānam 梵文声聞地(二十三) —第三瑜伽処(2)和訳・科文—," in *Annual of the Institute for Comprehensive Studies of Buddhism, Taisho University*. 31: (1)-(81). 2009.
ŚBh III-(3)	"Śrāvakabhūmi Part XXIV: Sanskrit Text, Analysis, and Japanese Translation of the Tṛtīyaṁ Yogasthānam 梵文声聞地(二十四) —第三瑜伽処(3)和訳・科文—," in *Annual of the Institute for Comprehensive Studies of Buddhism, Taisho University*. 32: (1)-(47). 2010.
ŚBh III-(4)	"Śrāvakabhūmi Part XXV: Sanskrit Text, Analysis, and Japanese Translation of the Tṛtīyaṁ Yogasthānam 梵文声聞地(二十五) —第三瑜伽処(4)和訳・科文—," in *Annual of the Institute for Comprehensive Studies of Buddhism, Taisho University*. 33: (105)-(151). 2011.
ŚBh III-(5)	"Śrāvakabhūmi Part XXVI: Sanskrit Text, Analysis, and Japanese Translation of the Tṛtīyaṁ Yogasthānam 梵文声聞地(二十六) —第三瑜伽処(5)和訳・科文—," in *Annual of the Institute for Comprehensive Studies of Buddhism, Taisho University*. 34: (45)-(85). 2012.
ŚBh III-(6)	"Śrāvakabhūmi Part XXVII: Sanskrit Text, Analysis, and Japanese Translation of the Tṛtīyaṁ Yogasthānam 梵文声聞地(二十七) —第三瑜伽処(6)和訳・科文—," in *Annual of the Institute for Comprehensive Studies of Buddhism, Taisho University*. 35: (65)-(97). 2013.
ŚBhD	Deleanu, Florin. 2006.
SBhV	Saṅghabhedavastu. *The Gilgit Manuscript of the Saṅghabhedavastu* I, II, ed. Raniero Gnoli. Roma: Istituto Italiano per il Medio ed Estremo Oriente. 1977, 1978.
SN	Saṁyuttanikāya. *The Saṁyutta-Nikāya* I-V, ed. M. Léon Feer. London: Pali Text Society. 1884-1898 (repr.1973-1976).
Sph	Abhidharmakośavyākhyā. *Sphuṭārthā Abhidharmakośavyākhyā*, ed. U. Wogihara. Tokyo: Publishing Association of Abhidharmakośavyākhyā. 1932-1936.
YBh	Yogācārabhūmi. *The Yogācārabhūmi of Ācārya Asaṅga*, ed. V. Bhattacarya. Calcutta: University of Calcutta. 1957.
『中辺分別論』	*Zhongbian fenbie lun* 中辺分別論. T 31, No. 1599.
『瑜伽師地論略纂』	*Yujia shi di lun lue zuan* 瑜伽師地論略纂. T 43, No. 1829.
『瑜伽論記』	*Yujia lun ji* 瑜伽論記. T 42, No. 1828.

二次資料

阿部貴子

2011　「『声聞地』のヨーガーチャーラ yogācāra」『智山学報』60: 21-47.

2012　「界 dhātuの観想―『声聞地』と禅経典の関わりから―」『密教学研究』44: 101-123.

宇井伯寿

1936 (repr. 1971)　『梵蔵漢対照菩薩地索引』鈴木学術財団.

1944　「史的人物としての彌勒及び無着の著述」『印度哲学研究』1: 355-414.

1958　『瑜伽論研究』岩波書店.

1965　「瑜伽行派に於ける二系統」『印度哲学研究』6: 499-540.

加藤精神

1930　『国訳一切経　印度撰述部　瑜伽部二』大東出版社.

金倉円照

1977　「瑜伽論声聞地の原典」『鈴木学術財団研究年報』14: 115-118.

木村高尉

1992　「聲聞地梵文の欠落とその補填」『印度学仏教学研究』40-2: 919-922.

合田秀行

1999　「初期瑜伽行派の形成過程に関する一考察―「声聞地」の瑜伽師 yogācāraを中心として」『日本大学人文科学研究所紀要』57: 1-17.

佐久間秀範

1989　「玄奘の意図する<転依>思想」『仏教学』26: 21-47.

1999　「『瑜伽師地論』における転依思想」『印度学仏教学研究』39-1: 440-432.

釋惠敏

1994　『「声聞地」における所縁の研究』山喜房佛書林.

声聞地研究会

1992　「梵文声聞地写本について」『大正大学綜合佛教研究所年報』14: (1)-(14).

勝呂信静

1990　『初期唯識思想の研究』春秋社.

塚本啓祥・松長有慶・磯田熙文編著

1990　『梵語仏典の研究III 論書篇』平楽寺書店.

豊平俊道

1986　「『声聞地』の研究」『龍谷大学大学院紀要』7: 88-91.

1989　「『声聞地』における修行道の形成」『哲学』41: 156-169.

中村元

1993　「Yogācāra ―瑜伽行か？瑜伽師か？―」『東方』9: 72-75.

藤田祥道

1990　「『塩塵経』について―瑜伽行派の修道論との関連性から―」『龍谷大学大学院研究紀要』11: 35-51.

本庄良文
1984 『倶舎論所依阿含全表』I, 京都.

向井亮
1976 「アサンガにおける大乗思想の形成と空観―ヨーガーチャーラ派の始祖の問題として―」『宗教研究』49: 23-45.
1978 「ヨーガーチャーラ(瑜伽行)派の学派名の由来」『三蔵』153.

毛利俊英
1986 「声聞地第三瑜伽処和訳(1)」『龍谷大学仏教学研究室年報』2: 32-38.
1987 「『声聞地』の修行道」『龍谷大学大学院研究紀要』8: 17-33.
1989 「『声聞地』の止観」『龍谷大学大学院研究紀要』10: 37-54.

山口益
1966 『中辺分別論釈疏』鈴木学術財団.

山部能宜
1999 「Pūrvācārya の一用例について」『九州龍谷短期大学紀要』45: 203-217.

山部能宜・藤谷隆之・原田泰教
2002 「馬鳴の学派所属について―Saundarananda と『声聞地』の比較研究―(1)」『仏教文化』12: 1-65.

Abe, Takako (阿部貴子)
2015 "Meditation and the Theory of Pratītyasamutpāda in the Śrāvakabhūmi and Other Sources," in *Journal of Chisan Studies* 64: 55–75.
2017 "Śamatha and Vipaśyanā in the Śrāvakabhūmi: Comparisons Between Yogasthānas II and III," in *Śrāvakabhūmi and Buddhist Manuscripts*, ed. Seongcheol Kim and Jundo Nagashima: 61-80. Tokyo: Nombre.

Ahn, Sung-doo
2003 *Die Lehre von den Kleśas in der Yogācārabhūmi*, Alt-und Neu-Indische Studien 55. Stuttgart: Franz Steiner Verlag.

Aramaki, Noritoshi (荒牧典俊)
2000 "Toward an Understanding of the Vijñaptimātratā," in *Wisdom Compassion, and the Search for Understanding: The Buddhist Studies Legacy of Gadjin M. Nagao*, ed. Jonathan Silk: 39-60. Honolulu: University of Hawaii Press.
2013 "Two Notes on the Formation of the Yogācārabhūmi Text-Complex," in *The Foundation for Yoga Practitioners: The Buddhist Yogācārabhūmi Treatise and Its Adaptation in India, East Asia, and Tibet*, ed. Ulrich Timme Kragh, Harvard Oriental Series 75: 398-439. Cambridge: Harvard University Press.

Bhattacharya, Vidhushekhara
1957 *The Yogācārabhūmi of Ācārya Asaṅga: The Sanskrit Text Compared with the Tibetan Version*, Calcutta: University of Calcutta.

Cha, Sangyeob
2013 "The Yogācārabhūmi Meditation Doctrine of the 'Nine Stages of Mental Abiding' in East and Central Asian Buddhism," in *The Foundation for Yoga Practitioners: The Buddhist Yogācārabhūmi Treatise and Its*

Adaptation in India, East Asia, and Tibet, ed. Ulrich Timme Kragh, Harvard Oriental Series 75: 1166-1191. Cambridge: Harvard University Press.

Choi, Jong-nam
2001 *Die dreifache Schulung (Śikṣā) im frühen Yogācāra*. Alt-und Neu-Indische Studien 54. Stuttgart: Franz Steiner Verlag.

de Jong, J.W.
1976 "Review of Karunesha Shukla (ed.), Śrāvaka-bhūmi of Ācarya Asaṅga [=Tibetan Sanskrit Work Series, vol. XIV] Patna, 1973," in *Indo-Iranian Journal* 18: 307-311.

Deleanu, Florin
2002 "Some Remarks on the Textual History of the Śrāvakabhūmi," in *Journal of the International College for Postgraduate Buddhist Studies* 5: 67-111.
2006 *The Chapter on the Mundane Path (Laukikamārga) in the Śrāvakabhūmi, A Trilingual Edition (Sanskrit, Tibetan, Chinese), Annotated Translation, and Introductory Study*, I, II. Studia Philologica Buddhica, Monograph Series XXa-b. Tokyo: The International Institute for Buddhist Studies.
2013 "Meditative Practices in the Bodhisattvabhūmi: Quest for and Liberation through the Thing-In-Itself," in *The Foundation for Yoga Practitioners: The Buddhist Yogācārabhūmi Treatise and Its Adaptation in India, East Asia, and Tibet*, ed. Ulrich Timme Kragh, Harvard Oriental Series 75: 884 -919. Cambridge: Harvard University Press.

Delhey, Martin
2009 *Samāhita Bhūmiḥ: Das Kapitel über die meditative Versenkung im Grundteil der Yogācārabhūmi, Teil 1, 2*. Wien: Arbeitskreis für Tibetische und Buddhistische Studien, Universität Wien.
2013 "The Yogācārabhūmi Corpus," in *The Foundation for Yoga Practitioners: The Buddhist Yogācārabhūmi Treatise and Its Adaptation in India, East Asia, and Tibet*, ed. Ulrich Timme Kragh, Harvard Oriental Series 75: 498 –561. Cambridge: Harvard University Press.

Hakamaya, Noritoshi (袴谷憲昭)
2013 "Serving and Served Monks in the Yogācārabhūmi," in *The Foundation for Yoga Practitioners: The Buddhist Yogācārabhūmi Treatise and Its Adaptation in India, East Asia, and Tibet*, ed. Ulrich imme Kragh, Harvard Oriental Series 75: 312-328. Cambridge: Harvard University Press.

Ishida, Kazuhiro (石田一裕)
2017 "On the Śrāvakabhūmi, Early Abhidharma and Gandhāra Buddhism," in *Śrāvakabhūmi and Buddhist Manuscripts*, ed. Seongcheol Kim and Jundo Nagashima: 95-108. Tokyo: Nombre.

Kragh, Ulrich. T.
2013 "The Yogācārabhūmi and Its Adaptation: Introductory Essay with a Summary of the Basic Section," in *The Foundation for Yoga Practitioners: The Buddhist Yogācārabhūmi Treatise and Its Adaptation in India, East Asia, and Tibet*, ed. Ulrich Timme Kragh, Harvard Oriental Series 75: 22-287. Cambridge: Harvard University Press.

Kritzer, Robert
2005 *Vasubandhu and the Yogācārabhūmi, Yogācāra Elements in the Abhidharmakośabhāṣya*. Studia Philologica Buddhica, Monograph Series XVIII. Tokyo: The International Institute for Buddhist Studies.
2017 "Aśubhabhāvanā in Vibhāṣā and Śrāvakabhūmi," in *Śrāvakabhūmi and Buddhist Manuscripts*, ed. Seongcheol Kim and Jundo Nagashima: 27-60. Tokyo: Nombre.

Maithrimurthi, Mudagamuwe
1999 *Wohlwollen, Mitleid, Freude und Gleichmut*. Alt- und Neu-Indische Studien 50. Stuttgart: Franz Steiner Verlag.

Nagashima, Jundo (長島潤道)
2017 "The Sanskrit Manuscript of the Śrāvakabhūmi in Comparison with the Chinese and Tibetan Translations," in *Śrāvakabhūmi and Buddhist Manuscripts*, ed. Seongcheol Kim and Jundo Nagashima: 175-190. Tokyo: Nombre.

Pāsādika, Bhikkhu
1989 *Kanonische Zitate im Abhidharmakośabhāṣya des Vasubandhu*. Sanskrit Wörterbuch der buddhistischen Texte aus des Turfan-Funden, Beihefte, Heft 1. Göttingen: Vandenhoeck & Ruprecht.

von Rospatt, Alexander
1995 *The Buddhist Doctrine of Momentariness: A Survey of the Origins and Early Phase of this Doctrine up to Vasubandhu*. Alt- und Neu-Indische Studien 47. Stuttgart: Franz Steiner Verlag.

Sakuma, Hidenori (佐久間秀範)
1990 *Die Āśrayaparivṛtti-Theorie in der Yogācārbhūmi, I, II*. Stuttgart: Franz Steiner Verlag.
2013 "Remarks on the Lineage of Indian Masters of the Yogācāra School: Maitreya, Asaṅga, and Vasubandhu," in *The Foundation for Yoga Practitioners: The Buddhist Yogācārabhūmi Treatise and Its Adaptation in India, East Asia, and Tibet*, ed. Ulrich Timme Kragh, Harvard Oriental Series 75: 330-367. Cambridge: Harvard University Press.

Sāṅkṛtyāyana, Rāhula
1937 "Second Search of Sanskrit Palm-leaf Mss. in Tibet," in *Journal of the Bihar and Orissa Research Society* 23-1: (1)-(57).
1938 "Search for Sanskrit Mss. in Tibet," in *Journal of the Bihar and Orissa Research Society* 24-4: (137)-(163).

Schmithausen, Lambert
1976 "On the Problem of the Relation of Spiritual Practice and Philosophical Theory in Buddhism," in *German Scholars on India II*: 235-250. Bombay.
1982a "Die letzten Seiten der Śrāvakabhūmi," in *Indological and Buddhist Studies, Volume in Honour of Professor J.W. de Jong on his sixtieth Birthday*: (457)-(489). Canberra: Australian National University.
1982b "Versenkungspraxis und Erlösende Erfahrung in der Śrāvakabhūmi," in *Epiphanie des Heils, Zur Heilsgegenwart in Indischer und Christlicher Religion:* 59-85. Wien: Institut für Indologie der Universität Wien.

1987 *Ālayavijñāna On the Origina and the early Development of a Central Concept of Yogācāra Philosophy I, II.* Tokyo: The International Institute for Buddhist Studies.

1991 "Yogācārabhūmi: Sopadhikā and Nirupadhikā Bhūmiḥ," in *Papers in Honour of Prof. Dr. Ji Xianlin on the Occasion of his 80th Birthday* (II): (687)-(711). Beijing: Peking University Press.

2007 "Aspects of Spiritual Practice in Early Yogācāra," in *Journal of the International College for Postgraduate Buddhist Studies* 11: 213-244.

2014 *The Genesis of Yogācāra-Vijñānavāda: Responses and Reflections.* Tokyo: International Institute for Buddhist Studies.

Shukla, Karunesha

1968 "Naiṣkramyabhūmi reconstructed," in *Vishveshvaranand lndological Journal* 6: 101-105.

1973 *Śrāvakabhūmi of Ācārya Asaṅga.* Patna: K. P. Jayaswal.

1991 *Śrāvakabhūmi of Ācārya Asaṅga part II.* Patna: K. P. Jayaswal.

Silk, Jonathan A.

2000 "The Yogācāra bhikṣu," in *Wisdom, Compassion, and the Search for Understanding: The Buddhist Studies Legacy of Gadjin M. Nagao*, ed. Jonathan Silk: 265-314. Honolulu: University of Hawaii Press.

2001 "Contributions to the Study of the Philosophical Vocabulary of Mahāyāna Buddhism," in *The Eastern Buddhist* 33.1: 144-168.

Suzuki, Koshin (鈴木晃信)

1995 "The Script of the Śrāvakabhūmi Manuscript," in *Studies on the Buddhist Sanskrit Literature* (梵語仏教文献の研究), ed. Śrāvakabhūmi Study Group and Buddhist Tantric Text Study Group, The Institute for Comprehensive Studies of Buddhism, Taisho University: 21-38. Tokyo: Sankibo Press.

Wayman, Alex

1961 *Analysis of the Śrāvakabhūmi Manuscript.* Berkeley: University of California Press.

1984 *Buddhist Insight.* Delhi: Motilal Banarsidass Publishers.

1997 *Untying the Knots in Buddhism: Selected Essays.* Delhi: Motilal Banarsidass Publishers.

Yamabe, Nobuyoshi (山部能宜)

2009 "The Paths of Śrāvakas and Bodhisattvas in Meditative Practices," in *Acta Asiatica, Bulletin of the Institute of Eastern Culture* 96: 47–75.

凡　例

1. テキスト作成にあたって、写本が必要な語句を欠いていたり明らかに誤写していることが、Tib. Ch. 両者より明白な場合には、基本的に Tib. Ch. を採用し、同じ原文を探して可能な限り梵文を再構成してイタリック体で補った。そこで Tib. Ch. が一致しない場合は原則としてTib.より再構成した。梵文を再構成し得ない場合はTib.をそのまま［　］の中に補った。

2. テキスト中の ◆ は写本の行の切れ目を示す。行の切れ目が判読できない時はおおよその箇所にこのマークを入れた。テキストの行の途中で写本の別の箇所に移る場合もこのマークを入れた。

3. テキスト註記中のMs.の項目の内で、例えば Ms.yāva(dye)deva などと（　）で挟まれた文があるが、これは写本どおりに転写した文である。ここでは写本の筆写者が（　）で挟んだ dye をキャンセルしたことを示している。

4. Sh. のテキスト中に（　）［　］があり、Shukla は（　）を写本の訂正［　］を写本の補足であるとするが、実際のSh. のテキスト中では必ずしもその通りになっていない。（　）［　］による Shukla の補訂を我々のテキストに採用した場合は、その旨は註記していない。但し、写本が適正でありながら Shukla が誤読し、それを彼が「訂正」している場合は、Sh. に記されている通りに我々のテキスト註記に収めている。

5. テキスト註記において、写本の読みを挙げずに Sh. または W. を挙げている場合は、我々のテキストは写本と一致している。

6. 明白に写本筆写者の誤写と見なしうるものも、単独写本であるという事情に鑑み、極力註記に挙げたが、省いたものもわずかながらある。

7. 但し、不正規な sandhi の訂正や daṇḍa の訂正は、繁雑になることを恐れ、Ms. Sh. W. のいずれについても註記を省いた。

8. テキスト中の科文番号において他の基本資料がその項目の一部のみをあげた場合には、⋆ の記号を付した。

9. テキスト註が複数頁に亘る時、註記号に＊を付した。

10. 科文は我々のテキストのページ、Ms. の箇所、北京版チベット訳 (P) の箇所、漢訳大正蔵(Ch.)の箇所を対応したものである。科文を作成するにあたって、テキスト中のサンスクリット語,漢訳語を原則として採用した。

11. 科文索引は科文中のサンスクリット語の索引である。

12. 和訳において、チベット訳より補った語句・文には、［　］を付し、漢訳あるいは訳者の判断で補った語句には（　）を付した。

Explanatory Remarks

1. We follow the readings of the Sanskrit manuscript as faithfully as possible. When, however, both Tibetan and Chinese translations read differently from the Sanskrit manuscript, we follow both translations and present the text in the following manner : we supply such Sanskrit word(s) and phrase(s) (*in Italics*) as are identified in the text within the Śrāvakabhūmi text, and we supply Tibetan word(s) and phrase(s) where no parallel word or phrase is identified in Sanskrit, or where a leaf of the manuscript is missing.

2. The mark ◆ indicates where each line in the manuscript begins. In the case where the leaf is damaged or broken, the mark indicates the most probable place. This mark is used also when the text jumps from the middle of a line to another line or another leaf due to insertion.

3. The letter(s) which had been canceled by a cancel mark in the manuscript is / are put in parentheses in our footnotes. E.g. : yāva(dye)deva. (The letter *dye* had been canceled in the manuscript.)

4. According to K. Shukla (Sh. p.xxiv), the letter(s) and word(s) in parentheses ( ) are those corrected by him, and those in square brackets [ ] are those supplemented by him. (In fact, this is not always the case.) When we follow such corrections and supplements by him, our footnotes do not note his corrections and supplements.

5. We note the corrections or suggestions in Sh. and W. when we do not follow them.

6. Even careless writing errors by the copyist are noted in our footnotes.

7. Corrections of irregular *sandhi*s and *daṇḍa*s are not noted by us.

8. Abbreviations with ★ at the header of paragraphs indicate that other editions have a part of the text.

9. When the object of a footnote straddles two pages, the footnote signs are marked with *.

10. The Synopsis lists the subjects followed by the paginations in our Sanskrit text, Sanskrit manuscript, Tibetan translation (Peking edition), and Chinese translation (Taisho edition).

11. The Index is an index to the Sanskrit terms in the Synopsis.

声聞地第三瑜伽処科文

	Text	Ms	P	Ch
(Ⅲ) tṛtīyaṁ yogasthānam, 第三瑜伽処概略				
A. upasaṁkramaṇa, 往詣				
I. upasaṁkramaṇa, 往詣	2	95b1M	155b3	448b21
II. harṣaṇā, pṛcchanā, eṣaṇā, 讃勵慶慰	2	95b3M	155b7	448c13
B. 問尋求				
I. catvāraḥ paripṛcchāsthānīyāḥ, 四種審問處法	6	95b7M	156b1	449a10
II. caturbhiḥ kāraṇaiḥ samanveṣitavyaḥ, 四種尋求	6	96a1L	156b5	449a17
1. pṛcchayā, 以審問				
a. praṇidhānataḥ, 願	6	96a1R	156b7	449a23
b, c, d. gotra, indriya, carita, 種姓,根,行	8	96a2R	157a1	449a27
2. kathayā, 以言論	8	96a4M	157a5	449b6
3. ceṣṭayā, 以所作	12	96b3L	158a2	449c7
4. cetaḥparyāyajñānena, 以知他心差別智	12	96b3R	158a3	449c11
C. pañca sthānāni, 五處	14	96b4M	158a5	449c15
I. samādhisaṁbhārarakṣopacaya, 護養定資糧	14	96b5L	158a6	449c18
II. prāvivekya, 遠離	14	97a2L	158b5	450a3
1. sthānasaṁpat, 處所圓滿	16	97a2M	158b5	450a4
2. īryāpathasaṁpat, 威儀圓滿	18	97a7M	159a8	450a26
3. vyapakarṣa, 離隔	20	97b4L	160a2	450b19
III. ekāgratā, 心一境性	22	97b5R	160a6	450b27
1. śamathapakṣyā, vipaśyanāpakṣyā, 奢摩他品, 毘鉢舍那品	24	98a1L	160b5	450c14
a. śamathapakṣyā, 奢摩他品	24	98a1M	160b6	450c18
(1) ṣaḍ balāni, 六種力	26	98b1L	161b5	451a19
(2) catvāro manaskārāḥ, 四種作意	28	98b3L	162a2	451b1
b. vipaśyanāpakṣyā, 毘鉢舍那品	28	98b4M	162a5	451b10
(1) trīṇi mukhāni, 三門	30	98b6M	162b2	451b25
(2) ṣaḍvastuprabhedālambanāni, 六事差別所縁	32	99a2M	162b6	451c5

i. trividham avabodham, 三覚	34	99a7M	163b3	452a3
ii. aśubhā, 不浄觀				
(a) artha, 義	34	99b1R	163b6	452a11
(b) vastu, 事	36	99b3L	164a1	452a17
(c) lakṣaṇa, 相	36	99b3M	164a2	452a19
(d) pakṣa, 品	40	100a7L	165a8	452c10
(e) kāla, 時	42	100b1M	165b6	452c22
(f) yukti, 理	44	100b3M	166a3	453a2
iii. maitrī, 慈愍觀				
(a) artha, 義	46	100b8R	166b7	453a29
(b) vastu, 事	46	101a1M	167a1	453b5
(c) lakṣaṇa, 相	48	101a2M	167a3	453b3
(d) pakṣa, 品	52	101b1L	168a5	453c14
(e) kāla, 時	52	101b1R	168a6	453c19
(f) yukti, 理	52	101b2R	168a8	453c22
iv. idaṁpratyayatāpratītyasamutpāda, 縁起觀				
(a) artha, 義	54	101b3R	168b5	454a16
(b) vastu, 事	56	101b5L	168b8	454a23
(c) lakṣaṇa, 相	56	101b5M	169a1	454a25
(d) pakṣa, 品	56	101b6M	169a4	454b1
(e) kāla, 時	58	–	169a9	454b5
(f) yukti, 理	58	101b7L	169a7	454b9
v. dhātuprabheda, 界差別觀				
(a) artha, 義	62	102a4M	170a4	454c9
(b) vastu, 事	62	102a5M	170a5	454c13
(c) lakṣaṇa, 相	62	102a5R	170a6	454c15
(d) pakṣa, 品	62	102b1L	170a8	454c19
(e) kāla, 時	64	102b1M	170b2	454c23
(f) yukti, 理	64	102b1R	170b3	454c25
vi. ānāpānasmṛti, 阿那波那念				
(a) artha, 義	66	102b3M	170b7	455a7
(b) vastu, 事	66	102b4L	171a1	455a12
(c) lakṣaṇa, 相	66	102b4M	171a2	455a14
(d) pakṣa, 品	68	102b5R	171a6	455a21

(e) kāla, 時	68	102b6R	171a7	455a25
(f) yukti, 理	68	103a1M	171b1	455a27
(2)' 結六事差別所縁	70	103a2R	171b5	455b9
2. navavidhaḥ prayogaḥ, 九種加行	70	103a3R	171b7	455b16
a. anurūpaprayogatā, 相應加行	72	103a6L	172a4	455b27
b. abhyastaprayogatā, 串習加行	72	103a6R	172a7	455c5
c. aśithilaprayogatā, 不緩加行	72	103a8L	172b1	455c10
d. aviparītaprayogatā, 無倒加行	76	103b4R	173a3	456a4
e. kālaprayogatā, 應時加行	76	103b4R	173a5	456a9
f. upalakṣaṇaprayogatā, 解了加行	80	104a4L	174a8	456b14
g. asaṁtuṣṭaprayogatā, 無厭足加行	82	104a5L	174b2	456b20
h. avidhuraprayogatā, 不捨軛加行	82	104a6L	174b4	456b24
i. samyakprayogatā, 正加行	82	104a7R	174b8	456c3
(1) pañcavidhā vibhāvanā, 五種除遣	82	104a8R	175a2	456c7
i. asmṛtyamanasikārataḥ, 不念作意	84	104b3L	175a8	456c19
ii. adhyātmaṁ cittābhisaṁkṣepataḥ, 内攝其心	86	104b4M	175b3	456c25
(2) vibhāvanā, 除遣	86	104b6M	175b7	457a4
2'. 結九種加行	90	105a3L	176b2	457a28
Ⅳ. āvaraṇaviśuddhi, 障清浄				
1. caturbhiḥ kāraṇaiḥ, 由四因縁	92	105a3R	176b4	457b4
a. svabhāva, 障自性	92	105a4M	176b5	457b7
b. nidāna, 障因縁	92	105a6L	177a1	457b15
c. ādīnava, 障過患	94	105b2M	177a7	457c2
d. pratipakṣa, 修習對治	96	105b3L	177b2	457c6
1'. 結四因縁	96	105b5R	177b7	457c19
2. bāhulya, 增長廣大	98	106b6R	178a2	457c27
3. pratilabdha, 究竟獲得	100	106a1R	178a7	458a11
4. śamathavipaśyanāyuganaddhavāhī mārgaḥ, 止觀雙運轉道	102	106a6L	179a2	458b4
Ⅴ. manaskārabhāvanā, 修作意	106	106b1L	179a8	458b23
1. catvāro manaskārāḥ, 四作意	106	106b1R	179b2	458b27
a. cittasaṁtāpano manaskāraḥ, 調練心作意	106	106b2L	179b4	458b28

b. cittābhiṣyandano manaskāraḥ, 滋潤心作意				
	106	106b2R	179b5	458c1
c. praśrabdhijanako manaskāraḥ, 生輕安作意				
	106	106b3L	179b6	458c3
d. jñānadarśanaviśodhako manaskāraḥ, 淨智見作意				
	108	106b4M	180a1	458c8
2				
a. saṁvejanīyā dharmāḥ, 可厭患處	108	106b5M	180a3	458c11
b. abhipramodanīyā dharmāḥ, 可欣尚處	110	106b6R	180a7	458c18
(1) ratnāni, 三宝	110	106b7R	180b2	458c23
(2) śikṣāpadapariśuddhi, śīlapariśuddhi, 學足清淨・戒清淨				
	110	107a1L	180b6	459a2
(3) ātmano viśeṣādhigamasaṁbhāvanā, 於自所證差別深生信解				
	112	107a2M	181a2	459a8
(3)' aparaḥ paryāyaḥ, 異門	112	107a4L	181a6	459a16
3. dvau dharmau, 二種法	112	107a4M	181a7	459a19
4. pañca nimittāni, 五取相	116	107b2R	182a4	459b22
a. aśubhā, 不淨観				
(1) 五取相				
i. saṁvejanīya nimitta, 厭離相	116	107b4M	182a8	459c3
ii. prasadanīya nimitta, 欣樂相	120	108a4L	183a8	460a8
iii. ādīnavanimitta, 過患相	124	108b4M	184a7	460b7
iv. ālokanimitta, 光明相	126	109a2L	184b8	460b24
v. vasturūpaṇānimitta, 了別事相	126	109a2M	184b8	460b25
(2) 相明了				
i. vikṣepāvikṣepa, 亂不亂相	126	109a3L	185a2	460b29
ii. śamathamārga, 奢摩他道	128	109a5R	185b2	460c13
iii. vipaśyanāmārga, 毘鉢舍那道	134	109b5R	186b6	461a25
(2)' 結相明了	136	110a3M	187b4	461b27
(3) smṛtyupasthānāvatāra, 念處趣入	140	110a7R	188a6	461c21
i. 循身観				

(a) adhyātmaṁ kāye kāyānupaśyanāyāḥ, 内循身観	140	110b1L	188a8	461c27
(b) bahirdhā kāye kāyānupaśyanāyāḥ, 外循身観	142	110b1R	188b3	462a3
(c) adhyātmabahirdhā kāye kāyānupaśyanāyāḥ, 内外循身観	142	110b2R	188b5	462a8
ii. vedanāsu citte dharmeṣu vedanācittadharmānupaśyanāyāḥ, 循受心法観	142	110b3R	188b8	462a16
(a) adhyātmaṁ vedanāsu citte dharmeṣu vedanācittadharmānupaśyanāyāḥ, 内循受心法観	144	110b4M	189a1	462a19
(b) bahirdhā vedanāsu citte dharmeṣu vedanācittadharmānupaśyanāyāḥ, 外循受心法観	144	110b5M	189a5	462a26
(c) adhyātmabahirdhā vedanāsu citte dharmeṣu vedanācittadharmānupaśyanāyāḥ, 内外循受心法観	146	110b6R	189b1	462b4
(4) 結不浄観	146	110b7R	189b4	462b9
a'. 餘趣入門	150	111b1M	190b7	462c19
b. maitrī, 慈愍観	150	111b2L	190b8	462c23
(1) 念處趣入	152	111b4M	191a7	463a5
c. idaṁpratyayatāpratītyasamutpāda, 縁起観	156	112a3M	192b1	463b11
d. dhātuprabheda, 界差別観	158	112a7R	193a4	463c2
e. ānāpānasmṛti, 阿那波那念	166	A*b2L	195a7	464b12
5. 結修作意	168	A*b6M	196a1	464c2

声聞地第三瑜伽処

サンスクリット語テキストと和訳

(III)-A-I Ms.95b1M, Sh.351-2, W.*105-16, P.155b3, D.127b5, N.135a2, Co.132a2, Ch.448b21

evaṁ kṛte pudgalavyavasthāne, ālamba*na*vyavasthāne,[1] yāvad bhāvanāphalavyavasthāne, [2] ātmakāmena pudgalena svārtham anuprāptukāmena‿ ādikarmike*ṇa*[3] tatprathamakarmike*ṇa*[4] yogajña ācāryo vopādhyāyo vā (5...gurur vā...5) gurusthānīyo vā caturṣu sthāneṣu smṛtim upasthāpya‿ upasaṁkramitavyaḥ, [6] (1)ājñābhiprāyeṇa[7] nopālambhacittatayā, (2)sagauraveṇa na samānastambhatayā, (3)kiṁkuśalagaveṣiṇā nātmodbhāvanārtham,[8] (4)"ātmānaṁ parāṁś ca kuśalamūlena yojayiṣyāmī"ti na lābhasatkārārtham / (9...evaṁ ca punar upasaṁkramya kālenāvakāśaṁ kṛtvā, ekāṁsam uttarāsaṅgaṁ kṛtvā, dakṣiṇaṁ jānumaṇḍalaṁ pṛthivyāṁ pratiṣṭhāpya, (10...nīcatarake vāsane...10) niṣadya, sagauraveṇa[11] sapratīśena yoga āyācitavyaḥ,...9) "[12](13...aham asmi[14] yogenārthī,...13) yogaṁ me‿[15] ācakṣvānukampām[16] upādāye"ti /

(III)-A-II Ms.95b3M, Sh.351-17, W.*105-19, P.155b7, D.128a2, N.135a6, Co.132a6, Ch.448c13

evaṁ ca punar āyācitena yoginā yogajñena [17] sa ādikarmikas tatprathamakarmiko (18...yogamanasikāre prayoktukāmaḥ...18) ślakṣṇaślakṣṇair vacanapathaiḥ *samutte*jayitavyaḥ[19] saṁpraharṣayitavyaḥ prahāṇe cānuśaṁso[20] varṇayitavyaḥ / "sādhu sādhu bhadramukha[21] (22...yas *tvaṁ*...22) pramādopagatāyāṁ[23] [24] prajāyāṁ viṣayanimnāyāṁ viṣayādhyavasitāyām apramādāya prayoktukāmaḥ /

---

1) *Ms.* ālambane · vyavasthāne.

2) *Ch. inserts* 如應安立我今當說. 總嗢柁南曰. 往慶問尋求 方安立護養 出離一境性 障淨修作意. *Ms. has this piṇḍoddāna at the end of this chapter* (ŚBh III 174, 8-11).

3) *Ms.* ādikarmikena. *Sh.* ādikarmikena(ṇa).

4) *Ms.* tatprathamaṁ karmikena. *Sh.* tatprathamakarmikena(ṇa).

5) *Sh.* puruṣo.

6) *Ch. has* 云何四處.

7) *Ms.* ā(bhi)jñābhiprāyeṇa. *Sh.* abhijñābhiprāyeṇa.

8) *Sh.* °bhāvatārthaṁ.

9) *Ch.* 如是正念到師處已. 先求開許請問時分. 然後安詳躬申請問. 將請問時偏覆左肩右膝著地. 或居下坐曲躬而坐. 合掌恭敬深生愧畏. 低顏軟語請問瑜伽.

10) *Sh.* nīcataram evāsane.

11) *Sh. omits.*

12) *Tib. has* btsun pa.

13) *Ch.* 我於如是瑜伽行中欲求受學.

14) *Ms.* asmiṁ. *Sh.* asmiṁ(smi).

15) *Sh. omits. Tib.* bdag la.

16) *Sh., W.* ādikṣvā°.

17) *Tib. has* des.

18) *W. omits.*

19) *Ms., Sh.* udvejayitavyaḥ. *W.* uttejayitavyaḥ [MS : uddhejayitavyaḥ]. *Tib.* yaṅ dag par gzeṅs bstod par bya. *Ch.* 讚勵. *Cf.* ŚBh I 152, 21 *and* II 102, 17: samuttejayati saṁpraharṣayati.

20) *W.* cānuśaṃsaṃ.

21) *Sh.* durmukha.

22) *Ms.* yas tvāṁ. *Sh.* yastvāṁ(stvaṁ).

23) *Sh.* pramādāpagatāyāṁ. *Tib.* bag med pa daṅ ldan pa.

24) *Ch. has* 樂著放逸, *which suggests* pramādādhyavasitāyām.

(III)-A-I　往詣

このようにプドガラの（区分）設定、所縁の（区分）設定、乃至、修習の果の（区分）設定がなされたが、自愛のプドガラ、（すなわち）自らの目的を達成しようと願う入門者である初業者は、（次の）四つの点を心にとどめて、瑜伽を知る軌範師、教師、尊師あるいは準尊師に近づくべきである。（1）批判の心を持たずに承認を願って、（2）慢心・傲りを持たずに恭敬して、（3）自身を誇示するためではなく、少善を求めて、（4）財産と名声のためではなく、「私は自他を善根に結びつける」と考える（という四つである）。さらに、このように近づいて、適時に機会を得て、上衣を一肩に掛け、右膝を地面に着けて、あるいは下座に坐って、恭敬・畏敬をもって「私は瑜伽を請願します。慈しみによって私に瑜伽を教示ください」と、瑜伽を請問すべきである。

(III)-A-II　讃勵慶慰

さらに、このように請問された瑜伽を知る瑜伽者は、瑜伽作意を行じたいと願うかの入門者である初業者を、（次のように）大変優しい言い方で励まし、喜ばせ、断への称賛を述べるべきである。「善いかな、善いかな、賢首よ、人々が放逸に陥り、対境に沈み、対境に耽着するときに、汝は不放逸のために行じたいと願う。

apāyacārakapraviṣṭāyām[1)] apāyacārakān[2)] nirgantukāmaḥ / rāgadveṣamoha*ni*gaḍaba*ddhā*yāṁ[3)] bandhanāni chettukāmaḥ[4)] / saṁsāramahāṭavīdurgamārgapraviṣṭā*yāṁ*[5)] *saṁsāramahāṭavīdurgamārgān*[6)] nistartukāmaḥ / kleśakuśalamūlamahādurbhikṣaprāptāyāṁ[7)] kuśalamūlasubhikṣam anuprāptukāmaḥ / kleśataskaramahābhayānugatāyāṁ (8...nirvāṇaṁ kṣemam...8) anuprāptukāmaḥ / kleśamahāvyādhigrastāyāṁ (9...paramam ārogyaṁ nirvāṇam...9) anuprāptukāmaḥ / caturo*ghā*nusroto'pahṛtāyām[10)] (11...oghān uttartukāmaḥ...11) / mahāvidyāndhakārapraviṣṭāyāṁ[12)] mahājñā*nā*lokam[13)] anuprāptukāmaḥ / a*dya*[14)] tvam āyuṣmann evaṁ prayujyamānaḥ, *amoghaṁ*[15)] ca rāṣṭrapiṇḍaṁ paribhokṣyase[16)] / (17...(18...śāstuś ca...18) vacanakaro bhaviṣyasi,...17) anirākṛtadhyāyī, vipaśyanayā samanvāgataḥ, (19...bṛṁhayitā śūnyāgārāṇām,...19) [20)] svakā*rtha*yogam[21)] anuyuktaḥ, avigarhito vijñaiḥ sabrahmacāribhi*ḥ*,[22)] ātmahitāya[23)] pratipannaḥ parahitāya bahujanahitāya *bahujanasukhāya*[24)] (25...lokānukampāyā arthāya hitāya sukhāya devamanuṣyāṇām...25)" iti/

---

1) *Sh.* apāyadhārakapraviṣṭāyām. *P., N.* ṅan soṅ gi btson rar źugs pa. *D., Co. omit.*

2) *Sh.* apāyadhārakān.

3) *Ms.* rāgadveṣamohavigaḍabandhanāyāṁ. *Sh.* rāgadveṣamohavigatabandhanāyāṁ. *Tib.* 'dod cags daṅ źe sdaṅ daṅ gti mug gi lcags sgrog gis bciṅs pa'i. *Ch.* 汝今乃能於被種種貪瞋癡等杻械枷鎖常所固縛衆生類中.

4) *Sh.* kṣeptukāmaḥ.

5) *Ms.* °praviṣṭānāṁ. *Sh.* °mahādāvīdugamārgapraviṣṭānāṁ(yāṁ).

6) *Ms., Sh. omit. Tib.* 'khor ba'i 'brog dgon pa chen po bgrod dka' ba'i lam las. *Ch.* 獨求超度曠野險道.

7) *Tib.* ñon moṅs pa daṅ mi dge ba'i rtsa ba'i ..., *which suggests* kleśākuśalamūla°. *Ch.* 種種善根.

8) *Ch.* 究竟安隱常樂涅槃.

9) *Sh.* paramamāno nirvvāṇam.

10) *Ms.* caturoghonusrotopahṛtāyām. *Sh.* caturotmā(ghā)nusrotopahatāyām.

11) *Sh.* oghānutarttukāmaḥ.

12) *Sh.* mahāvidyānukāra°.

13) *Ms.* mahājñānalokam. *Sh.* mahājñāna[ā]lokam. *Tib.* ye śes kyi snaṅ ba chen po. *Ch.* 大智光明.

14) *Ms.* adyā. *Sh.* anya(tra).

15) *Ms., Sh.* samohaṁ. *Tib.* gdon mi za bar. *Ch.* 不虛. *Cf.* MVy. 2439.

16) *Sh.* paribhokṣyate.

17) *Ch.* 眞實奉行如來聖教.

18) *Sh.* śāstur.

19) *Cf.* MVy. 2437.

20) *Ch. has* 法侶精勤.

21) *Ms., Sh.* svakāyayogam. *Tib.* bdag gyi (*P., N.* gyis) don gyi. *Ch.* 自義瑜伽.

22) *Ms.* °cāribhi.

23) *Sh.* tulyahitāya.

24) *Ms., Sh. omit. Tib.* skye bo maṅ po la bde ba daṅ. *Ch.* 汝今爲欲利益安樂無量衆生.

25) *Ch.* 哀愍世間及諸天人阿素洛等. 爲令獲得義利安樂故來問爾.

（人々が）苦難の牢獄に入っているときに、苦難の牢獄より脱したいと願う。（人々が）貪瞋痴という鎖によって束縛されているときに、束縛を断じようと願う。（人々が）輪廻という深い森の険しい道に入っているときに、輪廻という深い森の険しい道を越えようと願う。（人々が）煩悩による善根の大飢饉に直面しているときに、善根の豊饒を得ようと願う。（人々が）煩悩という盗賊の大きな恐怖につきまとわれているときに、安寧である涅槃を得ようと願う。（人々が）煩悩という大病に苛まれているときに、最高の無病である涅槃を得ようと願う。（人々が）四つの洪水の流れに流されているときに、洪水を渡ろうと願う。（人々が）広大な無明という暗黒に入っているときに、広大な知識の光明を得ようと願う。今、具寿よ、このように行ずる汝は人々の施物を間違いなく享受するであろう。また、教師の言葉を実践する者となり、静慮を離れることなく、観を具え、空閑所に勤しみ、自らのための瑜伽を行じ、有智なる同梵行者たちによって非難されず、自身の利益のため、他者の利益のため、大勢の利益のため、大勢の安楽のため、世間への哀愍のため、天・人の利得、利益、安楽のために成就するであろう」と。

(III)-B-I Ms.95b7M, Sh.353-1, W.105-32, P.156b1, D.128b3, N.135b7, Co.132b6, Ch.449a10

[1] evaṁbhāgīyaiḥ ślakṣṇair vacanapathair *samuttejayitvā*[2] saṁ*pra*harṣayitvā[3] prahāṇe cānuśaṁsaṁ darśayitvā, caturṣu paripṛcchāsthānīyeṣu dharmeṣu paripraṣṭavyaḥ "(1)kaccid āyuṣmān ekāntena[4] buddhaṁ[5] śaraṇaṁ gato dharmaṁ saṅgham, [(6…]no ceto bahirdhānyaṁ[7] śāstāraṁ vā dakṣiṇīyaṁ vā saṁjānāsi[8)…6)] / (2)kaccit[9] ta ādipariśodhi*ta*tā[10] brahmacaryasya bhāvanāyai, śīlaṁ ca te suviśuddham,[11] dṛṣṭiś ca‿ ṛjvī[12] / (3)kaccit ta āryasatyānām uddeśavibhaṅgam ārabhya[13] dharmaḥ śrutaś codgṛhītaś ca, alpo vā prabhūto vā / (4)kaccit te nirvāṇādhimuktaṁ cittam, nirvāṇābhiprāyaś ca pravrajitaḥ" /

(III)-B-II Ms.96a1L, Sh.353-12, W.*106-21, P.156b5, D.128b6, N.136a4, Co.133a2, Ch.449a17

sacet [(14…]pṛṣṭa "om"[…14)] iti pra*ti*jānāti,[15] tata[16] uttari caturṣu sthāneṣu caturbhiḥ kāraṇaiḥ samanveṣitavyaḥ / (a)praṇidhānataḥ samanveṣitavyaḥ / (b)gotrata (c)indriyataś (d)caritataś ca samanveṣitavyaḥ / [(17…](1)pṛ*cchaya*ā samanveṣitavyaḥ[…17)] / (2)kathayā (3)ceṣṭayā (4)cetaḥparyāya*jñā*nena[18] [(19…]ca samanveṣitavyaḥ[…19)] /

(III)-B-II-1-a Ms.96a1R, Sh.353-17, P.156b7, D.129a1, N.136a6, Co.133a4, Ch.449a23

tatra kathaṁ (1)pṛcchayā (a)praṇidhānataḥ samanveṣitavyaḥ / evaṁ paripraṣṭavyaḥ "kutrāyuṣmān kṛtapraṇidhāna" iti "śrāvakayāne [20] pratyekabuddhayāne mahāyāne[21]" / sa yatra yatra kṛtapraṇidhāno bhaviṣyati, tathaivātmānaṁ[22] vyākariṣyati / evaṁ pṛ*cchaya*ā[23] praṇidhānataḥ samanveṣitavyaḥ /

---

1) *Tib. has* de ltar.
2) *Ms., Sh. omit. W.* [uttejayitvā...]. *Tib.* yaṅ dag par gzeṅs (*D., Co.* gzeṅ) bstod. *Ch.* 讚勵.
3) *Ms., W.* saṁharṣayitvā. *Sh.* saṁharṣayitvā (saṁharṣya). *Tib.* yaṅ dag par rab tu dga' bar byas śiṅ. *Cf.* ŚBh III 2, 16.
4) *W.* ekānte.
5) *Sh.* buddha. *W.* buddha(ṃ).
6) *Ch.* 非外道師及彼邪法弟子衆不.
7) *W.* bahir vānyaṃ.
8) *Sh.* saṁjānāti. *The ending of Ms.* saṁjānāsi *does not agree with the subject* āyuṣān but it is left unchanged.
9) *Sh.* kaścit (kaccit).
10) *Ms., Sh., W.* ādipariśodhitā.
11) *Sh.* saviśuddhaṁ. *Tib.* śin tu rnam par dag pa. *Ch.* 善淨.
12) *W.* ṛjī.
13) *Sh.* āramya.
14) *W.* pṛṣṭa evam [MS: pṛṣkandram].
15) *Ms., Sh., W.* prajānāti. *Tib.* dam bca' bar byed.
16) *W.* tatra.
17) *Ms.* pṛcchāyā samanveṣitavyaḥ. *Sh. omits.*
18) *Ms., Sh.* °paryāyasthānena. *Tib.* sems kyi rnam graṅs śes pas. *Ch.* 以知他心差別智.
19) *Sh.* paryeṣitavyaḥ.
20) *Ms. has* na.
21) *Ch.* 無上正等菩提乘.
22) *Sh.* ta cai(trai)vātmānaṁ.
23) *Ms.* pṛcchāyā.

(III)-B-I　四種審問處法

このような類いの優しい言い方で励まし喜ばせて、断への称賛を示して、四つの所定の質問事項について（初業者に）問うべきである。「具寿（である汝）は（1）専ら仏・法・僧に帰依しているか、また、外教の他の師あるいは聖者に賛同していないか。（2）汝に梵行の修習のための本来の清浄さがあるか、汝に極めて清浄な戒はあるか、見解は正しいか。（3）汝は聖諦の教示解説について、少しはあるいは多く教えを聞き、受持したか。（4）汝の心は涅槃に専念しているか、涅槃を目的とし出家したか」

(III)-B-II　四種尋求

もし、（初業者が）問われて「然り」と答えれば、その上に四つの点について、四つの方法によって（彼を）審査すべきである。（a）誓願について審査すべきである。（b）種姓について、（c）根について、（d）行について審査すべきである。（1）質問によって審査すべきである。（2）説明によって、（3）行為によって、（4）心のあり方を知ることによって審査すべきである。

(III)-B-II-1　以審問　-a 願

このうち、どのようにして（1）質問によって、（a）誓願について審査すべきであるのか。次のように問うべきである。「具寿はいずれにおいて誓願をなしたのか」「声聞乗にか、独覚乗にか、大乗にか」と。彼はどれであれ、誓願をなしたとおりに自身で答えるであろう。このようにして、質問によって誓願について審査すべきである。

(III)-B-II-1-b,c,d Ms.96a2R, Sh.355-4, P.157a1, D.129a2, N.136b1, Co.133a6, Ch.449a27

katham̐ (1)pṛcchayā (b)gotram (c)indriyaṁ (d)caritaṁ ca samanveṣitavyam / sa evaṁ paripraṣṭavyaḥ, "jānīte[1] āyuṣmān ātmano gotraṁ vā, indriyaṁ vā, caritaṁ vā / "(2...kiṁgotro 'ham,...2) kīdṛśāni me indriyāṇi mṛdūni madhyāni tīkṣṇāni, kiṁ[3] rāgacaritaḥ, atha dveṣacaritaḥ, evaṁ yāvad[4] vitarkacarita[5]"" iti / sacet sa prājño bhavati, *pau*rvāparyeṇa[6] cānenātmano[7] gotram indriyaṁ caritaṁ copalakṣitaṁ bhavati nimittīkṛtam, tathaiva[8] vyākaroti / sacet punar mando[9] bhavati, (10...na cānena paurvāparyeṇa yāvan nimittīkṛtaṁ bhavati, tataś caritaṁ nopalakṣitaṁ[11] bhavati,...10) sa pṛṣṭo na vyākaroti /

(III)-B-II-2 Ms.96a4M, Sh.355-15, W.*106-29, P.157a5, D.129a5, N.136b4, Co.133b2, Ch.449b6

tasya tata uttarakālaṁ (2)kathayā tāvat trīṇi samanveṣitavyāni / tasya purastāc chrāvakayānapratisaṁyuktā kathā karaṇīyā (12...sphuṭaiś citrair gamakair madhurair vacanapathaiḥ...12) / sa tasyāṁ kathāyāṁ kathyamānāyāṁ sacec chrāvakagotro bhavati, atyarthaṁ tayā kathayā prīyate hṛṣyata ānandījātaḥ saumanasyajāto bhavati (13...*prasīdaty adhimucyate / sacet pratyekabuddhagotro vā mahāyānagotro vā bhavati, sa nātyarthaṁ tayā kathayā prīyate na hṛṣyate nānandījāto na saumanasyajāto bhavati*...13) (14...na prasīdati nādhimucyate...14) / [15] mahāyānapratisaṁyuktāyāṁ vā punaḥ kathāyāṁ kathyamānāyāṁ yo mahāy*ā*nagotraḥ[16] so 'tyarthaṁ prīyate hṛṣyate yāvat prasīdaty adhimucyate /

---

1) *Sh. omits.* 2) *Ch.* 我本來有何種姓. 聲聞乘耶獨覺乘耶大乘等耶.

3) *Ch.* 有何等行. 4) *Sh.* tāvad.

5) *Ms.* vitarkavicārita. *Sh.* vitarkavicārita(vicāracarita). *Cf.* ŚBh II 240, 21: rāgadveṣamohamānavitarkacariteṣu. 6) *Ms.* pūrvvāparyeṇa. *Sh.* pū(pau)rvvāparyeṇa.

7) *Sh.* cāmuno. 8) *Sh.* tañ cai(ccaiva)va. 9) *Sh.* yukto.

10) *Tib.* des rim gyis bdag ñid kyi rigs daṅ/ dbaṅ po daṅ/ spyad pa dag (*P.*, *N.* dag daṅ/) ñe bar ma rtogs śiṅ mtshan mar ma zin pas. *Ch.* 不能自知前後差別. 乃至不能善取其相.

11) *Sh.* copalakṣitaṁ.

12) *Sh.* .. citrair gamakaidhurair vacanapathaiḥ. *Tib.* tshig gi lam gsal ba/ 'brel ba/ sna tshogs pa sñan pa/ go sla ba dag gis. *Ch.* 以顯了正理相應衆雜美妙易解言詞.

13) *Ms., Sh. omit. Tib.* rab tu daṅ ba daṅ mos par 'gyur ro/ gal te de raṅ saṅs rgyas kyi rigs can nam/ theg pa chen po'i rigs can źig yin na ni/ gtam des śin tu dga' ba daṅ/ raṅs pa daṅ/ kun tu dga' ba skye ba daṅ/ yid bde ba skye ba daṅ/ ... mi 'gyur ro//. *Ch.* ... 深生信解. 若身中有獨覺種姓大乘種姓. 於此言論不發最極踊躍歡喜 ...

14) *Sh.* (na) prasīdati nādhi(adhi)mucyate. *W.* prasīdaty adhimucyate [MS: na prasīdati nādhimucyate, apparantly in erroneous relation to the immediately following *mahāyānapratisaṃyuktāyām vā punaḥ kathāyāṃ* ...]

15) *Ch. has* 次復爲其説獨覺乘相應言論. 彼聞宣説此言論時. 若身中有獨覺種姓. 於此言論便發最極踊躍歡喜深生信解. 若身中有聲聞種姓大乘種姓則不如是.

16) *Ms.* mahādhanagotraḥ. *Sh.* mahāyānagotraḥ.

(III)-B-II-1-b,c,d

種姓, 根, 行

どのようにして（1）質問によって、（b）種姓と（c）根と（d）行とを審査すべきであるのか。次のように彼に問うべきである。「具寿は自身の種姓、根あるいは行について知っているか。（すなわち）『私の種姓は何であるか。私の根はどのようであるか、鈍（根）、中（根）、あるいは利（根）であるか。貪行者であるか、あるいは瞋行者であるか、乃至、尋思行者であるか』を」と。もし、彼が知識を持っていて、順序通りに自身の種姓、根、行を区別し、特徴を知っているなら、そのとおりに答える。もし、（彼が）愚鈍で、順序通りに、乃至、特徴を知ることなく、それ故に行を区別しないならば、質問されても答えない。

(III)-B-II-2

以言論

その後に、彼に対して、まず（2）説明によって、（種姓・根・行の）三つのことが審査されるべきである。彼の面前で明瞭、明解、解説的で好ましい言葉によって、声聞乗に関する説明がなされるべきである。その説明が述べられているとき、彼がもし声聞の種姓であるならば、その説明によって大変に満足し、喜び、喜悦し、歓喜し、浄信し、信解する。彼がもし独覚の種姓もしくは大乗の種姓であるならば、その説明によって大変に満足することはなく、喜ばず、喜悦せず、歓喜せず、浄信せず、信解しない。[1] あるいはまた、大乗に関する説明が述べられているとき、大乗の種姓の者は大変に満足し、喜び、乃至、浄信し、信解する。

1）漢訳には独覚の種姓についての説明もある。テキスト註15)参照。

śrāvakapratyekabuddha*gotras*[1)] tu na tathā /

sacet punar mṛdvindriyo bhavati, so 'tyarthaṁ dhandhāyate[2)] [(3…]dharmasya cārthasya copalakṣaṇāya‿[…3)] udgrahaṇāya[4)] prativedhāya ca, [(5…]*uttānāyām api kathāyāṁ kathyamānāyām*[…5)] / [(6…]madhyendriyo [(7…]na *tathā*[…7)…6)] / [8)] tīkṣṇendriyas tv āśu [(9…]dharmaṁ *cārthaṁ*[…9)] copalakṣayaty udgṛhṇāti pratividhyati, gambhīrāyām api kathāyāṁ kathyamānāyām/

sacet pu*nā*[10)] rāgacarito bhavati, sa prasadanīyāyāṁ kathāyāṁ kathyamānāyām [11)] atyarthaṁ prasīdati ramate / [(12…]bhāvataś cānupraviśati[…12)] / [(13…]romāñcam aśruprapātaṁ[…13)] ca [(14…]snigdhasantānatāṁ mṛducittatāṁ dravacittatāṁ copadarśayati[…14)] /

saced dveṣacarito bhavati, [(15…]*sa tadviparyāyeṇa veditavyaḥ /*

sacet punar mohacarito bhavati, sa[…15)] nirvedhikāyāṁ kathāyāṁ kathyamānāyāṁ nirvāṇapratisaṁyuktāyāṁ nirāmiṣāyām[16)] uttrasya pratisaṁtrāsam[17)] āpadyate / yathā ca[18)] mṛdvindriyasyoktaṁ tathāpi[19)] veditavyam /

sacet [(20…]punar mānacarito[…20)] bhavati, [(21…(22…]sa nātyarthaṁ[…22)] śuśrūṣate, na śrotram avadadhāti / na tathā‿ ājñācittam[23)] upasthāpayati / āvarjito 'pi na tathā sādhukāram[24)] anuprayacchati /[…21)]

---

1) *Ms. Sh.* śrāvakapratyekabuddhas. *Tib.* ñan thos daṅ raṅ saṅs rgyas kyi rigs can ni. *Ch.* 身中有聲聞種姓獨覺種姓.

2) *Sh.* ca prīyate. 3) *Tib.* chos kyi don ñe bar brtag pa daṅ. 4) *Sh.* udgrahṇāya.

5) *Ms., Sh. omit. Tib.* gsal (*N.* mi gsal) ba'i gtam byas na yaṅ. *Ch.* 雖聞宣説麁淺言論. *The Chinese translation of* BBh *translates* uttāna *as* 麁淺. *See* Index, 674a29-30.

6) *In Ch. this explanation of* madhyendriya *is placed at the end of this paragraph.*

7) *Ms.* na (tta) tat. *Sh.* na. *Tib.* de lta ma yin no. *Ch.* 則不如是.

8) *Tib. has* dbaṅ po rtul po la gsal ba'i gtam byas pa las bzlog pa.

9) *Ms.* dharmaṁ. *Sh.* dharma. *Tib.* chos kyi don. *Ch.* 法義.

10) *Ms.* puna. *Sh.* puna[ā]. 11) *Tib. has* gtam des.

12) *Sh.* kā(yā)va ta(d)dhyānaṃ praviśati. 13) *Sh.* cāptā ca magru (aśru?) prapātaṁ.

14) *Tib.* sems gyi rgyud snum pa daṅ sems 'jam pa ston par byed do. *Ch.* 其身外現潤滑相状. 其心内懐柔軟怡悦.

15) *Ms., Sh. omit. Tib.* de … de las bzlog pa yin par rig par bya'o// gal te de gti mug spyad pa źig yin na ni. *Ch.* 當知一切與上相違.若有癡行. 彼 …

16) *Sh.* nirāmiṣam. 17) *Sh.* saṁtrāsam. 18) *Sh. omits.*

19) *Ms.* ta(syā)thāpi. *Sh.* tathātrāpi. *Tib.* de bźin du de (*P., N.* de la) yaṅ rig par bya'o.

20) *Sh.* sa dharmānucarito.

21) *Ch.* 彼聞爲説正法言論不甚恭敬. 屬耳樂聞不極安住求欲領解奉教行心. 雖作方便引發其心令受正化. 而不分明發言稱善.

22) *Sh.* jānātyarthaṁ. 23) *Sh.* prajñācittam.

24) *Tib.* bsñen bkur daṅ/ legs so źes bya ba.

しかし、声聞と独覚の種姓の者はそのようにはならない。

また、もし鈍根の者であるなら、彼は平易な説明が述べられているとしても、法と意味とを吟味し理解し通達するのに大いに時間がかかる。中根の者はそのようなことはない。一方で利根の者は、深遠なる説明が述べられているとしても、速やかに法と意味とをを吟味し理解し通達する。

また、もし貪行者であるなら、彼は浄信されるべき説明が述べられているとき、大いに浄信し悦ぶ。そして、心情的に没入し、（悦びによる）毛の逆立ち、落涙と、柔和な［心］相続、温和な心、和らいだ心を現わす。

もし瞋行者であるならば、彼はそれと逆であると知られるべきである。

また、もし癡行者であるならば、通達し涅槃に関する非俗物的な説明が述べられているとき、彼は驚き、恐れる。そして、鈍根の者について言われたのと同様と知られるべきである。

また、もし慢行者であるならば、彼は大いに聞こうと欲することはなく、注意深く耳を貸すことはない。同様に、承認の心を起こさない。同様に、（心が）傾いても、是認の言葉を与えることはない。

sacet (1...punar vi*tarka*carito...1) bhavati, tasya svavahitasyāpi śṛṇvataś[2] cittaṁ vikṣipyate / durgṛhītagrāhī bhavati / na dṛḍhaṁ gṛhṇāti, na sthiram / udgṛhītaṁ ca nāśayati / *punaḥ*punaruparyuparipṛcchanakaś[3] ca bhavati /
evaṁ kathayā gotram indriyaṁ caritaṁ ca samanveṣitavyam /

(III)-B-II-3 Ms.96b3L, Sh.357-7, P.158a2, D.130a2, N.137a7, Co.134a6, Ch.449c7

kathaṁ (3)ceṣṭayā [4] / yāni pūrvoktāni[5] liṅgāni śrāvakagotrasya rā*gādi*caritānāṁ[6] ca pudgalānāṁ tāni ceṣṭety ucyate / tayā ca ceṣṭayā yathāyogaṁ gotram indriyaṁ caritaṁ ca samanveṣitavyam /

(III)-B-II-4 Ms.96b3R, Sh.357-11, P.158a3, D.130a3, N.137b2, Co.134a7, Ch.449c11

tatra kathaṁ (4)cetaḥparyāyajñānena (b)(c)(d)*g*otrendriyacaritāni[7] samanveṣitavyāni / yathāpi sa yogī yogajño lābhī bhavati cetaḥparyāyajñānasya / sa tena paracittajñānena [8] gotram indriyaṁ caritaṁ ca yathābhūtaṁ prajānāti[9] /

---

1) *Ms.* punar vicarito. *Sh.* punar vicarito(r vicārānucarito). *Tib.* rnam par rtog pa spyad pa źig.

2) *Sh. omits.*

3) *Ms.* na punar uparyuparipṛcchanakaś. *Sh.* na puna[ḥ] kaya(tha)yā paripṛcchanakaś. *Tib.* yaṅ daṅ yaṅ du phyi phyir yoṅs su 'dri bar byed pa. *Ch.* 數重請問.

4) *Tib. has* rigs daṅ dbaṅ po daṅ/ spyad pa dag legs par rjes su brtag par bya.

5) *Ch.* 彼三謂如前說.

6) *Ms., Sh.* rāgacaritānāṁ. *Tib.* 'dod chags la sogs pa spyad (*D., Co.* dpyad) pa dag gi. *Ch.* 貪等行.

7) *Ms.* śrotrendriya°. *Sh.* gotrendriya°.

8) *Tib. has* de'i.

9) *Tib.* rab tu śes pa legs par rjes su brtag par bya'o.

また、もし尋思行者であるならば、彼が非常に注意深かったとしても、聞いているときに心が散乱する。間違って理解されたことを保持し、堅固に保持することなく、持続的に（保持することも）ない。そして、受持したものを失う。そして、重ねて繰り返し質問する。

このように説明によって、種姓と根と行とを審査すべきである。

(III)-B-II-3　以所作

どのようにして（3）行為によって（審査すべきであるのか）。声聞の種姓の者や貪等を行ずるプドガラの前述の特徴が行為であると云われる。そして、その行為によって、適切に種姓と根と行とを審査すべきである。

(III)-B-II-4　以知他心差別智

このうち、どのようにして（4）心のあり方を知ることによって、（b）種姓と（c）根と（d）行とを審査すべきであるのか。すなわち、かの瑜伽を知る瑜伽者は心のあり方を知る。その他者の心を知ることによって、彼は種姓と根と行とを如実に了知する。

(III)-C Ms.96b4M, Sh.358-1, W.106-37, P.158a5, D.130a4, N.137b3, Co.134b1, Ch.449c15

etāni catvāri sthānāny (1…ebhiś caturbhiḥ kāraṇaiḥ…1) samanveṣya pañcasu sthāneṣu vinayate[2] / tadyathā (I)samādhisaṁbhārarakṣopacaye (II)prāvive*kye*[3] (III)cittaikāgratāyām[4] (IV)āvaraṇaviśuddhau (V)manaskārabhāvanāyāṁ ca /

(III)-C-I Ms.96b5L, Sh.358-4, P.158a6, D.130a5, N.137b4, Co.134b3, Ch.449c18

tatra samādhisaṁbhārarakṣopacayaḥ *katamaḥ*[5] / yāvatā śīlasaṁvareṇa samanvāgato bhavati / tatra cāpramādavihārī bhavaty apari*hā*ṇāya[6] buddhānuśiṣṭasya ca buddhānujñātasya (7…*ca paripūrṇa*sya…7) śīlaskandhasya, śikṣāpadapratipattyā[8] vīryaṁ na sraṁsayati / evam ayam adhigatāc[9] chīlapratisaṁyuktāc[10] chikṣāmārgān na parihīyate / anadhigataṁ[11] ca śikṣāmārgam adhigacchati / yathā śīlasaṁvara evam indriyasaṁvaraḥ, bhojane mātrajñatā, pūrvarātrāpararātraṁ jāgarikānuyogaḥ, saṁprajānadvihāritā, evaṁ yāvac chramaṇālaṁkāra iti / yasya yasya saṁbhāraparigṛhītasya dharmapravibhāgasya lābhī bhavati, sa taṁ cānurakṣaty[12] uttari[13] ca pravibhāgasya pāripūraye[14] yathoktānyūnādhikasamudācārāya[15] cchandajāto (16…viharaty utsukajāta…16) ārabdhavīryaś[17] ca / ayam ucyate samādhisaṁbhārarakṣopacayaḥ /

sa evaṁ hānabhāgīyāṁś ca dharmān (18…vivarjayan, viśeṣabhāgīyāṁś…18) ca dharmān pratiṣevamāṇaḥ praviviktavihārī bhavati /

(III)-C-II Ms.97a2L, Sh.359-1, W.107-8, P.158b5, D.130b3, N.138a2, Co.135a1, Ch.450a3

prāvivekyaṁ katamat / yā (1)sthānasaṁpad (2)īryāpathasaṁpad (19…(3)*vyapakarṣaś ca*…19)/

---

1) *D.*, *Co.* rgyu bźi po de dag. *P.*, *N.* *omit.*

2) *Tib.* ṅes par sbyar ba'o (*D.*, *Co.* bar bya'o). *Ch.* 復於五處如應安立.

3) *Ms.* pravivekya.

4) *Ms.* cittaikāgratāyāṁ. *Sh.* cittaikāgratāyāḥ(yāṁ).

5) *Ms.*, *Sh.*, *Tib.* *omit*. *Ch.* 云何護養定資糧.

6) *Ms.* apariṇāya. *Sh.* apapariṇāya. *Tib.* yoṅs su mi ñams par bya ba'i phyir. *Ch.* 不退.

7) *Ms.*, *Sh.* pudgalasya. *Tib.* yoṅs su rdzogs pa. *Ch.* 圓滿.

8) *Tib.* bslab pa'i gźi bsgrub pas. *Ch.* 學處差別.

9) *Sh.* avigatāc.

10) *Sh.* chīlapratisaṁvarāc.

11) *P.*, *N.* thob pa. *D.*, *Co.* ma thob pa.

12) *Sh.* vā rakṣaty.

13) *Sh.* uttari(raṁ).

14) *Sh.* pa(ā)ripūraye.

15) *Sh.* yathoktādbhūrādhikakasamudācārāya.

16) *Sh.* viherayu(ret)mu(mū)kajāta.

17) *Sh.* ārubdhavīryaś.

18) *Sh.* virajyati, śeṣabhāgīyāṁś.

19) *Ms.*, *Sh.* *omit*. *W.* prāvivekyasaṃpat ca. *Tib.* dben pa phun sum tshogs pa. *Ch.* 遠離圓滿. *Cf.* ŚBh III 20, *fn.* 10) and ŚBhD I, 40, *fn.* 34.

(III)-C 五處

これら四つの点を、これら四つの方法によって審査して、五つの点について教導する。（五つとは）すなわち、（I）三摩地の資糧を護り集積することについてと、（II）遠離についてと、（III）心一境性についてと、（IV）障の清浄についてと、（V）作意の修習についてとである。

(III)-C-I 護養定資糧

このうち、三摩地の資糧を護り集積することとは何か。戒律儀までを備えたものとなることである。また、そこで、仏によって教示され、仏によって認められた、円満した戒蘊を失わないために不放逸に住するものとなり、学足の実践の故に、精進を緩めない。このように、彼は証得した戒に関する学処の道から退かない。また、証得していない学処の道を証得する。戒律儀と同様に、根律儀、食において量を知ること、初夜・後夜に覚悟して瑜伽を修習すること、正知しつつ住すること、乃至、同様に、沙門の荘厳についても（述べられる）。[1] 彼は、資糧に含まれる諸法の支分を獲得したものとなるが、その各々の（支分を）護り、またさらに支分の円満のために、述べられたとおりの過不足ない行いのために、意欲を生じ、願望を起こし、精進に勤めて住する。これが三摩地の資糧を護り集積することと云われる。

彼はこのように順退分の諸法を捨て、順勝分の諸法に専心しつつ、遠離に住するものとなる。

(III)-C-II 遠離

遠離とは何か。（1）場所の円満と（2）威儀の円満と（3）離隔とである。

1）戒律儀、根律儀、食において量を知ること、初夜・後夜に覚悟して瑜伽を修習すること、正知しつつ住すること、乃至、沙門の荘厳については ŚBh I 62–63以下294–295までに詳説されている。ŚBh I 16–17以下も参照。

(III)-C-II-1 Ms.97a2M, Sh.359-2, W.*107-12, P.158b5, D.130b4, N.138a3, Co.135a2, Ch.450a4

tatra sthānasaṁpat tadyathā‿ araṇyaṁ vā vṛkṣamūlaṁ vā śūnyāgāraṁ vā / tatra parvatakandaraṁ vā giriguhā vā palālapuñjāni vā "śūnyāgāram" ity ucyate / tatra vanaprasthaṁ "vṛkṣamūlam" ity ucyate / tatrābhyavakāśaṁ[1] śmaśānaṁ prāntaṁ[2] ca śayanāsanam "araṇyam" ity ucyate / tad idam abhisamasya sthānaṁ veditavyam / yadutāraṇyavṛkṣamūlaśūnyāgāraparvatagiriguhāpalālapuñjābhyavakāśaśmaśānavanaprasthāni prāntāni śayanāsanāni /

sthānasaṁpat punaḥ pañcavidhā / (1)iha sthānam ādita evābhirūpaṁ bhavati darśanīyaṁ prāsādikam ārāmasaṁpannaṁ vanasaṁpannaṁ puṣ*ka*riṇīsaṁpannaṁ[3] śubhaṁ ramaṇīyaṁ notkūlanikūlaṁ na sthāṇukaṇṭakadhānaṁ na bahupāṣāṇaśarkarakapālam, yatrāsya dṛṣṭvā[4] cittam abhiprasīdati vāsāya prahāṇaprayogāya,[5] hṛṣṭacittaḥ pramuditacittaḥ prahāṇaṁ pradadhāti / iyaṁ prathamā sthānasaṁpat / (6...(2)punar aparaṁ...6) divā‿ a*lpā*vilokaṁ[7] bhavati, rātrāv (8...alpaśabda*m* *a*lpanirghoṣam...8) alpadaṁśamaśakavātātapasarīsṛpasaṁsparśam / iyaṁ dvitīyā sthānasaṁpat / (3)punar[9] aparaṁ siṁhavyāghradvīpitaskaraparacakramanuṣyāmanuṣyabhayabhairavāpagataṁ bhavati, yatra viśvasto niḥśaṅkitamānasaḥ, sukhaṁ sparśaṁ viharati / itīyaṁ tṛtīyā sthānasaṁpat / (4)punar aparaṁ ye te‿ ānulomikā jīvitapariṣkārāś cīvarādayaḥ, te 'trālpakṛcchreṇa saṁpadyante, (10...yenāyaṁ piṇḍakena na klāmyati, yatrāsaṁvidhānaḥ...10) / iyaṁ caturthī sthānasaṁpat / (5)punar aparaṁ[11] kalyāṇamitraparigṛhītaṁ bhavati / tadrūpā atra vijñāḥ sabrahmacāriṇaḥ prativasanti / ye (12...'sy*āvi*vṛtāni *sthānāni vivṛṇvanti, vivṛtāni ca sthānāny u*ttānīkurvanti...12) / gambhīraṁ cārthapadaṁ prajñayā prativídhya (13...(14...sādhu ca...14) suṣṭhu ca prakāśayanti...13) jñānadarśanasya viśuddhaye / iyaṁ pañcamī sthānasaṁpat /

---

1) *W.* tatrātyavakāśaṃ.
2) *Sh.* prāntaś.
3) *Ms.* puṣkiri°.
4) *Sh.* dṛṣṭavā.
5) *Sh.* prahāṇāya, prayogāya.
6) *Sh.* punar ayaṁ(r idaṁ) na.
7) *Ms.* alpovilokaṁ. *Sh.* alpavilokaṁ. *Tib.* mi sdug pa ñuṅ la. *Ch.* 無憒鬧.
8) *Ms.* alpaśabdavalpanirghoṣam. *Sh.* alpaśabdavanyanirghoṣam.
9) *Sh.* yat punar.
10) *Tib.* bsod sñoms la sogs pa de dag gis lus ṅal ba med par 'tsho bar 'gyur ba gaṅ yin pa. *Ch.* 飲食支持無所匱乏.
11) *Ms.* aparraṁ(?). *Sh.* apatraṁ(raṁ).
12) *Ms.* syāvṛtāni nottānīkurvvanti. *Sh.* syākṛtāni nottānīkurvvanti. *Tib.* ma phye ba'i gnas rnams 'byed par byed ciṅ/ phye ba rnams yaṅ gsal bar byed pa daṅ/. *Ch.* 未開曉處能正開曉. 已開曉處更令明淨. *Cf.* ŚBh I 252, 12-13: avivṛtāni ca sthānāni vivṛṇvanti, vivṛtāni ca sthānāny uttānīkurvanti.
13) *Ch.* 善巧方便殷勤開示.
14) *Sh.* *omits*.

(III)-C-II-1　處所圓満

このうち場所の円満とは、すなわち、阿練若、あるいは樹下、あるいは空閑処である。このうち山谷、あるいは峯穴、あるいは草藉が「空閑処」と云われる。このうち林藪が「樹下」と云われる。このうち露地と、墓場と、辺境の臥坐処とが「阿練若」と云われる。[1)]これをまとめて場所と知られるべきである。すなわち、阿練若、樹下、空閑処、山谷、峯穴、草藉、露地、墓場、林藪、辺境の臥坐処である。[2)]

さらに、場所の円満とは五種である。（1）ここで、場所はもともと端整で、美しく、好ましく、庭を備え、林を備え、池を備え、清く、魅力的で、上り下りがなく、切り株や刺をもたず、石・砂利・陶片が多くなく、（それらを）見て、断の加行のためにそこに住もうと彼の心は惹かれ、喜悦の心・歓喜の心をもって断に専念する。これが、第一の場所の円満である。（2）さらにまた、日中に人の来ることが少なく、夜には声が少なく、鳴き声が少なく、蚊・虻・風・熱射・蛇蠍に接することが少ない。これが第二の場所の円満である。（3）さらにまた、獅子・虎・豹・盗賊・敵兵・人・非人に恐れ慄くことがなく、そこにおいては、泰然として、心に憂慮なく、快い感覚に住する。というこれが、第三の場所の円満である。（4）さらにまた、衣服などの適切な生活の資具が、ここではそれほど困難なく得られ、そのため、彼は乞食によって疲弊せず、そこでは（飲食等の）準備はなくなる。これが、第四の場所の円満である。（5）さらにまた、善知識に囲まれる。ここで、次のような有智の同梵行者たちが住む。その者たちは彼の顕わになっていない諸の点を顕わにし、顕わになっている諸の点を知らしめる。智慧によって深遠な意味と語句とに通達し、知見の清浄のために正確に、かつ明瞭に説示するのである。これが、第五の場所の円満である。

1）Skt.と漢訳では空閑処、樹下、阿練若の順で説明されるが、Tib.では阿練若、樹下、空閑処の順で説明される。

2）阿練若等については ŚBh I 20–21, 250–251, 280–281を参照。

(III)-C-II-2 Ms.97a7M, Sh.360-10, W.*108-1, P.159a8, D.131a6, N.138b5, Co.135b4, Ch.450a26

tatra kata*mā*‿[1] īryāpathasaṁpat / divā caṅkrameṇa vātināmayati[2] [(3…]niṣadyayā *vā*[…3)] / evaṁ rātryāḥ prathamaṁ yāmam / madhyame *ca*[4] yāme dakṣiṇena pārśvena[5] śayyāṁ kalpayati / paścime ca yāme laghu laghv evottiṣṭhate / caṅkramaniṣadyayā cātināmayati[6] / tasminn evaṁ[7] saṁpanne śayanāsane, tathā buddhānujñāte mañce vā pīṭhe vā [(8…]tṛṇasaṁstarake vā[…8)] niṣīdati paryaṅkam ābhujya [9] / kena kāraṇena / pañca kāraṇāni samanupaśya*ti*[10] / (1)saṁpiṇḍitena kāyena [(11…]laghu laghv eva[…11)] praśrabdhir utpadyate / praśrabdhyutpattaye 'nukūlo 'yam īryāpatha iti / (2)tathā *cira*kālaṁ[12] niṣadyayā [(13…]śaknoty atināmayitum[…13)] / na[14] cāsyāneneryāpathenātyarthaṁ[15] kāyaklamo[16] bhavati / (3)tathā‿ asādhāraṇo 'yam īryāpatho [(17…]'nyatīrthikaiḥ parapravādibhiḥ[…17)] / (4)tathā [18] pare 'neneryāpathena niṣaṇṇaṁ dṛṣṭvā‿ atyartham abhiprasīdanti / (5)*tathā*[19] buddhaiś ca buddhaśrāvakaiś cāyam īryāpatho [(20…]niṣevitaś cānujñātaś ca[…20)] [21] / imāni pañca kāraṇāni sa*manu*paśyati[22] niṣīdati paryaṅkam ābhujya, ṛjuṁ kāyaṁ praṇidhāya /

[(23…]tatra katamā kāyarjutā[24] / kāyasya spaṣṭocchritapraṇihitatā ca[25] cittena ca[26] niḥśāṭhyena[27] kuhanāpagatenārja*vam*[28][…23)] / tatra‿ ṛjunā kāyena pragṛhītena styānamiddhaṁ cittaṁ na paryādāya tiṣṭhati / *niḥśāṭhyena*[29] niṣkuhakena cittena[30]

---

1) *Ms.* katama. *Sh.* katamā. *W.* katamā [MS: katama]. 2) *W.* cātināmayati.

3) *Ms.* niṣadya (evaṁ) yāvatā. *Sh.* niṣadya yāvatā. *W.* niṣadyayā ca tā. *Tib.* 'chags pa daṅ/ 'dug pa dag gis 'da' bar byed ciṅ/. *Ch.* 經行宴坐.

4) *Ms.* na. *Sh.* na(ca). *W. omits.* 5) *Sh.* pārśvena(ṇa). *W.* pākṣeṇa.

6) *Sh.* vātināmayati. 7) *Sh.* idaṁ.

8) *Ms.* tṛṇe vā saṁstarake vā. *Sh.* tṛṇe vā saṁstaraṇe vā. *W.* tṛṇe vā saṁstarake [MS adds vā]. *Cf.* ŚBh. I 152, 7; 182, 14; 182, 19; 200, 6; 280, 15; 282, 2.

9) *Ms., Sh., W. have* tu. *Ch. has* 乃至廣說. 10) *Ms., Sh.* samanupaśyan. 11) *Sh. omits.*

12) *Ms.* cārikālaṁ. *Sh.* cārikā[kā]laṁ. *Tib.* dus yun riṅ po. *Ch.* 久時.

13) *Sh.* śaktovyatināmayituṁ. *Regarding* śakto *Sh. says, in his footnote,* "MS dim, letters illegible." 14) *Sh.* nā.

15) *Sh.* cāsyāneneryāpathena. 16) *Sh.* kāyakleśo.

17) *Ch.* 如是威儀外道他論皆無有故. 18) *Ch. has* 由此宴坐形相端嚴.

19) *Ms., Sh. omit. Tib.* de bźin du. 20) *Tib.* rjes su gnaṅ źin bstan pa yin pa'i phyir.

21) *Ch. has* 如是威儀一切賢聖同稱讃故.

22) *Ms., Sh.* saṁpaśyati. *Tib.* rjes su mthoṅ ba'i phyir/. *Ch.* 正觀.

23) *Ch.* 云何端身. 謂策擧身令其端直. 云何正願. 謂令其心離諂離詐調柔正直.

24) *Ms.* kāyaṛjutā. *Sh.* kāyasaṁjñatā. 25) *Sh. omits.* 26) *Sh.* na.

27) *Sh.* niḥśocyena. 28) *Ms., Sh.* °ārjavena.

29) *Ms., Sh. omit. Tib.* g-yo med ciṅ. *Ch.* 離諂. 30) *Sh.* citte.

(III)-C-II-2　威儀圓滿

このうち、威儀の円満とは何か。日中は経行によって、あるいは安坐によって時を過ごす。夜の初分も同様である。また、中分には右脇を下にして臥す。後分にはまさに速疾に起きる。そして、経行や安坐によって時を過ごす。このように円満されたその臥坐処に、同様に仏に認められた大座あるいは小座あるいは草座に、跏趺を組んで坐る。どのような理由によってか。五つの理由を観察するのである。(1)集約した身体によって、まさに速疾に軽安を生じる。この威儀は軽安を生じることに適しているからである。(2)同様に、長時間安坐によって過ごすことができる。この威儀によって彼に極度に身体の疲労があることはない。(3)同様に、この威儀は異なった教えを持つ外教たちと共有されない。(4)同様に、この威儀によって坐ったのを見て、他の者たちは大いに浄信する。(5)同様に、この威儀は諸仏と仏の声聞たちによって実践され、是認された。これら五つの理由を観察し、正しい身体（の姿勢）を保ち、跏趺を組んで坐る。

このうち、身体（の姿勢）の正しいこととは何か。身体が、真っ直ぐに起きた姿勢をとっていることと、諂いを離れ欺きを除いた心によって、正しいことである。このうち、正しい身体（の姿勢）を保てば、惛沈睡眠が心を支配し続けることはない。諂いを離れ嫉みを離れた心によって、

bahirdhā vikṣepo na paryādāya tiṣṭhati, pratimukhāṁ[1] (2...smṛtim upasthāpya /

tatra katamā pratimukhā[3] smṛtir yām upasthāpayati...2) / yoniśomanasikārasaṁprayuktā[4] smṛtiḥ "pra*ti*mukhe"ty[5] ucyate sarvakṛṣṇapakṣapramukhatayā[6] prativilomatayā / api ca samādhinimittālambanā pratibhāsālambanā[7] smṛtiḥ "pratimukhe"ty[8] ucyate sarvāsamāhitabhūmikālambanapramukhatayā[9] /

iyam ucyata īryāpathasaṁpat /

(III)-C-II-3 Ms.97b4L, Sh.362-1, P.160a2, D.131b7, N.139a7, Co.136a6, Ch.450b19

vyapakarṣaḥ[10] katamaḥ / āha / dvividhaḥ kāyavyapakarṣaś cittavyapakarṣaś ca /

tatra kāyavyapakarṣo yo gṛhasthapravrajitaiḥ sārdham advitīyavihāritā[11] / [12]

tatra cittavyapakarṣo yaḥ kliṣṭam avyākṛtaṁ ca manaskāraṁ [13] varjayitvā, samāhitabhūmikaṁ vā samādhisaṁbhāraprāyogikaṁ vā manaskāraṁ bhāvayati (14...kuśalam arthopasaṁhitam...14) / ayam ucyate cittavyapakarṣaḥ /

tatra (15...*yā ca*...15) sthānasaṁpat, yā ceyam īryāpathasaṁpat, yaś cāyaṁ kāyavyapakarṣaḥ,[16] (17...yaś ca cittavyapakarṣas...17) tad ekadhyam[18] abhisaṁkṣipya "prāvivekyam" ity ucyate /

---

1) *Sh.* pratimukhāṁ(khīṁ).

2) *Tib.* dran pa phyogs par bźag (*D., Co.* gźag) ste źes bya ba de la dran pa phyogs par bźag ste/ gnas par byed pa de gaṅ źe na/. *Ch.* 安住背念者. 云何名爲安住背念.

3) *Sh.* pratimukhā(khī).

4) *Ms.* °saṁprakārayuktā.

5) *Ms.* pramukhety. *Sh.* pra[ti]mukhe(khī)ty.

6) *Tib.* nag po'i phyogs thams cad las phyir phyogs śiṅ ... *Ch.* 棄背違逆一切黑品故.

7) *Sh.* pratibhālambanā. *Tib.* gzugs brñan gyi mtshan ma la dmigs pa'i. *Ch.* 又縁定相爲境念名爲背念.

8) *Sh.* pratimukhe(khī)ty.

9) *Sh.* sarvvasamāhita°. *Tib.* mñam par gźag pa'i sa pa'i dmigs pa thams cad la phyogs pa yin pa'i phyir. *Ch.* 棄背除遣一切不定地所縁境故.

10) *Tib.* dben pa phun sum tshogs pa. *Ch.* 遠離圓滿.

11) *Sh.* avihāritā.

12) *Ch. has* 是名身遠離.

13) *Sh. has* ca.

14) *Tib.* yid la byed pa dga' ba'i don daṅ ldan pa.

15) *Ms., Sh. omit. Tib.* gaṅ yin pa daṅ. *Ch.* 若.

16) *Sh.* kāyavyakarṣaḥ.

17) *Ms.* yaś ca cittavyapakarṣaḥ (yaś ca cittavyapakarṣas). *Sh.* yaś ca cittavyapakarṣaḥ (yaś ca cittavyapakarṣas[1]). *Sh. says, in his footnote* 1, "Repetition, may be deleted."

18) *Sh.* ekatyam.

対面する念を近住させて、外部への散乱が支配し続けることはない。

このうち、近住させられる、対面する念とは何か。如理作意と相応する念は、すべての黒品に対向するので、（すなわち）違逆しているので、「対面する」と云われる。さらに、三摩地の相を所縁とし、顕現を所縁とする念は、すべての定地に属さない所縁に対向しているので、「対面する」と云われる。

これが威儀の円満と云われる。

(III)-C-II-3　離隔

離隔とは何か。答える。身体の離隔と心の離隔の二種である。

このうち、身体の離隔は在家・出家とも同伴せずに住することである。

このうち、心の離隔とは染汚と無記の作意を排して、定地に属するあるいは三摩地の資糧の加行よりなる、善で意義ある作意を修習する。これが心の離隔と云われる。

ここで、場所の円満と威儀の円満と身体の離隔と心の離隔とが、ひとつにまとめられて「遠離」と云われる。

(III)-C-III Ms.97b5R, Sh.362-11, W.108-15, P.160a6, D.132a3, N.139b3, Co.136b1, Ch.450b27

tatraikāgratā[1] katamā / āha / (2...punaḥpuna*ranu*smṛtisabhāgālambanā pravāhānavadyaratiyuktā...2) cittasaṁtatir yā sā "samādhir" ity ucyate / kuśalacittaikāgratāpi /

tatra[3] kiṁ punaḥ punar anusmarati / āha / ye dharmā udgṛhītā*ḥ*[4] śrutā yā cā*va*vādānuśāsanī[5] pratilabdhā bhavati gurubhyas tām adhipatiṁ kṛtvā (6...samāhitabhūmikaṁ nimittaṁ...6) saṁmukhīkṛtya (7...tadālambanāṁ pravāhayuktāṁ...7) smṛtim anuvartayati, upanibadhnāti[8] /

tatra katamat (9...sabhāgam ālambanam...9) / yat kiṁcit samāhitabhūmikam ālambanam anekavidhaṁ bahunānāprakāram, (10...yenālambane cittaṁ samāhitam, idam ucyate sabhāgam ālambanam...10) / (11...kasyaitat sabhāgam...11) / āha / jñeyasya[12] vastunaḥ pratirūpakam etat / tasmāt "sabhāgam" ity ucyate /

yā punar avikṣepākārā[13] niś*chi*drā[14] nirantarā smṛtiḥ pravartate tenālambanena (15...satataṁ ca satkṛtya ca,...15) (16...iyaṁ pravāhayuktatā...16) / yat punas tasminn evālambane (17...'bhiratasyāsaṁkliṣṭavihāritā vāhimārgatā smṛ*te*ḥ,...17) iyam a*na*vadyaratiyuktatā[18] / tenāha / (19..."punaḥpunaranusmṛtisabhāgālamba*nā* pravā*hā*navadyaratiyuktā...19) cittasaṁtatiḥ 'samādhir' iti" /[20]

---

1) *W.* tatra [citt]aikāgratā. *Tib.* sems rtse gcig pa ñid. *Ch.* 心一境性.

2) *Ms.* punaḥpunaḥsmṛtisabhāgālambanā pravāhānavadyaratiyuktā. *Sh.* punaḥ punaḥ smṛti-sabhāgālambanā pravāhānavadyaratiyuktā. *W.* punaḥpunaḥsmṛti(ḥ) sabhāgālambanā pravāhā-navadyaratiyuktā. *Tib.* yaṅ daṅ yaṅ du rjes su dran pa daṅ/ cha mthun pa la dmigs pa daṅ rgyun daṅ/ kha na ma tho ba med pa daṅ/ dga' ba daṅ ldan pa'i. *Ch.* 數數隨念同分所縁流注無罪適悦相應. 3) *Ms., Sh. omit. Tib.* de la. 4) *Ms.* udgṛhītā. *Sh.* udgṛhītā[ḥ].

5) *Ms.* cānuvādānuśāsanī. *Sh.* cāvavādānuśāsanī. 6) *Sh.* samāhitabhūmikanimittaṁ.

7) *Tib.* dmigs pa de la rgyun daṅ ldaṅ pa'i. *Ch.* 縁此爲境. 流注無罪適悦相應.

8) *Tib.* ñe bar stod (*P.*, *N.* gtod) par byed do (*P.*, *N.* pa'o). *Ch.* 安住.

9) *Sh.* sabhāgālambanaṁ.

10) *Tib.* gaṅ gis dmigs pa de la sems 'jug par byed pa ni mñam par gźag pa źes bya ste/ de ni cha mthun pa la dmigs pa źes bya'o//. *Ch.* 縁此爲境令心正行. 説名爲定. 此即名爲同分所縁.

11) *Ch.* 問此所縁境是誰同分説爲同分. 12) *Sh.* kṣayasya. 13) *Sh.* abhikṣayākārā.

14) *Ms.* nichidrā. *Sh.* nichidrā(niśchidrā). *Tib.* bar du chad pa med pa daṅ. *Ch.* 無缺.

15) *Ch.* 無間殷重加行適悦相應. 16) *Ch.* 故名流注適悦相應.

17) *Ms., Sh.* abhiratasyāsaṁkliṣṭavihāritā. vāhimārgatā smṛtir. *Tib.* mṅon par dga' ba ñon moṅs pa med ciṅ/ reg par gnas pa'i dran pas lam du zhugs pa gaṅ yin pa. *Ch.* 又由彼念於所縁境無有染汚極安隱住熟道適悦相應而轉. 18) *Ms., Sh.* avadyaratiyuktatā.

19) *Ms.* punaḥpunaraparānusmṛtisabhāgālambanapravāhanavadyaratiyuktā. *Sh.* punaḥ punar aparānusmṛtisabhāgālambanaprava[ā]hānavadyaratiyuktā. *Tib.* yaṅ daṅ yaṅ du rjes su dran pa daṅ/ cha mthun pa la dmigs pa daṅ rgyun daṅ/ kha na ma tho ba med pa daṅ/ dga' ba daṅ ldan pa'i. *Ch.* 數數隨念同分所縁流注無罪適悦相應.

20) *Ch. has* 亦名爲善心一境性.

(III)-C-III　心一境性

このうち、一境性とは何か。答える。繰り返す随念と同分の所縁とを持ち、連続性と非難の余地のない喜びとに結合した心相続が「三摩地」と云われ、善なる心一境性とも（云われる）。

このうち、何を繰り返し随念するのか。答える。受持され、聞かれた法と、諸師より獲得した教授・教誡とに専念して、定地に属する相を現前させて、それを所縁として持ち連続性と結合した念を継続させて、繋ぎとめる。

このうち、同分の所縁とは何か。なんらかの定地に属する所縁で、さまざまな種類があり、多種多様であって、それによって所縁に心が定められるもの、これが同分の所縁と云われる。これは何の同分であるのか。答える。それは、認識される事物と相似したものである。それゆえ、「同分」と云われる。[1)]

さらに、この所縁によって、散乱しない様相をもち、無過失で、間断ない念が、継続的にまた適切に生じること、これが連続性との結合である。さらに、まさにこの所縁に対して喜ぶ者の念が不染汚に住し、自然に転じる、これが非難の余地のない喜びとの結合である。それゆえに云う。「繰り返す随念と同分の所縁とを持ち、連続性と非難の余地のない喜びとに結合した心相続が『三摩地』と（云われる）」（と。）

1）同分の所縁についての説明はŚBh II 42–43以下にみられる。

(III)-C-III-1 Ms.98a1L, Sh.363-13, W.*108-24, P.160b5, D.132b2, N.140a2, Co.137a1, Ch.450c14

sā khalv eṣā‿ ekāgratā[1] śamathapakṣyā vipaśyanāpakṣyā ca /

tatra yā nav*ā*kārāyāṁ[2] citta*sthi*tau[3] *sā*[4] śamathapakṣyā / [5] yā punaś caturvidhe prajñācāre[6] sā vipaśyanāpakṣyā /

(III)-C-III-1-a Ms.98a1M, Sh.363-16, W.*108-33, P.160b6, D.132b3, N.140a3, Co.137a2, Ch.450c18

tatra navākārā cittasthitiḥ katamā / iha bhikṣur adhyātmam eva cittaṁ (1)sthāpayati, (2)saṁsthāpayati, (3)avasthāpayati, (4)upasthāpayati, (5)damayati, (6)śamayati, (7)vyupaśamayati, (8)ekotīkaroti, (9)samādhatte /

(1)kathaṁ sthāpayati / sarvabāhyebhya ālambanebhyaḥ [7] pratisaṁkṣipyādhyātmam avikṣepāyopanibadhnāti / yat (8…tatprathamopaniba*ddham* *a*vikṣepāya,…8) iyaṁ sthāpanā /

(2)kathaṁ saṁsthāpayati / tatprathamopanibaddhaṁ yad eva cittaṁ (9…tac calam…9) audārikam asaṁsthitam aparisaṁsthitam / tasminn evālambane prabandhayogena[10] prasādanayogena[11] sābhinigrahaṁ sūkṣmīkurvann[12] abhisaṁkṣipan saṁsthāpayati /

(3)katham avasthāpayati / sacec cittam evaṁ[13] (14…sthāpayataḥ *saṁsthāpayataḥ*…14) smṛtisaṁpramoṣād bahirdhā vikṣipyate, sa punar api tathaiva pratisaṁhara*ti*[15] / (16…evam *a*vasthāpayati…16) /

(17…*(4)katham upasthāpayati* / [daṅ po kho nar de lta de ltar dran pa ñe bar gźag[18] ste/ gnas śiṅ sems de yaṅ dag par 'jog par byed pa na/ ji nas kyaṅ de'i sems [19] phyi rol du mi 'phro bar byed de/] *evam upasthāpayati*…17)/

---

1) *Tib.* sems rtse gcig pa ñid. *Ch.* 心一境性. 2) *Ms.* navakārāyāṁ. *Sh.*, *W.* navākārāyāṁ.

3) *Ms.* cittasaṁtatau. *Sh.* cittasaṁtathau (sthitau). *W.* cittasthitau. *Tib.* sems gnas pa. *Ch.* 心住.

4) *Ms.* vā. *Sh.* vā [sā]. *W.* sā. 5) *Tib.* *has* de la.

6) *Sh.* prajñādhāre. *Tib.* śes rab kyis dpyod pa *suggests* prajñāvicāre. *Ch.* 慧行.

7) *Ch.* *has* 其心.

8) *Ms.*, *Sh.* tatprathamopanibaddho vikṣepāya. *Ch.* 此則最初繫縛其心. 令住於内不外散亂.

9) *Ms.* tac calam. la *is an interlineation*. *Sh.* tad ba[la]m. 10) *Sh.* pravarddhanayogena.

11) *Sh.* prasādayogena. 12) *Ms.* sūkṣmīkurvan. *Sh.* sūkṣmīkurvvan. 13) *Sh.* eva.

14) *Ms.*, *Sh.* sthāpayataḥ. *Tib.* gźag pa daṅ yaṅ dag par gźag pa de. *Ch.* 内住等住.

15) *Ms.* pratisaṁharanti. *Sh.* pratisaṁharanti(ti).

16) *Ms.* evam evasthāpayati. *Sh.* evame(ma)vasthāpayati.

17) *Ms.*, *Sh.* *omit*. *Tib.* ji ltar na ñe bar 'jog par byed pa yin źe na ... de ltar na ñe bar 'jog par byed pa yin no. *Ch.* 云何近住. 謂彼先應如是如是親近念住. 由此念故數數作意内住其心. 不令此心遠住於外. 故名近住. 18) *P.*, *N.* bźag. 19) *D.*, *C.* *have* de'i.

(III)-C-III-1　奢摩他品・毘鉢舎那品

実に、その一境性は、止に属するものと観に属するものとである。

このうち、九種の心住に関するものが止に属するものである。一方で、四種の智慧をともなった実践に関するものが観に属するものである。

(III)-C-III-1-a　奢摩他品

このうち、九種の心住とは何か。ここで、比丘は心をまさに内側に（1）住させ、（2）等住させ、（3）安住させ、（4）近住させ、（5）抑制し、（6）寂静にし、（7）息滅させ、（8）一点に集中し、（9）定に入る。[1)]

（1）どのように住させるのか。すべての外の所縁から（心を）離して、散乱のないように内側に結びつける。散乱のないように、（心が）最初に結びつけられること、それが住させることである。

（2）どのように等住させるのか。最初に結びつけられた心は、動き、麁大で、等住させられず、完全に等住させられない。結びつける手段によって、清浄にする手段によって、他ならぬその所縁に対して押さえつけて、微細にし、凝縮し、等住させる。

（3）どのように安住させるのか。もし、心をこのように住させ等住させているものが念を失うことによって、（心が自己以）外に散乱させられるならば、彼は再びまったく同様に集束させる。このように安住させる。

（4）どのように近住させるのか。最初に、それぞれそのままに念を近くに置き、留めて、その心を等住させるなら、彼の心は（自己以）外へ失われない。このように近住させる。

1）同様の9種が **ŚBh II 44–45** にみられる。

(5)kathaṁ damayati / yair nimittair asya tac[1] cittaṁ vikṣipyate, tadyathā rūpaśabdagandharasaspraṣṭavyanimittai[2] rāgadveṣamohastrīpuruṣanimittaiś ca / tatrānena (3...pūrvam evādīnavasaṁjñodgṛhītā bhavati / tām adhipatiṁ kṛtvā...3) teṣu nimitteṣu tasya cittasya prasaraṁ na dadāti / evaṁ damayati /

(6)kathaṁ śamayati / yair vitarkaiḥ kāmavitarkādibhiḥ, yaiś copakleśaiḥ kāmac*cha*ndanivaraṇādibhiḥ,[4] tasya cetasaḥ saṁkṣobho bhavati / tatrānena (5...pūrvam evādīnavasaṁjñodgṛhītā bhavati / tām adhipatiṁ kṛtvā...5) (6...tasya cetasas...6) teṣu vitarkopakleśeṣu prasaraṁ na dadāti / evaṁ śamayati /

(7)kathaṁ vyupaśamayati / smṛtisaṁpramoṣāt tadubhayasamudāc*āre*[7] saty utpannotpannān vitarkopakleśān nādhivāsayati, prajahāti [8] / evaṁ vyupśamayati /

(8)katham ekotīkaroti / sābhisaṁskāraṁ[9] ni*śchi*draṁ[10] nirantara*ṁ*[11] (12...samādhipravāham avasthāpayati...12) / evam ekotīkaroti /

(9)kathaṁ samādhatte / āsevanānvayād bhāvanānvayād bahulīkārānvayād anābhogavāhanaṁ svarasavāhanaṁ mārgaṁ labhate / yenānabhisaṁskā*re*ṇaivānābhogenāsya[13] cittasamādhipravāho 'vikṣepe pravartate / evaṁ samādhatte /

(III)-C-III-1-a-(1) Ms.98b1L, Sh.365-12, W.*109-5, P.161b5, D.133b1, N.141a2, Co.138a1, Ch.451a19

tatra (14...ṣaḍbhir balair...14) navākārā[15] cittasthitiḥ saṁpadyate / tadyathā (i)(ii)śrutacintābalena[16] (iii)smṛtibalena (iv)*saṁprajanyabalena*[17] (v)vīryabalena

---

1) *Tib. omits.* 2) *Sh.* gatvarasaṁspraṣṭavyanimittai.

3) *Tib.* daṅ po ñid nas ñes dmigs kyi 'du śes bzuṅ ba ñid (*P.*, *N.* de ñid) kyi dbaṅ du byas nas. *Ch.* 彼先應取彼諸相爲過患想. 由如是想增上力故.

4) *Ms.* kāmachanda°. *Sh.* kāma[c]chanda°.

5) *Tib.* daṅ po ñid nas ñes dmigs kyi 'du śes bzuṅ ba ñid (*P.*, *N.* de ñid) kyi dbaṅ du byas nas. *Ch.* 故彼先應取彼諸法爲過患想. 由如是想增上力故. 6) *Tib.* de'i sems de.

7) *Ms.* °samudācāra. *Sh.* °samudācāra(re). *Tib.* rnam par rtog pa daṅ/ ñe ba'i ñon moṅs pa de gñi ga kun 'byuṅ bar gyur na.

8) *Ch. has* 除遣變吐. *Cf.* ŚBh I 158, 24. nādhivāsayate prajahāti vinodayati vyantīkaroti.

9) *Ch.* 有加行有功用. 10) *Ms.* nicchidraṁ. *Sh.* nicchi(śchi)draṁ.

11) *Ms.* nirantara. *Sh.* nirantaraṁ.

12) *Ms.* samādhipravaham āvasthāpayaty. *Sh.* samādhiprava[ā]hamā(ma)vasthāpayaty.

13) *Ms.* yenānabhisaṁskāraṇaivānābhogenāsya. *Sh.* yenānabhisaṁskāra(re)vā(ṇā)nābhogenāsya. *Tib.* mṅon par 'du byed pa med pa daṅ/ lhun gyis grub pa de ñid kyis. *Ch.* 由是因緣不由加行不由功用.

14) *Ms.* ṣadbhir balair. *Sh.* ṣaḍvidhabalair. *W.* ṣaḍbhir balena. *Tib.* stobs rnam pa drug gis. *Ch.* 六種力. 15) *W.* [na]vākārā.

16) *W.* śruta[balena] cintābalena. *Tib.* thos pa'i stobs daṅ/ bsam pa'i thobs daṅ/. *Ch.* 一聽聞力. 二思惟力.

17) *Ms.*, *Sh. omit.* *W.* [saṃprajanyabalena]. *Tib.* śes bźin gyi stobs. *Ch.* 正知力. *See* ŚBh III 28, 5.

(5) どのように抑制するのか。例えば、色・声・香・味・触の相や貪・瞋・癡・女・男の相といった諸相によって、彼のその心は散乱させられる。それらに対して、彼によってまさに先に過患想が得られる。それに専念することによって、それらの諸相に彼の心が流れることを許さない。このように抑制する。

(6) どのように寂静にするのか。欲尋思等の諸尋思によって、また、欲貪蓋等の諸随煩悩によって、彼の心は揺れ動く。それらに対して、彼によってまさに先に過患想が得られる。それに専念することによって、それらの諸尋思と諸随煩悩に彼の心が流れることを許さない。このように寂静にする。

(7) どのように息滅させるのか。念を失うことから、その（尋思と随煩悩の）両方の働きのあるとき、次々と生起する尋思と随煩悩を受け入れず、取り除く。このように息滅させる。

(8) どのように一点に集中させるのか。作為を伴い、過失なく、間断ない、三摩地の連続に住する。このように一点に集中させる。

(9) どのように定に入るのか。専修し、修習し、繰り返し行じることによって、無功用に働き、自然に働く道を得て、それによって、まさに作為なく、功用なく、彼の心三摩地の連続は散乱なく転じる。このように定に入る。

(III)-C-III-1-a-(1)　六種力

ここで、六つの力によって九種の心住は円満する。すなわち、(i)(ii) 聴聞と思考の力によって、(iii) 念の力によって、(iv) 正知の力によって、(v) 精進の力によって、

(vi)paricayabalena ca /

(i)(ii)tatra śrutacintābalena tāvat, yac chrutaṁ yā (1…cintā *tām*…1) adhipatiṁ kṛtvā cittam ādita ālambane sthāpayati / tatraiva *ca*[2] prabandhayogena[3] saṁsthāpayati / (iii)ta*tho*panibaddhaṁ[4] cittaṁ smṛtibalena pratisa*ṁha*rann[5] avikṣipann[6] avasthāpayati, upasthāpayati / (iv)tataḥ saṁprajanyabalena [7] nimittavitarkopakleśeṣu prasaram ananuprayacchan damayati, śamayati / (v)vīryabalena tadubhayasamudācāraṁ [8] nādhivāsayati, [9] *vyupaśamayati*,[10] ekotīkaroti *ca*[11] / (vi)paricayabalena samādhatte /

(III)-C-III-1-a-(2) Ms.98b3L, Sh.366-11, W.109-16, P.162a2, D.133b5, N.141a6, Co.138a5, Ch.451b1

tatra navākārāyāṁ cittasthitau catvāro manaskārā veditavyāḥ / (i)balavāhanaḥ[12] (ii)sac*chi*dravāhano[13] (iii)niś*chi*dravāhano[14] (iv)'nābhogavāhanaś ca /

tatra (i)sthāpayataḥ saṁsthāpayato balavāhano[15] manaskāraḥ / (ii)avasthāpayata upasthāpayato damayataḥ śamayato vyupaśamayataḥ sacchidravāhano manaskāraḥ / (iii)ekotīkurvato niś*chi*dravāhano[16] manaskāraḥ / (iv)samādadhato 'nābhogavāhano manaskāro bhavati /

(17…evam ete *catvāro* manaskārā *navākārā*yāṁ cittasthitau…17) śamathapakṣyā bhavanti /

(III)-C-III-1-b Ms.98b4M, Sh.366-20, W.109-36, P.162a5, D.134a1, N.141b2, Co.138b1, Ch.451b10

yaḥ punar evam adhyātmaṁ cetaḥśamathasya lābhī vipaśyanāyāṁ prayujyate, (18…tasyaita eva catvāro manaskārā vipaśyanāpakṣyā bhavanti…18) /

---

1) *Ms.* cintām. *Sh.* cintā[tā]m. 2) *Ms.* cā.

3) *Ch.* 相續方便澄淨方便, *which suggests* prabandhayogena prasādanayogena. *Cf.* ŚBh III 24, 14.

4) *Ms., Sh.* tatropanibaddhaṁ. *Tib.* de ltar ... *Ch.* 如是 ...

5) *Ms., Sh.* pratisarann. *Tib.* yaṅ dag par sdud pa. *Ch.* 攝録.

6) *Sh. omits.* 7) *Ch. has* 調息其心. 8) *Ms., Sh. have* ca.

9) *Ch. has* 斷滅除遣變吐. 10) *Ms., Sh., Tib. omit. Ch.* 最極寂靜. *Cf.* ŚBh III 24, 8.

11) *Ms.* vā. *Sh. omits.* 12) *W.* valavāhanaḥ.

13) *Ms.* sachidra°. *Sh.* sa[c]chidra°. *W.* sacchidra°.

14) *Ms.* nichidra°. *Sh.* nichi(śchi)dra°. *W.* nicchidra°. 15) *W.* valavāhano.

16) *Ms., W.* nicchidra°. *Sh.* nichi(śchi)dra°.

17) *Ms., Sh.* evam ete manaskārāyāṁ cittasthitau. *W.* evam ete manaskārā navākārā yāṃ cittasthitau. *Tib.* de ltar na yid la byed pa de dag ni sems gnas pa rnam pa dgu po dag gi rgyud la ... *Ch.* 當知如是四種作意. 於九種心住中 ...

18) *Ch.* 復即由是四種作意. 方能修習毘鉢舍那. 故此亦是毘鉢舍那品.

（vi）数習の力によってである。

（i）（ii）このうち、まず、聴聞と思考の力によって、聞かれたことと思考とに専念して、心を最初に所縁に住させる。そして、結びつける手段によってほかならぬその（所縁）に等住させる。（iii）同様に、結びつけられた心を念の力によって集束させ、散乱させることなく安住させ、近住させる。（iv）それから、正知の力によって、相・尋思・随煩悩に対して（心の）流れを認めずに抑制し、寂静にする。（v）精進の力によって、その二つの働きを受け入れず、息滅させ、一点に集中させる。（vi）数習の力によって、定に入る。

(III)-C-III-1-a-(2)　四種作意

ここで、九種の心住における四つの作意が知られるべきである。（i）力（任せ）に働く（作意）と、（ii）過失を伴って働く（作意）と、（iii）過失を伴わないで働く（作意）と、（iv）無功用に働く（作意）とである。[1)]

このうち、（i）住させている者と等住させている者の作意は力（任せ）に働く。（ii）安住させている者、近住させている者、抑制させている者、寂静にしている者、息滅させている者の作意は過失を伴って働く。（iii）一点に集中させている者の作意は過失を伴わないで働く。（iv）定に入っている者の作意は無功用に働く。

このように、九種の心住におけるこれら四つの作意が止に属するものである。

(III)-C-III-1-b　毘鉢舎那品

さらに、このように内側の心の止を獲得した者は観を行じるが、その者はまさに次の四つの観に属する作意をもつ。

1）四種作意についてはŚBh II 158–159以下を参照。

caturvidhā vipaśyanā kata*mā*[1] / iha[2] bhikṣur dharmān (1)vicinoti, (2)pravicinoti, (3)parivitarkayati, (4)parimīmāṁsām āpadyate, yadutādhyātmaṁ cetaḥśamathaṁ niśritya / [3]

(1)kathaṁ ca vicinoti / caritaviśodhanaṁ vālambanam, kauśalyālambanaṁ vā, kleśaviśodhanaṁ v*ālambanaṁ*[4] yāvadbhāvikatayā vicinoti / (5...(2)yathāvadbhāvikatayā pravicinoti...5) / (6...(3)savikalpena manaskāreṇa prajñāsahagatena nimittīkurvann eva parivitarkayati...6) / (7...(8...(4)saṁtīrayan parimīmāṁsām...8) āpadyate...7) /

sā khalv eṣā vipaśyanā trimukhī[9] ṣaḍvastuprabhedālambanā veditavyā[10] [11] /

(III)-C-III-1-b-(1) Ms.98b6M, Sh.367-12, W.110-28 P.162b2, D.134a4, N.141b7, Co.138b5, Ch.451b25

katamāni trīṇi mukhāni vipaśyanāy*āḥ*[12] / (a)nimittamātrānucaritā vipaśyanā (b)paryeṣaṇānucaritā[13] [14] (c)pratyavekṣaṇānucaritā ca[15] /

(a)tatra nimittamātrānucaritā [16] / yena[17] śrutam udgṛhītaṁ dharmam (18...avavādam[19] vā samāhitabhūmikena...18) manaskāreṇa manasikaroti, (20...na cintayati, na tulayati, *na tīrayati*, nopaparīkṣate...20) / iyaṁ nimittamātrānucaritā bhavati /

(b)yadā punaś (21...cintayati, *tulayati, tīrayati,* upaparīkṣate,...21) tadā paryeṣaṇānucaritā bhavati /

---

1) *Ms.* katamaḥ. *Sh.* katamā. *W.* katamā [MS: katamaḥ]. 2) *Sh. omits.*

3) *Ch. has* 是名四種毘鉢舍那.

4) *Ms., Sh.* vā. *W.* vā ālambanaṃ. *Tib.* ñon moṅs pa rnam par spyoṅ ba'i dmigs pa dag la. *Ch.* 或於淨惑所縁境界.

5) *Ch.* 云何名爲最極思擇. 謂即於彼所縁境界. 最極思擇如所有性.

6) *Ch.* 云何名爲周遍尋思. 謂即於彼所縁境界. 由慧倶行有分別作意. 取彼相狀周遍尋思.

7) *Ch.* 云何名爲周遍伺察. 謂即於彼所縁境界. 審諦推求周遍伺察.

8) *Ms.* santīrayan parimīmāṁsām. *Sh.* santīrayaty adhimīmāṁsām. *W.* saṃtīrayan [MS: saṃtīrayaṃ] parimīmāṃsām.

9) *W.* trimukhā.

10) *Ms., W.* veditavyāḥ. *Sh.* veditavyā(ḥ).

11) *Ch. has* 復有多種差別.

12) *Ms.* vipaśyanāya. *Sh.* vipaśyanā yan. *W.* vipaśyanāyā [MS: vipaśyanāya]. *Tib.* lhag mthoṅ gi. *Ch.* 云何三門毘鉢舍那 *suggests* katamā trimukhā vipaśyanā.

13) *W.* paryṣaṇānucaritā.

14) *Ms., Sh. have* paryeṣitā ca. *W.* paryeṣitvā [MS: paryeṣitā ca]. *There is no equivalent for* paryeṣitā *in Tib. or Ch.*

15) *Sh. omits.*

16) *Ch.* 云何名爲唯隨相行毘鉢舍那.

17) *Ms., W.* yena. *Sh.* yena(yayā).

18) *Sh.* avavādasyāsamāhitabhūmikena.

19) *Ch.* 教授教誡諸法.

20) *Ms., Sh., W.* na cintayati / na tulayati / nopaparīkṣate /. *Tib.* sems par mi byed/ rtog par mi byed/ 'jal bar mi byed/ ñe bar rtog par mi byed pa ste/. *Ch.* 未思未量未推未察.

21) *Ms., Sh., W.* cintayati / tīrayati tulayaty upaparīkṣate /. *Tib.* sems par byed/ rtog par byed/ 'jal bar byed/ ñe bar rtog par byed pa/. *Ch.* 思量推察.

四種の観とは何か。ここで比丘は諸法を（1）思択し、（2）簡択し、（3）尋思し、（4）思惟する。すなわち、内側の心の止に依ってである。

（1）また、どのように思択するのか。浄行所縁、善巧所縁あるいは浄惑所縁を限定したあり様（盡所有性）として思択する。（2）（それらを）あるがままのあり様（如所有性）として簡択する。（3）智慧を伴った有分別の作意により相を取って尋思する。（4）推度しつつ思惟する。[1]

実に、この観には三つの門と、六事によって区別される所縁とがあると知られるべきである。

(III)-C-III-1-b-(1)　三門

観の三つの門とは何か。（a）相のみを行ずる観、（b）尋求することを行ずる（観）と、伺察することを行ずる（観）とである。

このうち、（a）相のみを行ずる（観）とは、（すなわち）その定地に属する作意をもって、聞き、受持された法、あるいは教授を作意するが、思考せず、比較せず、推度せず、観察しない、その（作意）は、相のみを行ずる（観）となる。

（b）一方で、思考し、比較し、推度し、観察するとき、尋求することを行ずる（観）となる。

1）所縁については ŚBh II 42–43以下を参照。

(c)yadā punas (1…tīrayitvā‿ upaparīkṣya…1) yathāvyavasthāpitam eva pratyavekṣate, tadā pratyavekṣaṇānucaritā bhavati /

iyaṁ trimukhā[2] vipaśyanā /

(III)-C-III-1-b-(2) Ms.99a2M, Sh.368-10, W.111-15, P.162b6, D.134b1, N.142a3, Co.139a2, Ch.451c5

katamāni ṣaḍvastuprabhedālambanāni / sa paryeṣamāṇaḥ ṣaḍ vastūni paryeṣate, (a)arthaṁ (b)vastu (c)lakṣaṇa*ṁ*[3] (d)pakṣaṁ (e)kāla*ṁ*[4] (f)yuktiṁ ca / (5…paryeṣya caitāny eva…5) pratyavekṣate /

(a)katham arthaṁ paryeṣate / "asya bhāṣitasyāyam artho 'sya bhāṣitasyāyam artha[6]" ity evam arthaṁ paryeṣate /

(b)kathaṁ vastu paryeṣate / dvividhaṁ vastu, ādhyātmikaṁ bāhya*ṁ*[7] ca / evaṁ vastu paryeṣate /

(c)kathaṁ lakṣaṇaṁ paryeṣate / dvividhaṁ lakṣaṇam,[8] svalakṣaṇaṁ sāmānyalakṣaṇaṁ ca / evaṁ lakṣaṇaṁ paryeṣate /

(d)kathaṁ pakṣaṁ paryeṣate / dvividhaḥ pakṣaḥ, kṛṣṇapakṣaḥ śuklapakṣaḥ / (9…kṛṣṇapakṣaṁ doṣata ādīnavataḥ / śuklapakṣaṁ punar guṇato 'nuśaṁsataś ca…9) / evaṁ *pakṣaṁ*[10] paryeṣate /

(e)kathaṁ kālaṁ paryeṣate / trayaḥ kālāḥ, atīto 'nāgato vartamānaś ca / "evam e*t*ad[11] abhūd atīte 'dhvani, evam etad bhaviṣyaty anāgate 'dhvani, evam etad etarhi pratyutpanne 'dhvanī"ti / evaṁ kālaṁ paryeṣate /

(f)kathaṁ yuktiṁ paryeṣate / catasro yuktayaḥ, apekṣāyuktiḥ kārya*ka*raṇayuktir[12] upapattisādhanayukti*r*[13] dharmatāyuktiś ca / ta*trā*pekṣāyuktyā[14] saṁvṛtiṁ ca saṁvṛtitaḥ, paramārthaṁ ca paramārthataḥ, nidānaṁ ca nidānataḥ paryeṣate / kārya*ka*raṇayuktyā[15] kāritraṁ dharmāṇāṁ paryeṣate, (16…"ayaṁ dharmaḥ, idaṁ kāritram, ayam idaṁkāritra"…16) iti /

---

1) *Tib.* bsams śiṅ brtags la/ gźal źiṅ ñe bar brtags nas/. *Ch.* 既推察已.

2) *Ms.*, *W.* trimukhā. *Sh.* trimukhā(khī).

3) *Ms.* lakṣaṇa. *Sh.* lakṣaṇaṁ. *W.* lakṣaṇa(ṃ). 4) *Ms.* kāla. *Sh.* kālaṁ. *W.* kāla(ṃ).

5) *Sh.* paryeṣyann etāny eva (paryeṣyamāṇa etāny eva).

6) *Ms.*, *W.* arthata. *Sh.* artha(ta). 7) *Ms.* bāhyaś. *Sh.* bāhyañ. *W.* bāhyaṃ.

8) *Sh. omits.* 9) *Ch.* 尋思黒品過失過患. 尋思白品功德勝利.

10) *Ms. omits. Sh.*, *W.* [pakṣaṁ]. *Tib.* phyogs. *Ch.* 相. 11) *Ms.* evad.

12) *Ms.*, *Sh.*, *W.* kāryakāraṇa°. *See* ŚBh I 239 *fn.* 3). 13) *Ms.* °yukti. *Sh.* °yuktir. *W.* °yukti(r).

14) *Ms.* tatropekṣāyuktyā. *Sh.* tatro(trā)pekṣāyuktyā. *W.* tatrāpekṣāyuktyā [MS: tatropekṣāyuktyā].

15) *Ms.*, *W.* kāryakāraṇa°. *Sh.* kāya(rya)kāraṇa°. 16) *Ch.* 謂如是如是法有如是如是作用.

（c）一方で、推度し、観察して、設定されたとおりに伺察するとき、伺察することを行ずる（観）となる。

これが三つの門をもつ観である。

(III)-C-III-1-b-(2)　六事差別所縁

六事によって区別される所縁とは何か。尋求するかの者は、（a）意味（b）事物（c）特徴（d）品（e）時（f）道理という六事を尋求する。そして、尋求して、これらを伺察する。

（a）どのようにして意味を尋求するのか。「この言葉にはこの意味があり、この言葉にはこの意味がある」とこのように意味を尋求する。

（b）どのようにして事物を尋求するのか。事物は自己と（自己以）外の二種である。このように事物を尋求する。

（c）どのようにして特徴を尋求するのか。特徴は固有の特徴と共通の特徴の二種である。このように特徴を尋求する。

（d）どのようにして品を尋求するのか。品は黒品と白品の二種である。黒品を過失として、過患として（尋求する）。一方で、白品を功徳として、福徳として（尋求する）。このように品を尋求する。

（e）どのようにして時を尋求するのか。時は過去、現在、未来の三つである。「それは過去世においてこのようであった、それは未来世においてはこのようであるであろう、それは今、現在世においてはこのようである」と、このように時を尋求する。

（f）どのようにして道理を尋求するのか。道理は観待道理・作用道理・証成道理・法爾道理の四つである。[1] このうち、観待道理によって、世俗を世俗として、勝義を勝義として、因を因として尋求する。作用道理によって、諸法の働きを尋求する。「これが法である。あれが働きである。これにあの働きがある」と。

1）四種の道理についてはŚBh I 236–237以下を参照。

upapattisādhanayuktyā trīṇi pramāṇāni paryeṣate, āptāgamam anumānaṁ pratyakṣaṁ ca / "kim asty atrā*ptāgamo*[1] nāstī"ti / "kiṁ pratyakṣam upalabhyate, na ve"ti / "kim anumānena yujyate,[2] na ve"ti / tatra dharmatāyuktyā[3] tathābhūtatāṁ dharmāṇāṁ prasiddhadharmatām acintyadharmatām avasthitadharmatām adhimucyate, na cintayati, na vikalpayati / evaṁ yuktiṁ paryeṣate /

iyaṁ ṣaḍvastuprabhedālambanā[4] trimukhā[5] vipaśyanā, samāsato 'nayā sarvavipaśyanāsaṁgrahaḥ /

(III)-C-III-1-b-(2)-i Ms.99a7M, Sh.370-3, W.113-10, P.163b3, D.135a4, N.142b7, Co.139b5, Ch.452a3

kena punaḥ kāraṇena ṣa*ḍvastu*prabhedā[6] [(7...]vyavasthāpitāḥ /[...7)] āha / trividham avabodham adhikṛtya bhāṣitārthāvabodhaṁ[8] vastupa*rya*ntatāvabodhaṁ[9] [10] yathābhūtāvabodhaṁ ca /

tatrārthaparyeṣaṇayā bhāṣitārthāvabodhaḥ / vastuparyeṣaṇayā svalakṣaṇaparyeṣaṇayā ca vastupa*rya*ntatāvabodhaḥ[11] / tatra sāmānyalakṣaṇaparyeṣaṇayā pakṣaparyeṣaṇayā [(12...]kāla*paryeṣaṇayā* yuktiparyeṣaṇayā[...12)] yathābhūtāvabodhaḥ / etāvac ca yoginā jñeyam / yaduta bhāṣitasyārthaḥ, jñeyasya vastuno yāvadbhāvikatā yathāvadbhāvikatā ca / [13]

(III)-C-III-1-b-(2)-ii-(a) Ms.99b1R, Sh.370-11, P.163b6, D.135a7, N.143a3, Co.140a1, Ch.452a11

[(14...]t*atra katham* *aśubhā*prayukto[...14)] yogī ṣaḍ vastūni paryeṣate vipaśyamānaḥ[15] / āha / aśubhādhipateyaṁ dharmaṁ śrutam udgṛhītam adhipatiṁ kṛtvā

---

1) *Ms.* atrārgho? *Sh.* ātrātmā. *W.* ātrā[ptāga]mo. *Tib.* ci 'di la yid ches pa'i luṅ yod. *Ch.* 如是如是義爲有至教.

2) *Ms., W.* yujyate. *Sh.* prayujyate.

3) *Sh.* dharmatāyuktayā.

4) *Ms., W.* °ālambanāni. *Sh.* °ālambanā(ni).

5) *Ms., W.* trimukhā. *Sh.* trimukhā(khī).

6) *Ms., Sh., W.* ṣaṭ prabhedā. *Tib.* gźi rab tu dbye ba rnam pa drug. *Ch.* 六事差別所緣毘鉢舍那.

7) *Ms.* vyavasthāpitā. *Sh.* vyavasthāpitā[ḥ /]. *W.* vyavasthāpitā /.

8) *Ms.* bhāṣitārthānavabodham. *Sh.* bhāṣitārthā(na)vabodham. *W.* bhāṣitārthāvabodham.

9) *Ms., Sh.* °paryeṣantatā°. *W.* °paryantatā°. *Tib.* dṅos po'i mtha' rtogs pa. *Ch.* 事邊際覺.

10) *W. has* ca.

11) *Ms., Sh.* °paryeṣantatā°. *W.* °paryantatā°. *Tib.* dṅos po'i mtha' rtogs pa. *Ch.* 事邊際覺.

12) *Ms., Sh.* kālayuktiparyeṣaṇayā. *W.* kāla[paryeṣaṇayā] yuktiparyeṣaṇayā. *Tib.* dus yoṅs su tshol ba daṅ/ rigs pa yoṅs su tshol bas ni/. *Ch.* 尋思共相品時理故.

13) *Tib. has* zad pa'i phyir ro.

14) *Ms.* tatrāśubho prayukto. *Sh.* tatrāśubho(bhe)prayukto ... *Tib.* de la mi sdug pa la brtson pa'i rnal 'byor pa rnam par 'byed par byed pa na/ ji ltar gźi rnam pa drug yoṅs su tshol bar byed ce na/. *Ch.* 云何勤修不淨觀者尋思六事差別所緣毘鉢舍那. *See* Schmithausen 1982b, 69, *fn.* 53.

15) *Sh. omits.*

証成道理によって、聖言量・比量・現量の三つの正量を尋求する。「これについて聖言量があるか、否か」「現量対象が認識されるか、否か」「比量対象として相応しいか、否か」と。このうち、法爾道理によって、諸法の如実性、承認された法性、思議され得ない法性、確定した法性を勝解して、思議せず、分別しない。このように道理を尋求する。

これが、六事によって区別される所縁をもち、三つの門をもつ観であり、要するにこれによって、すべての観が包含される。

(III)-C-III-1-b-(2)-i　三覚

さらに、どのような理由によって六事による区別が設定されるのか。答える。語られた意味の覚知、事辺際性の覚知、如実の覚知の三種の覚知に依ってである。

このうち、意味の尋求によって、語られた意味の覚知がある。事物の尋求と、固有の特徴の尋求とによって、事辺際性の覚知がある。このうち、共通の特徴の尋求と、品の尋求と、時の尋求と、道理の尋求とによって、如実の覚知がある。そして、この限りのことが瑜伽者によって知られるべきである。すなわち、語られた意味と、認識される事物の限定したあり様（盡所有性）とあるがままのあり様（如所有性）とである。[1)]

(III)-C-III-1-b-(2)-ii　不浄観　-(a) 義

ここで、不浄[2)]を実践する瑜伽者は、観を行じているときに、どのように六事を尋求するのか。答える。聞き、受持された、不浄を主とする法に専念して、

1） ŚBh II 46-47では、事辺際性とは、所縁の限定したあり様（盡所有性）とあるがままのあり様（如所有性）とであるとされる。

2）以下の節では不浄について述べられるが、テキストにおいてaśubhāとaśubhatāの違いは明確でない。Tib.やCh.においても、訳語に一貫性のある対応関係は認められない。和訳の中では、aśubhāを「不浄観」の意味で「不浄」と訳すか、もしくは形容詞として「不浄な」と訳し、aśubhatāを「不浄性」と訳した。

samāhitabhūmikena manaskāreṇaivam[1] arthapratisaṁvedī bhavati / aśubhayā‿ "aśucy[2] etat prati*kūla*m,[3] etat[4] *pū*tikam,[5] etad durgandham āmagandham" iti / ebhir ākārair evaṁbhāgīyais tasyaivāśubhādhikṛtasya dharmasya pūrvaśrutasyārthapratisaṁvedanā / evam (6…aśubhatayārthaṁ paryeṣate…6) /

(III)-C-III-1-b-(2)-ii-(b) Ms.99b3L, Sh.371-4, P.164a1, D.135b2, N.143a5, Co.140a4, Ch.452a17

kathaṁ vastu paryeṣate / sa evamarthapratisaṁvedī tām aśubhatāṁ (7…dvayor bhā*ga*yor…7) vyavasthāpitāṁ paśyaty adhyātmaṁ bahirdhā ca / [8]

(III)-C-III-1-b-(2)-ii-(c) Ms.99b3M, Sh.371-7, W.*114-1, P.164a2, D.135b3, N.143a6, Co.140a4, Ch.452a19

kathaṁ svalakṣaṇaṁ paryeṣate / adhyātmaṁ tāvad antaḥkāyagatām [9] *pū*tyaśubhatām[10] adhimucyate "santy asmin kāye keśaromāṇi vistareṇa yāvan mastakaṁ mastakaluṅgaṁ prasrāva[11]" iti / tāṁ punar anekavidhām antaḥkāyagatām aśubhatāṁ dvābhyāṁ dhātubhyāṁ saṁgṛhītām adhimucyate, pṛthivīdhātunā‿ abdhātunā ca / tatra keśaromāṇy upādāya yāvad yakṛtpurīṣā*t*[12] pṛthivīdhātur adhimucyate / aśrusvedanām[13] upādāya yāvat prasrāvād abdhātum adhimucyate / [14]

bahirdhā vā punar bāhyagatām aśubhatāṁ vinīlakādibhir ākārair adhimucyate / tatra vinīlakam adhimucyate, yad anena mṛtakuṇapaṁ svayaṁ vā dṛṣṭaṁ bhavati, *pa*rato[15] vā śrutam, parikalpitaṁ vā puna*ḥ*,[16] striyā vā, puruṣasya vā, [17] mitrasya vā, amitrasya vā, udāsīnasya vā hīnaṁ vā, madhyaṁ vā, praṇītaṁ vā, dahrasya vā, madhyasya vā, vṛddhasya vā /

tatra nimittam udgṛhya‿ ekāhamṛtaṁ *(18…pragaḍitaśoṇitam asaṁprāptapūya-

---

1) *Ch.* 如理作意.
2) *Sh.* aśubhy.
3) *Ms., Sh.* pratirūpam. *Tib.* mi mthun pa. *Ch.* 厭逆. *Cf.* YBh 88, 17: yad vāśuci durgandham āmagandhaṃ pratikūlaṃ pratikruṣṭaṃ ...
4) *Sh.* et.
5) *Ms.* pratikam. *Sh.* pratika(gha)m. *Tib.* rul pa. *Ch.* 朽穢.
6) *Ch.* 爲於諸不淨尋思其義.
7) *Ms., Sh.* dvayor bhāvayor. *Tib.* cha gñis su. *Ch.* 二分. *See* Kritzer 2017, 38, *fn.* 23a.
8) *Ch. has* 如是名爲尋思彼事.
9) *Ms., Sh. have* aśubhatāṁ. *There is no equivalent in Tib. or Ch.*
10) *Ms., Sh.* pratyaśubhatām. *Tib.* rul pa daṅ mi sdug pa ñid du. *Ch.* 穢朽不浄 (*v. l.* 朽穢不浄). *We adopt the reading* pūty° *here, although we read* praty° *in* ŚBh II. *See* ŚBh II 58, *fn.* 10).
11) *Sh.* praśrāva(prasrāva).
12) *Ms., Sh.* yakṛtpurīṣā.
13) *Ms., Sh.* aśrudvedanām.
14) *Ch. has* 如是名爲依内不淨尋思自相.
15) *Ms., Sh.* purato. *Tib.* gźan las. *Ch.* 從他.
16) *Ms.* puna. *Sh.* puna[ḥ]. *Ch.* 或由分別.
17) *Ch. has* 非男女.
18) *Sh.* °śoṇitamayaṁ prāptapūyabhāvaṁ.

定地に属する作意によって次のように意味を賢察するものとなる。（すなわち）不浄によって、「これは汚れていて不快である。これは穢れている。これは悪臭であり、生臭い」と。このような種類のこれらの様相によって、以前に聞かれ、不浄に依止したほかならぬその法の意味の賢察がある。このように不浄性によって意味を尋求する。

(III)-C-III-1-b-(2)-ii-(b)　事

どのように事物を尋求するのか。このように意味を賢察する彼は、自己と（自己以）外の二つの部分によって区別されたその不浄性を見る。

(III)-C-III-1-b-(2)-ii-(c)　相

どのように固有の特徴を尋求するのか。まず、自己の体の内側にある朽穢不浄性を（次のように）勝解する。「この体に髪・毛、乃至、脳髄・脳膜・尿がある[1]」と。さらに、地界と水界の二つの界によって包含されるその多種な体の内側にある不浄性を勝解する。このうち、髪・毛より脾・大便までの地界を勝解する。涙・汗より尿までの水界を勝解する。

あるいはまた、死斑の浮き出た（死体）等の形相をもって、（自己以）外の（体の）外側にある不浄性を勝解する。このうち、死斑の浮き出た（死体）を勝解する。その屍は、彼自身によって観察され、あるいは他者より聞かれ、あるいはまた想像される。（それは）女性の、あるいは男性の、あるいは親しい者の、あるいは敵対者の、あるいは中立者の（屍）であり、あるいは劣性の、あるいは中間の、あるいは優性の（屍）であり、あるいは子供の、あるいは中年の、あるいは老人の（屍）である。[2]
これについて相を取って、死後一日経ち、血が滴るが膿の出ていない状態のものが

1）詳細なリストはŚBh II 58–61参照。

2）ŚBh II 178–179参照。

bhāvaṁ[...18)*] "vinīlakam" ity adhimucyate / dvyahamṛtaṁ saṁprāptapūyabhāvam[1] asaṁjātakṛmi "vipūyakam" ity adhimucyate / saptāhamṛtaṁ saṁjātakṛmy ādhmātaṁ[2] ca "vi*pa*ṭumakaṁ[3] vyādhmātakam" ity adhimucyate / [(4...]kākaiḥ kuraraiḥ[5] khādyamānaṁ gṛdhraiḥ[6] śvabhiḥ sṛgālair[7] "vikhāditakam[8]" ity adhimucyate[...4)] / vikhāditaṁ[9] vā punar apagatatvaṅmāṁsaśoṇitaṁ snāyumātropanibaddhaṁ "vilohitakam" ity adhimucyate / diśodiśam aṅga-pratyaṅgeṣu vikṣipteṣu viśleṣiteṣu samāṁseṣu nirmāṁseṣu kiṁcicchiṣṭamāṁseṣu "vikṣiptakam" ity adhimucyate / anyato [10] hastāsthīny anyataḥ pādāsthīny anyato jānvasthīny ūrvasthīni bāhvasthīni prabāhvasthīni pṛṣ*ṭhī*vaṁśaḥ[11] hanucakraṁ[12] [(13...]dantamālā‿ anyataḥ[...13)] śiraskapālaṁ [(14...]dṛṣ*ṭā*ny "asth*inī"ty*[...14)] adhimucyate / yadā punaḥ saṁbaddham asthikaraṅkam[15] aviśīrṇaṁ manasikaroti, kevalaṁ nimittagrāhī bhavati, na tu [(16...]tasyāṅgapratyaṅgeṣv *anu*vyañjanagrāhī,[...16)] evaṁ śaṅkalikām adhimucyate / yadā tv anuvyañjanagrāhī bhavati, tadāsthiśaṅkalikām adhimucyate / api ca dve śaṅkalike, dehaśaṅkalikā pratyaṅgaśaṅkalikā ca / tatra dehaśaṅkalikā [(17...]śroṇīkaṭāham upādāya pṛṣṭhīvaṁśo yāvad yatra śiraskapālaṁ pratiṣṭhitam[...17)] / pratyaṅgaśaṅkalikā saṁbaddhāni bāhvasthīni, ū*ru*jaṅghāsthīni[18] ca saṁbaddhāni / [19] tatra yā dehaśaṅkalikā, sā śaṅkalikaivocyate / yā punaḥ pratyaṅgaśaṅkalikā, sā‿ "asthiśaṅkalike"ty ucyate /

api ca dvau śaṅkalikāyā nimittagrāhau / [20] citrakṛtāyāḥ pāṣāṇakāṣṭhaśādakṛtāyā vā, [(21...]bhūtaśaṅkalikāyāś *ca*[...21)] / *yadā*‿[22] abhūtaśaṅkalikāyā[23] [24] nimittaṁ manasi-

1) *Sh.* prāptapūyabhāvaṁ. 2) *Ch.* 身體已壞. 3) *Ms.* vimaṭumakaṁ. *Sh.* vimadrāmakaṁ.

4) *Ch.* 若此死屍爲諸狐狼鵄梟鵰鷲烏鵲餓狗之所食噉. 於是發起食噉勝解.

5) *Sh.* kuralai(rai)ḥ. 6) *Sh.* gṛddhaiḥ. 7) *Sh.* śṛgālaiḥ.

8) *Sh.* vikhādikam 9) *Sh.* viravāditam. 10) *Sh. has* vā.

11) *Ms.* pṛṣṭhāvaṁśaḥ. *Sh.* pṛṣṭhā(ṣṭhī) vaṁśaḥ. 12) *Sh.* hanunakraṁ.

13) *Ms.* dantamālām anyataḥ. *Sh.* dantamālā madhyataḥ.

14) *Ms.* dṛṣṭvānyasthīny. *Sh.* dṛṣṭvānya[ā]sthīny. *Tib.* mthoṅ ba la ni. *However Ch.* 見是事已 *suggests* dṛṣṭvā ...

15) *Sh.* arikṣakaraṁkam. *Tib.* khog pa'i rus pa 'brel źin yan lag gi rus pa ma gyes par. *Ch.* 骸骨.

16) *Ms., Sh.* °pratyaṁgeṣu vyaṁjanagrāhī. *Tib.* ... mṅon rtags su 'dzin par mi byed pa. *Ch.* 不委細取支節屈曲.

17) *Tib.* mjug do'i sbubs yan chad nas/ sgal tshigs kyi sbubs daṅ/ mgo'i thod pa'i bar du 'brel pa yin no//. *Ch.* 血鏤脊骨乃至髑髏所住. 18) *Ms.* ūrūjaṁghāsthīni. *Sh. omits.*

19) *Ms., Sh. have* tatra yā dehaśaṁkalikā ca / tatra dehaśaṁkalikā śroṇīkaṭāham upādāya / pṛṣṭhīvaṁśo yāvat yatra śiraḥkapālaṁ pratiṣṭhitaṁ / pratyaṁgaśaṁkalikā sambaddhāni bāhvasthīni ūrūjaṁghāsthīni (*Sh.* ūru°) ca /. 20) *Ch. has* 假名.

21) *Ms., Sh.* bhūtaśaṁkalikāyā vā. 22) *Ms., Sh. omit. Tib.* de la gaṅ gi tshe. *Ch.* 若.

23) *Ch.* 假名骨鎖. 24) *Ms., Sh. have* vā.

「死斑の浮き出た（死体）である」と勝解する。死後二日経ち、膿が出ている状態であるがうじのわいていないものが「膿の出た（死体）である」と勝解する。死後七日経ち、うじがわき、膨らんだものが「うじのわいた（死体）と膨らんだ（死体）である」と勝解する。烏によって、鷹によって、鷲によって、犬によって、山犬によって食べられているものが「食い荒らされた（死体）である」と勝解する。あるいはまた、食い荒らされて、皮・肉・血を奪われ、筋のみで繋がれているものが「血に汚れた（死体）である」と勝解する。支肢が方々に散乱し、引き裂かれ、肉のついている、（あるいは）肉のない、（あるいは）いくらか肉の残っている場合には「散乱した（死体）である」と勝解する。手の骨は別の所に、足の骨も別の所に、膝の骨、腿の骨、腕の骨、前腕の骨、背骨、顎の輪状の骨、歯並びの骨も別の所に、頭蓋骨も別の所に見られる場合、（それらを）「骨である」と勝解する。さらに、繋がっていて、散乱していない骸骨に作意して、単に相を取るが、支肢において随相を取らないとき、そのように骨鎖を勝解する。[1] しかし、随相を取るとき、諸骨の骨鎖を勝解する。また、胴体の骨鎖と支節の骨鎖との二つの骨鎖がある。このうち、胴体の骨鎖は、腰骨から背骨、頭蓋骨が置かれるところまでである。支節の骨鎖は、繋がった腕の骨と繋がった腿・脛の骨とである。このうち、胴体の骨鎖が、単に骨鎖と云われる。一方で、支節の骨鎖が「諸骨の骨鎖」と云われる。

さらに、骨鎖から相を取ることは二つある。絵に描かれたものから、あるいは石・木・泥で作られたものからと、実物の骨鎖からとである。実物でない骨鎖からの相を作意するとき、

1）以下、asthiを「骨」、śaṅkalikāを「骨鎖」、asthiśaṅkalikāを「諸骨の骨鎖」と訳した。漢訳では、これら三語が列挙される場合、それぞれ「骨」「鎖」「骨鎖」と訳されているが、単独で現れる場合には、śaṅkalikāを「骨鎖」と訳している場合もあり、統一されていない。

karoti, tadā śaṅkalikām evādhimucyate, nā*sthi*śaṅkalikām[1] / yadā punar[2] bhūtaśaṅkalikāyā nimittaṁ manasikaroti, tadāsthiśaṅkalikām evādhimucyate / [3]

"sa khalv eṣa bāhyāyā varṇanibhāyā upādāyarūpagatāyās trividho vipariṇāmaḥ, svarasavipariṇāmaḥ parakṛtas tadubhayapakṣyaś[4] ca / tatra vinīlakam upādāya yāvad vyādhmātakāt[5] svarasavipariṇāmaḥ / tatra vikhāditakam upādāya yāvad vikṣiptakāt parakṛto vip*ari*ṇāmaḥ[6] / (7…tatrāsthi, *śaṅkali*kā, *asthi*śaṅkalikā vā;…7) ity ayam ubhayapakṣyo vipariṇāma" iti/ ya evaṁ yathābhūtaṁ prajānāti bahirdhā‿aśubhatām ākārataḥ, evaṁ bahirdhā‿aśu*bhatā*yāḥ[8] svalakṣaṇaṁ paryeṣate /

katham aśubhatāyā*ḥ*[9] sāmānyalakṣaṇaṁ paryeṣate / yathā cādhyātmaṁ (10…bahiḥkāyasya śubhā…10) varṇanibhā‿[11] apariṇatā[12] yāvad (13…bahirdhā bahiḥkāyasyāśubhā varṇanibhā…13) vipariṇatā, adhyātmikayā‿ aśubhayā varṇanibhayā[14] samānadharmatāṁ tulyadharmatām adhimucyate / "iyam api me śubhā varṇanibhā‿ evaṁdharmiṇī"ti [15] / ye 'pi kecit sattvā anayā śubhayā varṇanibhayā samanvāgatās teṣām[16] api sā śubhā[17] evaṁdharmiṇī tadyatheyam bāhyā [18] / evaṁ sāmānyalakṣaṇaṁ paryeṣate /

(III)-C-III-1-b-(2)-ii-(d) Ms.100a7L, Sh.374-12, P.165a8, D.136b6, N.144b5, Co.141b3, Ch.452c10

kathaṁ pakṣaṁ paryeṣate / tasyaivaṁ bhavati / "(19…yad *a*ham asyā śu*bhā*yā…19) varṇani*bhā*yā[20] etām aśubha*dharmatāṁ*[21] yathābhūtam aprajānann adhyātmaṁ vā bahirdhā vā śubhāyāṁ varṇanibhāyāṁ saṁrāgam utpādayāmi, viparyāsa eva kṛṣṇapakṣasaṁgṛhīto (22…sara*ṇo* dharmaḥ…22) saduḥkhaḥ savighātaḥ[23] sopadravaḥ

---

1) *Ms.* nāstiśaṁkalikāṁ. 2) *Sh.* pūnar.

3) *Ms. has* nāsthiśaṁkalikāṁ / yadā punar bhūtaśaṁkalikāyā nimittaṁ manasikaroti / tadāsthiśaṁkalikām adhi-mucyate /. *Sh. has* nāsthiśaṁkalikāṁ / (yadā punar bhūtaśaṁkalikāyā nimittaṁ manasikaroti / tadāsthiśaṁkalikām adhimucyate /). 4) *Ch.* 三俱品變壞.

5) *Ms.* vyādhmātakāḥ. *Sh.* vyādhmātakāḥ(kāt). 6) *Ms.* viparaṇāmaḥ. *Sh.* vipara(ri)ṇāmaḥ.

7) *Ms.* tatrāsthikā śaṁkalikā vā. *Sh.* tatrāsthikā(vā) śaṁkalikā vā. *Tib.* de la rus goṅ daṅ/ keṅ rus daṅ/ rus pa'i keṅ rus dag ni. *Ch.* 若骨若鎖及以骨鎖.

8) *Ms.* aśubhāyāḥ. *Sh.* aśubhatāyāḥ. *Tib.* mi sdug pa'i. *Ch.* 諸所有不淨.

9) *Ms.* aśubhatāyā. *Sh.* aśubhatāyā[ḥ]. *Tib.* mi sdug pa'i. *Ch.* 不淨.

10) *Sh.* bahiḥkāyasyāśubhā. 11) *Sh.* varṇṇanibhayā.

12) Schmithausen 2014, 102, *fn.* 426 *suggests* avipariṇatā. *Tib.* rnam par ma ñams pa. *Ch.* 未有變壞. 13) *Ch.* 外身不淨色相. 14) *Sh.* varṇṇanibhā. 15) *Ch. has* 能自了知.

16) *Tib.* de dag gi (*D.*, *Co.* ni). 17) *Ms.*, *Sh.* śubhāyāṁ. 18) *Tib. has* źes mos par byed do/.

19) *Ms.* yadāha / masyā aśubhayā. *Sh.* yadāha / masyā (anayā) ['śubhayā]. *Tib.* bdag gis sdug pa daṅ/ kha dog lta bu 'di'i. *Ch.* 若我於彼諸淨色相. 20) *Ms.*, *Sh.* varṇṇanibhayā.

21) *Ms.* aśubhamatā. *Sh.* aśubhamatā(tāṁ). *Tib.* mi sdug pa'i chos ñid. *Ch.* 不淨法性.

22) *Ms.*, *Sh.* niḥsaraṇadharmaḥ. *Tib.* chos de ni ñon moṅs pa daṅ bcas pa. *Ch.* 是有諍法. MVy. 2158 *gives* saraṇam *for* ñon moṅs pa daṅ bcas pa.

諸骨の骨鎖にではなく、ほかならぬ骨鎖を勝解する。一方で実物の骨鎖からの相を作意するとき、ほかならぬ諸骨の骨鎖を勝解する。

「実に、所造色に含まれる（体の）外側の様相には、自ずからの変化と、他によってなされた（変化）と、その両者とのこれら三種の変化がある。このうち、死斑の浮き出た（死体）から、膨らんだ（死体）までは自ずからの変化である。このうち、食い荒らされた（死体）から、散乱した（死体）までは他によってなされた変化である。このうち骨、あるいは骨鎖、あるいは諸骨の骨鎖というこれらが両者の変化である」と、このように、如実に（自己以）外の不浄性を形相より了知する者は、このように（自己以）外の不浄性の固有の特徴を尋求する。

どのようにして不浄性の共通の特徴を尋求するのか。変化していない自己の体の外側の清浄な様相は、変化した（自己以）外の体の外側の不浄な様相ほどのものであるというように、自己の不浄な様相と共通の性質・等しい性質を勝解する。（すなわち）「私のこの清浄な様相もまた、同様の性質を持つものである」と。この清浄な様相を伴ったいかなる衆生のこの清浄な（様相）もまた、同様の性質を持つものである。すなわち、この（体の）外側の（様相）のごとくである。このように共通の特徴を尋求する。

(III)-C-III-1-b-(2)-ii-(d)　品

どのように品を尋求するのか。彼は次のように考える。「私がその清浄な様相のその不浄な性質を如実に了知することなく、自己のあるいは（自己以）外の清浄な様相に対して欲を生じることは、ほかならぬ顛倒であり、黒品に包含され、煩悩をともなったものであり、苦をともない、害をともない、災いをともない、

saparidāhaḥ / (1...ato nidānād...1) utpadyanta āyatyāṁ jātijarāvyādhimaraṇaśokaparidevaduḥkhadaurmanasyopāyāsāḥ / yā punar asyāṁ śubhāyāṁ varṇanibhāyām aśubhadharmatānugatā yathābhūtānupaśyanā [2] śuklapakṣyā,[3] (4...*araṇa* eṣa dharmo...4) 'duḥkho (5...'vighātaḥ, yāvad...5) (6...ato nidānād...6) upāyāsā[7] nirudhyante / tatra yo 'yaṁ (8...kṛṣṇapa*kṣaḥ* sa ma*yā*...8) nādhivāsayitavyaḥ, prahātavyo vinodayitavyaḥ[9] / śuklapakṣyaḥ[10] punar anutpanna utpādayitavyaḥ / utpannasya ca sthitivṛddhivaipulyatā[11] karaṇīyā" / evaṁ pakṣaṁ paryeṣate /

(III)-C-III-1-b-(2)-ii-(e) Ms.100b1M, Sh.375-5, P.165b6, D.137a4, N.145a3, Co.142a2, Ch.452c22

kathaṁ kālaṁ paryeṣate / tasyaivaṁ bhavati / "yeyam adhyātmaṁ śubhā[12] varṇanibhā, seyaṁ vartamānam adhvānam upādāya / yā punar iyaṁ bahirdhā‿aśubhā varṇanibhā,[13] iyam api vartamānam[14] evādhvānam upādāya / atītaṁ punar adhvānam upādāya śubhā babhūva / saiṣā tāvad atītam adhvānam upādāya śubhā satī tadyathā me‿etarhi vartamānam adhvānam upādāya, evam ānupūrvyā‿etarhi (15...vartamānam *adhvānam*...15) upādāya‿aśubhā saṁvṛttā / 'sā me‿iyaṁ śubhā[16] varṇanibhā vartamānam adhvānam (17...upādāya śubhā...17) satī, anāgate 'dhvany[18] aśubhā na bhaviṣyatī'ti nedaṁ sthānaṁ vidyate, (19...tadyathaiṣā bāhyā eva[20] vartamānam adhvānam upādāya...19)/ iti hy atītānāgatapratyutpanneṣv adhvasv ayam api me kāya [21]evaṁbhāvy evaṁbhūta etāṁ ca dharmatām[22] anatīta" ity evaṁ kālaṁ samanveṣate /

---

23) *Tib.* rnam par smin pa daṅ bcas pa.

1) *Ms., Sh.* ato nidānā. *Tib.* gźi de las. *Ch.* 由是因緣.

2) *Ch. has* 便無顛倒.

3) *Tib.* dkar po'i phyogs yin te. *Ch.* 白品所攝.

4) *Ms., Sh.* eṣa dharmaḥ. *Tib.* chos de ni ñon moṅs pa med pa. *Ch.* 是無諍法.

5) *Tib.* rnam par smin pa med pa/ nod pa med pa/ yoṅs su gduṅ ba med pa.

6) *Ms., Sh.* ato nidānā. *Tib.* gźi des. *Ch.* 由此因緣.

7) *Ch.* 當來生老病死乃至擾惱.

8) *Ms., Sh.* kṛṣṇapakṣasamayo. *Tib.* bdag gis (*D., Co.* gi) nag po'i phyogs gaṅ yin pa de ni ... *Ch.* 若諸黑品. 我今於彼不應忍受.

9) *Sh.* viśodhaitavyaḥ.

10) *Ch.* 諸白品.

11) *Sh.* sthitir vṛddhir vaipulyatā(vipulatā).

12) *Sh.* [a]śubhā.

13) *Tib.* kha dog lta bu ma yin pa.

14) *Ms.* varttamānatām. *Sh.* vartamāna(tā)m.

15) *Ms.* varttamānam. *Sh.* vartamānam. *Tib.* byuṅ ba'i dus la. *Ch.* 現在.

16) *Sh.* [a]śubhā.

17) *Ms., Sh.* upādāyāśubhā. *Tib.* byuṅ ba'i dus la brten na sdug pa'i bdag gi sdug pa daṅ / kha dog lta bu 'di yaṅ ... *Ch.* 此淨色相於現在世雖有淨相.

18) *Ms.* dhvany. *Sh.* [a]dhvany.

19) *Tib.* dper na da ltar byuṅ ba'i dus la brten pa phyi rol gyi de bźin du mi 'gyur ba. *Ch.* 如今現在外不淨色.

20) *Sh.* eva[ṁ].

21) *Ch.* 曾如是相當如是相現如是相.

22) *Ch.* 不淨法性.

苦悩をともなう。この因より、将来、生・老・病・死・愁・悲・苦・憂・悩が生起する。一方でこの清浄な様相において、不浄な性質を知り如実に観察することである白品は、煩悩をともなわないものであり、苦なく、害なく、乃至、この因より悩が滅せられる。このうち、この黒品は私によって受け入れられるべきではなく、除かれるべきであり、捨てられるべきである。一方で、生起していない白品は生起せられるべきである。また、生起した（白品）の継続、増大、増長がなされるべきである」（と、）このように品を尋求する。

(III)-C-III-1-b-(2)-ii-(e)　時

どのようにして時を尋求するのか。彼は次のように考える。「この自己の清浄な様相は現在世におけるものである。一方で、この（自己以）外の不浄な様相もほかならぬ現在世におけるものである。ところが、（それも）過去世においては清浄であった。それは、まず、過去世においては、この現在世における私の（様相の）ごとくに清浄であったが、このように次第にこの現在世において不浄になった。『私のこの清浄な様相は、現在世において清浄であって、未来世に不浄になることはない』ということはありえない。あたかも、現在世におけるこの（体の）外側の（不浄の様相の）ごとくである。以上のように、過去・未来・現在世においてこの私の身体は、このようになるはずであり、このようであったし、この法性を避けられない」と。このように時を探求する。

(III)-C-III-1-b-(2)-ii-(f) Ms.100b3M, Sh.375-19, P.166a3, D.137a7, N.145b1, Co.142a6, Ch.453a2

kathaṁ yuktiṁ samanveṣate / tasyaivaṁ bhavati / "nā*sti*[1] sa kaścid ātmā vā sattvo vādhyātmaṁ vā bahirdhā vopala*bhyo*[2] yaḥ śubho vā syād aśubho vā / api tu[3] rūpamātram etat kaḍevaramātram[4] etad yatreyaṁ [(5...]saṁjñā samajñā[6] prajñaptir vyavahāraḥ[...5)] 'śubham' iti vā 'aśubham' iti vā" / api ca

āyur ūṣmātha vijñānaṁ yadā kāyaṁ jahaty amī /
apaviddhas tadā śete yathā kāṣṭham acetanaṁ //[7] [8]

tasyāsya mṛtasya kālagatasyānupūrveṇa vipariṇatā imā avasthāḥ prajñāyante / yaduta "vinīlakam" iti vā yāvad asthiśaṅkalikāyā[9] vā / "ayam api me kāyaḥ pūrvakarmakleśāviddho[10] mātāpi*tra*śucikalalasaṁbhūta[11] odanakulmāṣopacitaḥ,[12] yena hetunā yena nidānena‿ iyaṁ tāvatkālikī[13] śubhā varṇanibhā" / prajñāyate / "antaḥkāyaḥ punar nityaṁ nityakālam adhyātmaṁ ca bahirdhā cāśu*bhaḥ*[14]" / [(15...]evaṁ saṁvṛtiparamārthanidānato 'pekṣāyuktiṁ paryeṣate[...15)] /

tasyaivaṁ bhavati / "iyam [(16...]aśu*bhā*‿ evam[...16)] āsevitā bhāvitā bahulīkṛtā kāmarāgaprahāṇāya saṁvartate / kāmarāgaś ca prahātavyaḥ" / evaṁ kārya*ka*raṇayuktyā[17] samanveṣate /

tasyaivaṁ bhavati / "uktaṁ hi bhagavatā, 'aśubhā‿ āsevitā bhāvitā bahulīkṛtā kāmarāgaprahāṇāya saṁvartata' ity ayaṁ tāvan me āptāgamaḥ / pratyātmam api me jñānadarśanaṁ pravartate / aham asmi*n*[18] yathā yathā aśubhāṁ[19] bhāvayāmi, manasikaromi, [(20...]tathā tathā[...20)] kāmarāgaparyavasthānam

---

1) *Ms., Sh.* nāstīti. *Cf. Sh.* 380, 8.

2) *Ms.* vopalabhya. *Sh.* vopalabhya[mānaḥ]. *Sh. says, in his footnote,* "should be deleted." *No equivalent for* upalabhya *in Tib.* 3) *Sh.* ca. 4) *Sh.* kaṇḍavaramātram.

5) *Ch.* 假想施設言論. *Cf.* ŚBh III 54 *fn.* 3), 60 *fn.* 2), and 64. *fn.* 18). 6) *Sh.* sama[ā]jñā.

7) SN III, 143, XXII, 95, v. 4 (*See* Pāsādika 1989 37; 本庄 1984 20-21; 68-69):
āyu usmā ca viññāṇaṃ // yadā kāyaṃ jahant' imaṃ //
apaviddho tadā seti // parabhattam acetanaṃ //
The same verse is quoted in AKBh 73, 19-20; 243, 21-22.

8) *Tib. has* źes gsuṅs pa lta bu ste. 9) *Ms.* avasthi°. 10) *Sh.* °kleśaviddhaḥ.

11) *Ms.* mātāpitryaśucikalalasaṁbhūta. *Sh.* mātāpitryaśucisaṁbhūta. *Tib.* pha ma'i mi gtsaṅ ba'i mer mer po las byuṅ ba daṅ/. *Ch.* 父母不淨和合所生. *Cf.* AKBh 127.

12) *Sh.* odanaka(ku)lmāṣopacitaḥ. 13) *No equivalent in Tib.* 14) *Ms., Sh.* cāśubhā.

15) *Ch.* 如是名依世俗勝義及以因緣觀待道理. 尋思彼理.

16) *Ms., Sh.* aśubhatā / evam. *Tib.* mi sdug pa 'di ñid. 17) *Ms, Sh.* kāryakāraṇa°.

18) *Ms., Sh.* asmi. *Tib.* bdag ji lta ji ltar mi sdug pa sgoms śiṅ yid la byed pa ... *Ch.* 於諸不淨. 如如作意思惟修習. *Possibly redundant.*

19) *Sh.* aśubhatāṁ. 20) *Sh.* tathā.

(III)-C-III-1-b-(2)-ii-(f)　理

どのように道理を探求するのか。彼は次のように考える。「清浄であれ不浄であれ、自己にあるいは（自己以）外に得られるいかなる自我も本体もない。そうではなくて、それは単なる色に過ぎず、単なる身体に過ぎず、それにこの『清浄』あるいは『不浄』というこの名称、呼称、仮名、言説がつくのである」さらにまた、

これら寿命、温かさ、識が体を放棄するときに、
捨てられた（身体）は、心作用なき木片がごとくに横たわる。

まさにこの絶命し末期に至った者の、順次に変化したその分位が知られる。すなわち、「死斑の浮き出た（死体）」から、諸骨の骨鎖までである。「また、私のこの体は、以前の業煩悩によって影響されて、母と父の穢れである胚より生じ、米飯・酸粥によって成長したものであり、その理由によりその因により、この暫時的なる清浄な容貌がある」（また、次のように）知られる。「さらに、自己においても（自己以）外のものにおいても、いつも常に体の内側は不浄である」このように世俗と勝義と因より観待道理を尋求する。

彼は次のように考える。「このように、この不浄は、欲貪を断ずるために専修され、修習され、繰り返し行じられる。そして、（それによって）欲貪が断ぜられるべきである」このように作用道理によって探求する。

彼は次のように考える。「実に世尊によって説かれる『不浄は欲貪を断ずるために専修され、修習され、繰り返し行じられる』というこれは、まず、私にとっての聖言量である。また、私に（次のように現量による）個々の知見が生じる。私がこれに対して不浄を修習し作意するにしたがって、まだ生じていない欲貪の纏は

anutpannaṁ ca notpadyate, utpannaṁ ca prativigacchati / [1] (2...ānu*māni*ko 'py eṣa vidhir asti...2) / katham idānīṁ vipakṣaṁ dharmaṁ manasikurvatas tadvipakṣālambanena kleśa utpadyate" / evam upapattisādhanayuktyā paryeṣate /

tasyaivaṁ bhavati / "prasi*ddha*dharmatā[3] khalv eṣā‿ acintyadharmatā [4] / yad 'aśubhābhāvanā kāmarāgasya prahāṇapratipakṣa' iti / sā ca (5...*na* cintayitavyā...5) na vikalpayitavyā‿ adhimoktavyā" / evaṁ dharmatāyuktyā‿ aśubhatāṁ paryeṣate /

iyaṁ tāvad aśubhāprayuktasya trimukhī ṣaḍvastuprabhedālambanā vipaśyanā/

(III)-C-III-1-b-(2)-iii-(a) Ms.100b8R, Sh.377-10, Mai. 278-9, P.166b7, D.138a3, N.146a4, Co.143a2, Ch.453a29

(6...kathaṁ maitrīprayukto vipaśyan ṣaḍ vastūni paryeṣate...6) / maitryadhipateyaṁ (7...dharmaṁ *śrutam udgṛhītam* adhipatiṁ kṛtvā...7) "hitasukhādhyāśayagatasya sattveṣu[8] (9...sukhopasaṁhārādhimokṣalakṣaṇā maitrī"ti...9) / (10...*evam*[11] arthapratisaṁvedy arthaṁ paryeṣate...10) /

(III)-C-III-1-b-(2)-iii-(b) Ms.101a1M, Sh.377-13, Mai. 278-14, P.167a1, D.138a4, N.146a6, Co.143a4, Ch.453b5

sa evam arthapratisaṁvedī punar (12...vicino*ti* /...12) "ayaṁ mitrapakṣo 'yam amitrapakṣo 'yam udāsīnapakṣaḥ" / "sarva ete pakṣāḥ parasantānapatitatvād[13] (14...bāhyaṁ vastv" ity adhimucyate...14) / "mitrapakṣaṁ vādhyātmam amitrodāsīnapakṣaṁ bahirdhā" / evaṁ [15] vastuni maitrīṁ samanveṣate /

---

1) *Ch. has* 是現證量.

2) *Ms., Sh.* ānulomiko py eṣa vidhir asti. *Tib.* rjes su dpag pa'i bya ba 'di lta bu yod de. *Ch.* 比度量法亦有可得.謂作是思. *Cf.* ŚBh III 62, 2; 64, 18. *Sh.* 443, 1. ŚBhD I, 323, 3.

3) *Ms.* prasiddhādharmatā. *Sh.* prasiddhā dharmatā.

4) *Ch. has* 安住法性.

5) *Ms., Sh.* cintayitavyā. *Tib.* bsam par mi bya. *Ch.* 不應思議. *Cf.* ŚBh III 34, 5ff.

6) *Tib.* ji ltar na byams pa la dmigs pa'i lhag mthoṅ la rab tu brtson pa gźi rnam pa drug yoṅs su tshol bar byed ce na. *suggests* kathaṁ maitryālambanavipaśyanāprayuktaḥ ṣaḍ vastūni paryeṣate. *See Mai.* 278, *footnote* 21. *Ch.* 云何勤修慈愍觀者.尋思六事差別所縁毘鉢舍那.

7) *Ms., Sh., Mai.* dharmam adhipatiṁ kṛtvā. *Tib.* chos thos pa daṅ/ bsams pa'i dbaṅ du byas nas. *Ch.* 正法聽聞受持増上力故. *See Mai.* 278, *footnote* 22. *Cf.* ŚBh III 34, 19: dharmaṁ śrutam udgṛhītam adhipatiṁ kṛtvā, *where Tib. translates* udgṛhītam *as* bzuṅ ba, *not* bsams pa.

8) *Ms.* satveṣu. *Sh.* sarvveṣu.

9) *Ch.* 作意與樂發起勝解.是慈愍相.

10) *Ch.* 若能如是解了其義.如是名爲於諸慈愍尋思其義.

11) *Ms., Sh.* etam.

12) *Ms., Sh.* vicinotīty. *Mai.* vicinoti: ity.

13) *Ms.* °patitavvād. *Tib.* gźaṅ gyi rgyud du gtogs pa yin pa'i phyi rol yin pas. *Ch.* 他相續之所攝故.

14) *Ch. has* 於中發起外事勝解.

15) *Ms., Sh., Mai. have* ca. *Mai. writes in his footnote, "Die logische Funktion von* ca *an dieser*

生じず、すでに生じたものは滅する。比量に属する以下の方法もある。どうして、今（煩悩と）相反する法を作意する者に、その（煩悩）に相反する所縁にもとづいて煩悩が生じることがあろうか」このように証成道理によって尋求する。

彼は次のように考える。「『不浄の修習は欲貪を断ずる対治である』とは、まさに承認された法性、思議されるべきでない法性である。また、それは思議されるべきでなく、分別されるべきでなく、勝解されるべきである」（と。）このように法爾道理によって不浄性を尋求する。

まず、これが不浄を実践する者にとっての、三つの門をもち、六事によって区別される所縁をもつ観である。

(III)-C-III-1-b-(2)-iii　慈愍観　-(a) 義

慈愍を実践する者は、観を行じつつ、どのように六事を尋求するのか。聞き、受持された、慈愍を主とする法に専念して、「利益と安楽をなす意楽に至った者には、衆生に安楽を与えることへの勝解を特徴とする慈愍がある」と。このように、意味を賢察する者は、意味を尋求する。

(III)-C-III-1-b-(2)-iii-(b)　事

次のように、意味を賢察する彼はさらに思択する。「これは親しい立場であり、これは敵対する立場であり、これはどちらでもない立場である」（と。）「これらすべての立場は他の相続に含まれるので、外側の事物である」と勝解する。あるいは、「親しい立場にある（事物）は内側であり、敵対とどちらでもない立場にある（事物）は外側である」（と。）このように、事物について慈愍を探求する。

(III)-C-III-1-b-(2)-iii-(c) Ms.101a2M, Sh.377-19, Mai. 278-19, P.167a3, D.138a6, N.146b1, Co.143a6, Ch.453b9

[(1...]sa punar vicinoti / "ya ete trayaḥ pakṣā aduḥkhāsu*khi*tāḥ[2)] sukhakāmās te sukhitā bhavantv" iti[...1)] / "tatropakāralakṣaṇaṁ mitram,[3)] apakāralakṣaṇam amitram,[4)] [(5...]tadubhaya*vi*parītalakṣaṇa udāsīnapakṣa*ḥ*[...5)] / ye punar ete aduḥkhāsukhitāḥ pakṣāḥ sukhakāmās teṣāṁ trividhā sukhakāmatā prajñāyate / (1)eke kāmasukham icchanty (2)eke rūpāvacaraṁ saprītikam [6)] (3)eke niṣprītikam [6)] / tatra ye kāmasukhena vihanyante, [7)] te[8)] tena [(9...]kāma*sukhena* sukhino[...9)] bhavantv anavadyena / evaṁ [(10...]saprītikena niṣprītikena ca sukhena[...10)] veditavyam" / evaṁ svalakṣaṇato[11)] maitrīṁ samanveṣate /

sa punaḥ pravicinoti / "yaś ca mitrapakṣo yaś cāmitrapakṣo yaś codāsīnapakṣaḥ, tulyacittat*ātra*[12)] mayā [(13...]karaṇī*yā* samacitta*te"ti*[...13)] /

"tat kasya hetoḥ / [(14...]yas tāvan[15)] mitrapakṣaḥ,[16)] tatra me na duṣkaraḥ sukhopasaṁhāraḥ[...14)] / [(17...]yo 'py ayam udāsīnapakṣaḥ, tatrāpi me[18)] nātiduṣkaraḥ[...17)] / [(19...(20...]yas tv ayam amitrapakṣaḥ,[...20)] tatrātiduṣkaraḥ[...19)] / tatra tāvan[21)] mayā

Stelle ist nicht klar; zu tilgen?"

1) *Ch.* 復能思擇如是三品. 若無苦樂欲求樂者願彼得樂.

2) *Ms.* aduḥkhāsukhatāḥ. *Sh.* aduḥkhāsukh(at)āḥ. *Cf.* ŚBh II 70, 10. SaBh 1 190, 12. *However,* BBh, 241, 20: aduḥkhitāsukhitān. 3) *Ch.* 親品. 4) *Ch.* 怨品.

5) *Ms.* tadubhayaparītalakṣaṇam udāsīnapakṣaṁ. *Sh.* tadubhayaparītalakṣaṇam udāsīnapakṣa(ṇa udāsīnapakṣaḥ). *Mai.* tadubhaya<vi>parītalakṣaṇam udāsīnapakṣam. *Tib.* de gñis las bzlog pa'i mtshan ñid ni tha mal pa'i phyogs so. *Ch.* 俱相違相名中庸品. *Cf. fn.* 7) *below.*

6) *Tib. has* 'dod do/. *Ch. has* 欲求.

7) *Ms. has* amitraṁ tadubhaya(lakṣaṇā)viparītalakṣaṇā. *Sh.* amitraṁ tadubhayaviparītalakṣaṇā(ṇaṁ). *No equivalent in Tib. or Ch.* 8) *Sh. omits.*

9) *Ms., Sh.* kāmasukhino. *Mai.* sukhino. *Tib.* bde bar. *Ch.* 願彼皆得無罪欲樂. *Cf.* ŚBh III 152, 3-4: sukhitā bhavantv ete sukhakāmāḥ sattvā yadutānavadyakāmasukhena.

10) *Ch.* 若於有喜離喜諸樂有所匱乏. 11) *Tib.* raṅ gi mtshan ñid kyi sgo nas.

12) *Ms., Sh.* tulyacittatā tu. *Mai.* tulyacittatātra. *Tib.* de la bdag gis sems mñam pa daṅ. *Ch.* 我於其中皆當發起相似性心平等性心.

13) *Ms., Sh.* karaṇīyeti / samacittatā. *Mai.* karaṇīyeti * samacittatā, *and suggests* karaṇīyā samacittateti *in its footnote. Tib.* sems sñoms par bya'o źes rab tu rnam par 'byed par byed do.

14) *Ch.* 我若作意與親品樂此未爲難. 15) *No equivalent in Tib.*

16) *Ms.* mitrapakṣas. *Sh.* mitra[pakṣa]s. *Regarning* pakṣa, *Sh. says, in his footnote, "MS omits this."*

17) *Ch.* 於中庸品作意與樂亦未甚難. 18) *Sh.* ye(me). 19) *Ch.* 若於怨品作意與樂乃甚爲難.

20) *Ms.* yas tv ayam amitrapakṣaḥ / tatrāyam amitratrapakṣaḥ /. *Sh.* yas tv ayam amitrapakṣaḥ / (tatrāyam amitratrapakṣaḥ /). 21) *No equivalent in Tib.*

(III)-C-III-1-b-(2)-iii-(c)　相

彼はさらに思択する。「苦にもなく安楽にもないが、安楽を望むこれら三つの立場の人々は、安楽であれ」と。「このうち、親しい者は恩恵を特徴とし、敵対する者は損害を特徴とし、どちらでもない立場にある者はその両方と相違したものを特徴としている。さらに、苦にもなく安楽にもないが、安楽を望むこれらの立場の人々は三種の安楽を望むと理解される。（1）ある者たちは欲（界）の安楽を求め、（2）ある者たちは喜悦をともなった色（界）の（安楽を求め）、（3）ある者たちは喜悦をともなわない（安楽を求める）。このうち、欲（界）の安楽を欠く者たちは、罪のない欲（界）の安楽をもって安楽を得た者となれ（と願う）。喜悦をともなう（安楽）と喜悦をともなわない安楽を（欠いた者）も、同様であると知られるべきである」このように、固有の特徴として慈愍を探求する。

彼はさらに思択する。「親しい立場の者、敵対する立場の者、どちらでもない立場の者に対して、私によって、等しい心、共通の心が起こされるべきである」と。

「それは何故か。まず、親しい立場の者に対して安楽を与えることは私にとって困難ではない。このどちらでもない立場の者に対しても、私にとってそれほど困難ではない。しかし、この敵対する立場の者に対しては、非常に困難である。まず、その者に対して私によって

sukhopasaṁhāraḥ karaṇīyaḥ / kaḥ punarvādo mitrapakṣe vodāsīnapakṣe vā [1)]/

tat kasya hetoḥ / nātra kaścid ya ākrośate vākruśyate vā, roṣayati vā roṣyate vā, bhaṇḍayati vā bhaṇḍyate vā, tāḍayati vā tāḍyate vā, [(2...]anyatrākṣarāṇy etāni ravanti[...2)] / śabdamātraṁ[3)] ghoṣamātram[4)] etat /

api ca tathā saṁbhūto 'yaṁ kāyo rūpy audārikaś caturmahābhūtiko[5)] yatra me sthitasyema evaṁrūpāḥ sparśāḥ krāmanti[6)] / yaduta[7)] śabdasaṁsparśā[8)] vā pāṇiloṣṭadaṇḍaśastrasaṁsparśā[9)] vā / ayaṁ[10)] me kāyo 'nityaḥ, ete 'pi sparśāḥ / ye [(11...]*'py* ete[...11)] 'pakārakās te 'py anityāḥ / api ca sarva eva sattvā jātijarāvyādhimaraṇadharmāṇas te prakṛtyaiva duḥkhitāḥ / tan na[12)] me pratirūpaṁ syāt, yady ahaṁ prakṛtiduḥkhiteṣu[13)] sattveṣu bhūyo duḥkhopasaṁhāram eva kuryām, na sukhopasaṁhāram / [(14...]tad amitro[15)] 'mitrasya [16)] kuryād yad ete sattvā ātmanaivātmanaḥ kurvanti /[...14)]

api coktaṁ bhagavatā / 'nāhaṁ taṁ [(17...]sattvaṁ[18)] sulabharūpaṁ samanupaśyāmi,[...17)] [(19...]yo vo na[...19)] [(20...]dīrghasyādhvano 'tyayān[...20)] [21)] mātā vābhūt,[22)] pitā vā, bhrātā vā, bhaginī vā, ācāryo vā, upādhyāyo vā, gurur vā, gurusthānīyo ve'ti / [(23...]tad anenāpi paryāyeṇāmitrapakṣa eva me mitrapakṣaḥ /[...23)] na cātra

---

1) *Tib. has* sñam du sems pa'i phyir ro/.

2) *Ch.* 唯有音聲唯有名字. 3) *Ms.* śabdamātra. *Sh.* śabdamātra[ṁ]. *Mai.* śabdamātra<ṃ>.

4) *Sh.* māṣamātraṁ. 5) *Sh.* ca[ā]turmahābhūtiko.

6) *See Mai.* 279 *fn.* 36 *regarding the meaning of* krāmanti.

7) *Ch.* 略有二觸. 8) *Mai.* śabdasaṃsparśo.

9) *Sh.* pāṇiloṣṭhadaṇḍaśastrasaṁsparśā. *Mai.* pāṇiloṣṭadaṇḍaśastrasaṁsparśo.

10) *Ms.* aya. *Sh.* aya[ṁ]. *Mai.* aya<ṃ>.

11) *Ms.* nyete. *Sh.* te. *Mai.* <'>py ete. *Tib.* gnod pa byed pa gaṅ dag yin pa de dag kyaṅ mi rtag pa yin pa'i phyir ro/, *which suggests* hy ete. *Ch.* 能爲如是不饒益者亦是無常.

12) *Sh. omits.* 13) *Ms.* prakṛtir duḥkhiteṣu. *Sh. Mai.* prakṛtiduḥkhiteṣu.

14) *Ch.* 又亦不應不與怨家作善知識不攝一切有情之類以爲自體.

15) *Ms.* amitro. *Sh.* amitro(traṁ).

16) *Mai. has* <na?>. *P., N.* dgra po yaṅ dgra po la mi byed pas, *but D., Co.* dgra po yaṅ dgra po la ni byed pas.

17) *Tib.* sems can de lta bu ni/ 'ga' yaṅ yaṅ dag par rjes su ma mthoṅ ṅo/. *Ch.* 我不觀見如是種類有情可得. 18) *Sh. omits.*

19) *Sh.* yonena. *Cf.* YBh. 198, 4-6: nāhaṁ taṁ sattvaṁ sulabharūpaṁ paśyāmi yo yuṣmākaṁ doghasyādhvano(*sic*) 'tyayān na mātā vābhūt pitā vā bhrātā vā bhaginī vācāryo vopādhyāyo [vā] gurur vā gurusthānīyo veti.

20) *Ch.* 無始世來經歷生死長時流轉. 21) *Ch. has* 互相. 22) *Sh.* vā bhū[t]. *Mai.* vā (')bhūt.

23) *Sh.* tad anenāpi paryāyeṇāmitrapakṣa eba[ṁ] me [a]mitrapakṣaḥ /. *Mai.* tad anenāpi paryāyeṇa mitrapakṣa eva me <'>mitrapakṣaḥ/. *Tib.* de'i phyir rnam graṅs des kyaṅ mdza' bśes kyi phyogs ñid kyaṅ dgra bo'i phyogs yin la/ dgra bo'i phyogs ñid kyaṅ mdza' bśes kyi phyogs yin pas/ (*Mai.* 280 *footnote* 39 *suggests* ∗amitrapakṣa eva ca mitrapakṣa). *Ch.* 由是因縁

安楽が与えられるべきである。親しい立場の者、あるいはどちらでもない立場の者には繰り返し言うまでもないからである。

それは何故か。ここで、いかなる罵る者あるいは罵られる者も、怒る者あるいは怒られる者も、非難する者あるいは非難される者も、叩く者あるいは叩かれる者も、これらの諸音韻が発声される以外には、ありはしない。それは声のみであり、音のみである。

さらにまた、同様に、この生じた身体は色からなり、麁大で、四大からなり、そこに住する私をこのような諸触が悩ませる。すなわち、声の触、あるいは手・塊・杖・刀の触である。この私の身体は無常であり、これらの触も（無常である）。これら損害を与える者たちも無常である。さらにまた、生・老・病・死の性質をもつすべての衆生はまさに本来的に苦に苛まれている。もし、私が本来的に苦に苛まれた衆生に対してさらに苦のみを与え、安楽を与えないならば、それは私にとって適切でないであろう。彼ら衆生がまさに自身で自身にすることを、敵対する者が敵対する者になすべきである。

さらにまた、世尊によって説かれる。『私は、長い時間の経過した後に、あなたの母、父、兄弟、姉妹、軌範師、教師、尊師あるいは準尊師であったことがない衆生が容易に得られるようなものであるとは観察しない』と。それゆえ、この巡り合わせによっても、ほかでもない敵対する立場の者は私の親しい立場の者である。また、この

kasyacit parinișpattir mitrāmitrabhā*ve*[1] / [(2...]mitro ’pi[...2)] ca kālāntareṇāmitro[3] bhavati, amitro[4] ’pi mitrībhavati / [5] [(6...]tasmān *mayā*[...6)] sarvasattveșu samacittatā samatādṛṣṭiḥ karaṇīyā / tulyaś ca hitāśayaḥ sukhādhyāśayaḥ sukhopasaṁhārādhimokṣa[7]” iti / evaṁ sāmānyalakṣaṇena maitrīṁ samanveṣate /

(III)-C-III-1-b-(2)-iii-(d) Ms.101b1L, Sh.379-20, Mai. 280-11, P.168a5, D.139a5, N.147b2, Co.144a5, Ch.453c14

sa punaḥ pravicinoti / “yo me pāpakāriṣu sattveṣu vyāpādaḥ, [8] saraṇa[9] eṣa dharma” iti vistareṇa pūrvavat / [(10...]“yo vā punar ayam etarhy avyāpādaḥ,[...10)] [11] araṇa[12] eṣa dharma” iti vistareṇa pūrvavat / [13] evaṁ maitryāḥ[14] kṛṣṇaśuklapakṣaṁ[15] paryeṣate /

(III)-C-III-1-b-(2)-iii-(e) Ms.101b1R, Sh.380-2, P.168a6, D.139a6, N.147b3, Co.144a6, Ch.453c19

sa punaḥ pravicinoti / “ye tāvad atītam adhvānam upādāya sukhakāmāḥ sattvāḥ, te atītāḥ / teṣāṁ kiṁ punaḥ sukhopasaṁhāraṁ kariṣyāmaḥ / ye punar vartamānāḥ sattvāḥ, te va*rta*mānam[16] adhvānam upādāya yāvad anāgatād adhvano nityakālaṁ sukhino [(17...]bhavantv” iti[...17)] / evaṁ maitryāḥ[18] kālaṁ paryeṣate /

(III)-C-III-1-b-(2)-iii-(f) Ms.101b2R, Sh.380-8, Mai. 280-20, P.168a8, D.139b1, N.147b5, Co.144b1, Ch.453c22

sa[19] punaḥ pravicinoti / “nāsti sa[20] kaścid ātmā vā sattvo vā ya eṣa sukhakāmo

---

一切怨品無不皆是我之親品.

1) *Ms.* mitrāmitrabhāvo. *Sh.* mitrābhitrabhāvo. *Mai.* mitrāmitrabhāve. 2) *Sh.* mitropi(tramapi).

3) *Sh.* kālāntareṇāmitro(traṁ). 4) *Sh.* amitro(traṁ). 5) *Ch. has* 是故一切無有決定.

6) *Ms., Sh.* tasmān na. *Mai.* tasmān me. *In his footnote, Mai. suggests* *me *or* *mayā *on the basis of Tib. and Ch.. Tib.* de’i phyir bdag gyis ... bya’o. *Ch.* 故我 ... 皆當發起平等性心平等性見. *Cf.* ŚBh III 48, 12: tulyacittatā*tra* mayā karaṇīyā samacittatā.

7) *Ms., Sh., Mai.* sukhopasaṁhāraḥ / sukhopasaṁhārādhimokṣa. *Tib.* bde ba ñe bar sgrub pa daṅ/ bde ba ñe bar bsgrub par mos pa. *However, Ch.* 利益意樂安樂意樂與樂勝解. *Cf.* ŚBh III 46, 12-13: hitasukhādhyāśayagatasya sattveṣu sukhopasaṁhārādhimokṣalakṣaṇā maitrī.

8) *Ch. has* 便爲顛倒. 黑品所攝. 9) *Sh.* maraṇa.

10) *Tib.* de dag la da ltar bdag gi gnod sems med pa gaṅ yin pa’i. *Ch.* 我若於彼不起瞋恚.

11) *Ch. has* 便無顛倒. 白品所攝. 12) *Sh.* a(ma)raṇa.

13) *Ms., Sh. repeat* yo vā punar ayam etarhy avyāpādaḥ. 14) *Sh.* maitryā(ḥ).

15) *Ms., Sh.* kṛṣṇaśuklaśuklapakṣaṁ. *Mai.* kṛṣṇaśuklapakṣaṃ. *Tib.* nag po’i phyogs daṅ/ dkar po’i phyogs. *Ch.* 黑品白品. 16) *Ms.* varddhamānam. 17) *Sh.* bhavanti(ntī)ty.

18) *Ms., Mai.* maitryāḥ. *Sh.* maitryā(ḥ). *Tib.* byams pas. *Ch.* 是名尋思諸慈愍時.

19) *Ms. omits.* 20) *Sh. omits.*

親しい者と敵対する者の状態について誰にも確証はない。親しい者もまた、時には敵対する者となり、敵対する者もまた、親しくなる。それ故、私によって、すべての衆生に対して共通の心、共通の見方が起こされるべきである。また、等しい、利益をなす意志・安楽をなす強い意志・安楽を与えることへの勝解が（起こされるべきである）」と。このように、共通の特徴によって慈愍を探求する。

(III)-C-III-1-b-(2)-iii-(d)　品

彼はさらに思択する。「悪業をなす衆生に対する私の瞋恚は、煩悩をともなったものである」と、詳細には前出のとおりである。あるいはまた、「このときにこれが無瞋恚ならば、煩悩をともなわないものである」と、詳細には前出のとおりである。[1] このように、慈愍の黒品と白品を尋求する。

(III)-C-III-1-b-(2)-iii-(e)　時

彼はさらに思択する。「まず、過去世において安楽を欲した衆生は過去のものである。しかし、どうして私は彼らに安楽を与えようか。一方で、現在の衆生は現在世において、乃至、未来世まで常に安楽であれ」と。このように、慈愍の時を尋求する。

(III)-C-III-1-b-(2)-iii-(f)　理

彼はさらに思択する。「この安楽を望む、あるいは安楽が与えられる、いかなる自身も、あるいは衆生もいない。

1）**ŚBh III 41, 18**以下参照。

vā syāt, yasya vā sukham upasaṁhriyate / api tu skandhamātram etat saṁskāramātrakam etad [(1…]yatraiṣā saṁjñā *pra*jñaptir vyavahāraḥ[…1)] / [2)] te punaḥ saṁskārāḥ karmakleśahetukā" iti / evam apekṣāyuktyā maitrīṁ paryeṣate /

[(3…]*"maitry āsevitā bhāvitā bahulīkṛtā vyāpādaprahāṇāya saṁvartate / vyāpādaś ca prahātavya" iti / evaṁ kāryakaraṇayuktyā maitrīṁ paryeṣate /*[…3)]

[(4…]*"āptāgamo 'py eṣaḥ / pratyātmam api me jñānadarśanaṁ pravartate / ānumāniko 'py eṣa vidhir astī"ti / evam upapattisādhanayuktyā maitrīṁ paryeṣate /*[…4)]

"prasiddhadharmatā khalv eṣācintyadharmatā[5)] [6)] yan [(7…]'maitrībhāvanā vyāpādaprahāṇāya[…7)] saṁvartata' " iti / [8)] evaṁ dharmatāyuktyā maitrīṁ paryeṣate / [9)]

(III)-C-III-1-b-(2)-iv-(a) Ms.101b3R, Sh.381-1, P.168b5, D.139b5, N.148a2, Co.144b4, Ch.454a16

[(10…]tatra katham idaṁpratyayatāpratītyasamutpādālamba*na*vipaśyanāprayukto 'rthaṁ paryeṣate[…10)] / āha[11)] / tadadhipateyaṁ[12)] [(13…]dharmaṁ *śrutam udgṛhītam* adhipatiṁ kṛtvā[…13)] "teṣāṁ teṣāṁ dharmāṇām utpādāt te te dharmā utpadyante /

---

1) *Ms., Sh., Mai.* yatraiṣā saṁjñā saṁjñaptir vyavahāraḥ. *Mai. suggests* prajñaptir *or* sa<majñā pra>jñaptir *for* saṁjñaptir *in his footnote. Tib.* gaṅ la miṅ daṅ/ brda daṅ/ gdags pa daṅ/ tha sñad du brjod pa. *Ch.* 於中假想施設言論. *Cf.* ŚBh II 252, 17-18; ŚBh III 44, 4-5; 58, 12-13; 64, 8; 68, 10-11.

2) *Ch. has* 此求樂者. 此與樂者.

3) *Ms., Sh. omit. The text mostly follows Mai.'s reconstruction. See Mai.* 281, 3-5. *Tib.* byams pa kun du brten ciṅ goms par byas la/ lan maṅ du byas na/ gnod sems spoṅ bar 'gyur la gnod sems kyaṅ spaṅ bar bya ba ñid yin no źes/ de ltar bya ba byed ba'i rigs pas byams pa yoṅs su tshol bar byed do/. *Ch.* 若於慈愍善修善習善多修習能斷瞋恚. 如是名依作用道理尋思慈愍. *Cf.* ŚBh III 44, 14-16.

4) *Ms., Sh. omit. The text mostly follows Mai.'s reconstruction. See Mai.* 281, 6-8. *Tib.* yid ches pa'i luṅ yaṅ de yin la/ bdag la bdag ñid kyi ye śes daṅ mthoṅ ba 'jug pa yaṅ yod de (*P., N. omit*)/ rjes su dpag pa'i (*D., Co.* par) bya ba de lta bu yaṅ yod do źes de ltar 'thad pa bsgrub pa'i rigs pas byams pa yoṅs su 'tshol bar byed do/. *Ch.* 如是之義有至教量. 我内智見現轉可得. 比度量法亦有可得. 如是名依證成道理尋思慈愍. *Cf.* ŚBh III 44, 18-46, 3; 60, 14-16.

5) *Sh.* eṣā[a]cintyadharmatā.

6) *Ch. has* 安住法性.

7) *Sh.* maitrīvyāpādabhāvanā prahāṇāya.

8) *Ch. has* 不應思議不應分別應生勝解, *which suggests* sā ca na cintayitavyā na vikalpayitavyā‿adhimoktavyā. *Cf.* ŚBh III 46, 5-6.

9) *Ch. has* 是名勤修慈愍觀者. 尋思六事差別所縁毘鉢舍那. *Cf.* ŚBh III 46, 8: iyaṁ tāvad aśubhāprayuktasya trimukhī ṣaḍvastuprabhedālambanā vipaśyanā, *and the corresponding Ch.* 是名勤修不淨觀者. 尋思六事差別所縁毘鉢舍那.

10) *Ms.* tatra kathaṁ idaṁpratyayatā pratītyasamutpādālambanā vipaśyanāprayukto rthaṁ paryeṣate /. *Sh.* tatra kathaṁ idaṁ pratyayatā pratītyasamutpādālambana(ā) vipaśyanāprayuktārthaṁ paryeṣate. *Tib.* de la rkyen 'di pa ñid kyi rten ciṅ 'brel bar 'byuṅ ba la dmigs pa'i lhag mthoṅ la rab tu brtson pa ji ltar yoṅs su tshol bar byed ce na/. *Ch.* 云何勤修縁起觀者. 尋思六事差別所縁毘鉢舍那.

11) *Sh. omits.*

12) *Ch.* 縁性縁起増上.

13) *Ms.* dharmam adhipatiṁ kṛtvā. *Sh.* dharmam adhimatiṁ kṛtvā. *Tib.* chos thos pa daṅ/ bsam

そうではなくて、それは単なる諸蘊に過ぎず、それは単なる諸行に過ぎず、それにこの名称、仮名、言説がつくのである。さらに、これらの諸行は業煩悩を因とする」と。このように、観待道理によって慈愍を尋求する。

「慈愍は瞋恚を断ずるために専修され、修習され、繰り返し行じられる。また、（それによって）瞋恚は断ぜられるべきである」と。このように、作用道理によって慈愍を尋求する。

「また、これは聖言量である。また、私に個々の知見が生じる。また、これは比量に属する方法である」と。このように、証成道理によって慈愍を尋求する。

「『慈愍の修習は瞋恚の断のためにある』とは、まさに承認された法性、思議され得ない法性である」と。このように、法爾道理によって慈愍を尋求する。

(III)-C-III-1-b-(2)-iv　縁起観　-(a) 義

このうち、縁性縁起を所縁とする観を実践する者は、どのように意味を尋求するのか。答える。聞き、受持された、それ（縁性縁起）を主とする法に専念して、「あれらこれらの諸物の生じることから、あれらこれらの諸物が生じる。

teṣāṁ teṣāṁ dharmāṇāṁ nirodhāt te te dharmā nirudhyante / nāsty atra [(1...]dharmī kaścid īśvaraḥ[2)] kartā sraṣṭā nirmātā dharmāṇām,[...1)] [(3...]na prakṛtir na puruṣāntaraṁ pravartako dharmāṇām"[...3)] iti / [(4...]evam arthapratisaṁvedy arthaṁ paryeṣate[...4)] /

(III)-C-III-1-b-(2)-iv-(b) Ms.101b5L, Sh.382-1, P.168b8, D.139b7, N.148a5, Co.144b7, Ch.454a23

sa[5)] punaḥ[6)] pravicinoti / "dvādaśa bhavāṅgāny adhyātmabahirdhā" adhimucyate / evaṁ vastu paryeṣate /

(III)-C-III-1-b-(2)-iv-(c) Ms.101b5M, Sh.382-2, P.169a1, D.139b7, N.148a6, Co.144b7, Ch.454a25

sa[5)] punaḥ pravicinoti / "avidyā yat tat[7)] pūrvānte 'jñānam[8)]" iti [(9...]vistareṇa yathā pratītyasamutpādavibhaṅge[10)...9)] / evaṁ svalakṣaṇaṁ[11)] paryeṣate /

sa[5)] punaḥ pravicinoti / "evaṁ pratītyasamutpannāḥ saṁskārāḥ sarva ete 'bhūtvā bhāvād bhūtvā ca prativigamāt *paur*vāparyeṇānityāḥ,[12)] jātijarāvyādhimaraṇadharmakatvād duḥkhāḥ, asvatantratvād antaḥpuruṣānupalambhāc ca śūnyā anātmānaś ca" / *evaṁ*[13)] [14)] sāmānyalakṣaṇaṁ[15)] paryeṣate /

(III)-C-III-1-b-(2)-iv-(d) Ms.101b6M, Sh.383-4, P.169a4, D.140a3, N.148b1, Co.145a3, Ch.454b1

sa punaḥ pravicinoti / "ya eṣv anityeṣu duḥkhaśūnyānātmakeṣu saṁskāreṣu [(16...]yathābhūtaṁ pra*jñātavyeṣu me*[...16)] saṁmohaḥ, saraṇa[17)] eṣa dharmaḥ, kṛṣṇa-

---

pa'i dbaṅ du byas nas. *Ch.* 正法聽聞受持增上力故. *See.* ŚBh III 46, *fn.* 7). *Tib.* bsam pa *is probably a scribal error for* bzuṅ ba.

1) *Ms.* dharmī kaścid īśvaraḥ karttā sraṣṭā, nirmātā dharmāṇāṁ. *Tib.* chos rnams kyi dbaṅ phyug daṅ/ byed pa po daṅ/ 'byin pa po daṅ/ sprul pa po yaṅ med la/. *Ch.* 無自在作者生者化者能造諸法. 2) *Sh.* īśvara.

3) *Tib.* chos rnams 'jug par byed pa'i raṅ bźin daṅ/ skyes bu gźan 'ga' yaṅ med do. *Ch.* 亦無自性. 士夫中間能轉變者轉變諸法.

4) *Tib.* de ltar don so sor rig par byed pa de ni don yoṅs su tshol bar byed pa yin no//. *Ch.* 若能了知如是等義. 是名尋思諸縁起義. 5) *Ms., Sh. omit. Tib.* de. *No equivalent in Ch.*

6) *Sh.* punaḥ punaḥ. 7) *Sh.* ta(t). 8) *Ch. has* 後際無知.

9) *Tib.* ... la sogs pa rgyas par rten ciṅ 'brel par 'byuṅ (*P., N.* byuṅ) ba rnam par dbye ba ji lta ba bźin du. *Ch.* 如是廣説如前分別縁起支中. *Cf.* YBh 204, 6-205, 12.

10) *Pratītyasamutpādādivibhaṅganirdeśasūtra*, PSV 117, 12f. *See Sh.* 382, *fn.* 2.

11) *Ch.* 縁起自相. 12) *Ms., Sh.* pūrvvāparyeṇānityā.

13) *Ms., Sh.* eṣāṁ. *Tib.* de ltar. *Ch.* 是. 14) *Ms., Sh. have* ca. 15) *Ch.* 縁起共相.

16) *Ms., Sh.* yathābhūtaṁ prati. *Tib.* ji lta ba bźin du śes par bya ba la bdag. *Ch.* 我 ... 如實道理. *Ch.* 我若於彼無常苦空無我諸行如實道理. 發生迷惑 *has construction similar to* 我若於彼不饒益者. 發生瞋恚 (453c15) *and* 若我於彼諸淨色相不淨法性不如實知. 於内於外諸淨色相發起貪欲 (452c11-13), *whose corresponding Sanskrit texts read respectively:* yo me pāpakāriṣu sattveṣu vyāpādaḥ (ŚBh III 52, 7) *and*: yad aham asyā śubhāyā varṇanibhāyā etām aśubhadharmatāṁ

あれらこれらの諸物の滅することから、あれらこれらの諸物が滅する。この場合に、諸物を保持するいかなる主宰神も造作者も創造者も化作者もなく、諸物に展開する基本原質も介在者もない」と。このように、意味を賢察する者は、意味を尋求する。

(III)-C-III-1-b-(2)-iv-(b)　事

彼はさらに思択する。「十二の存在の支分は自己と（自己以）外にある」と勝解する。このように、事物を尋求する。

(III)-C-III-1-b-(2)-iv-(c)　相

彼はさらに思択する。「無明とは前際における無知である」と、詳細には『縁起分別経』にあるとおりである。[1] このように、固有の特徴を尋求する。

彼はさらに思択する。「このように、このすべての縁起した諸行は、（かつて）生じなかったが生じるから、また、生じているが消滅するから先にも後にも無常であり、生・老・病・死の性質を持つことから苦であり、独立してないことから、また、内に個我の知覚されないことから、空であり、また、無我である」（と。）このように、共通の特徴を尋求する。

(III)-C-III-1-b-(2)-iv-(d)　品

彼はさらに思択する。「その無常であり、苦・空・無我である、如実に知られるべき諸行において私が持つ迷妄は、煩悩をともなうものであり、黒

1）『縁起経』大正大蔵経 第2巻 No. 124, 547b19以下。

pakṣyaḥ / [1)] [(2...]*yaḥ punar* asaṁmohaḥ, *araṇa eṣa dharmaḥ,* śuklapa*kṣya*"[...2)] iti vistareṇa *pūrvavat*[3)] / evaṁ[4)] pakṣaṁ samanveṣate /

(III)-C-III-1-b-(2)-iv-(e) Ms. - , Sh. - , P.169a6, D.140a4, N.148b3, Co.145a4, Ch.454b5

[(5...]*sa punaḥ pravicinoti* / *atītam adhvānam upādāya* [rtag pa daṅ/ yaṅ dag pa de bźin du gnas pa gaṅ yiṅ pa'i lus thob pa 'ga' yaṅ med la/] *vartamānam adhvānam upādāya* [mi gnas pa daṅ/] *anāgate 'dhvani* [yaṅ gnas par mi 'gyur bar] *evaṁ kālaṁ paryeṣate* /[...5)]

(III)-C-III-1-b-(2)-iv-(f) Ms.101b7L, Sh.383-9, W.*114-9, P.169a7, D.140a6, N.148b4, Co.145a5, Ch.454b9

sa punaḥ pravicinoti / "asti karmāsti vipākaḥ / kārakas tu nopalabhyate, yaḥ kartā vā pratisaṁvedako vā syān nānyatra dharmasaṁketāt / teṣv evāvidyāpratyayeṣu saṁskāreṣu yāvaj jātipratyaye jarāmara*ṇe*[6)] [(7...]saṁjñā prajñaptir vyavahāraḥ[...7)] [(8...]'kārako vedaka'[...8)] ity 'evaṁnāmā evaṁjātya[9)] evaṁgotra evamāhāra evaṁsukhaduḥkhapratisaṁvedy evaṁdīrghāyur evaṁcirasthitika evamāyuḥparyanta' iti /

api ca dvividham etat phalam, dvividho hetuḥ / ātmabhāvaphalaṁ ca viṣayopabhogaphalaṁ ca, ākṣepakaś ca hetur abhinirvartakaś ca /

tatrātmabhāvaphalaṁ [(10...]yad etarhi[11)] vipākajaṁ ṣaḍāyatanam,[12)...10)] viṣayopabhogaphalaṁ *yā*[13)] iṣṭāniṣṭakarmādhipateyā ṣaṭsparśasaṁbhavā vedanā /

tatrākṣepako hetuḥ, 'dvividhe phale [(14...]saṁmohaḥ / saṁmohapūrvakāś[...14)] ca

---

yathābhūtam aprajānann adhyātmaṁ vā bahirdhā vā śubhāyāṁ varṇanibhāyāṁ saṁrāgam utpādayāmi (ŚBh III 40, 17-19). 17) *Sh.* maraṇa.

1) *Ch. has* 廣説如前.

2) *Ms., Sh.* asammohaḥ / punaḥ śuklapakṣa. *Tib.* rmoṅs pa med pa gaṅ yin pa de ni ñon moṅs pa med pa ste/ dkar po'i phyogs yin no. *suggests* yo '(saṁ?)mohaḥ, araṇa eṣa(dharma)ḥ. *Ch.* 若不迷惑便無顛倒. 白品所攝. 3) *Ms., Sh. omit. No equivalent in Tib. Ch.* 如前. 4) *Sh.* em.

5) *Ms., Sh. omit. Tib.* yaṅ de 'das pa'i dus la (*P., N. las*) brten te/ ... da ltar gyi dus la brten te/ ... ma 'oṅs pa'i dus su ... rab tu rnam par 'byed par byed de/ de ltar dus yoṅs su tshol bar byed do//. *Ch.* 復審思擇於過去世所得自體無正常性如是已住. 於現在世所得自體無正常性如是今住. 於未來世所得自體無正常性如是當住. 是名尋思諸縁起時.

6) *Ms.* jarāmaraṇa. *Sh.* jarāmaraṇa[e].

7) *Tib.* miṅ daṅ brdar tha sñad (*P., N. have* dag) gdags pa tsam du zad do. *Ch.* 發起假想施設言論.

8) *No equivalent in Tib.* 9) *Sh.* ja[ā]tya.

10) *Tib.* rnam par smin pa las skyes pa daṅ (*P., N. omit*) / da ltar gyi skye mched drug po gaṅ yin pa'o. 11) *Sh.* etad. 12) *Ch.* 六處等法. 13) *Ms.* yo. *Sh.* yo(yā).

14) *Ms.* saṁmohasaṁmohapūrvvakāś. *Sh.* sammoha[ā]sammohapūrvvakāś. *W.* saṃmohasaṃmoha-pūrvakāś. *Tib.* kun tu rmoṅs pa daṅ/ kun tu rmoṅs pa sṅon (*P., N.* mṅon) du btaṅ pa'i. *Ch.* 發

品である。一方で、無迷妄は煩悩をともなわないものであり、白品である」と、詳細には前出のとおりである。このように、品を探求する。

(III)-C-III-1-b-(2)-iv-(e)　時

彼はさらに思択する。「過去世において、恒常であり、真実であり、そのように存在した、得られる身体はなにもない。現在世においては、存在しない。未来世にも存在しないであろう」（と。）このように、時を尋求する。

(III)-C-III-1-b-(2)-iv-(f)　理

彼はさらに思択する。「業があり、異熟がある。しかし、諸物に対する仮説以外には、行為者あるいは経験者となりえる行為主体は認識されない。ほかならぬそれらの無明を縁とする諸行、乃至、生を縁とする老・死に対して名称、仮名、言説があり、『行為者・経験者』と（いわれ）、『このような名前で、このような生まれで、このような種姓で、このように食べ、このように楽・苦を経験し、このように長寿で、このように永在で、このような命終である』と（いわれる）。

さらに、この果は二種あり、因は二種ある。自体の果と対境の享受の果と、誘発する因と生起させる（因）とである。

このうち、自体の果とは、今世における異熟から生じた六処であり、対境の享受の果とは、好ましいあるいは好ましくない業を主因とする六つの接触より生じる感受である。

このうち、誘発する因とは、（すなわち）『二種の果における迷妄がある。そして、迷妄にもとづいて、

puṇyāpuṇyāniñjyāḥ saṁskārāḥ[1)] / saṁskāraparigṛhītaṁ ca punarbhavavijñānāṅkuraprādurbhāvāya[2)] tadbījam, vijñānaparigṛhītaṁ [3)] paunarbhavikanāmarūpabījam, ṣaḍāyatanabījam, sparśavedanābījam’ iti / [(4...]ya[5)] evam āyatyāṁ jātisaṁjñakānāṁ vijñānanāmarūpaṣaḍāyatanasparśavedanānām[6)] utpattaye, ānupūrvyā pūrvam[7)] eva bījaparigrahaḥ[...4)] / [(8...]ayam [(9...]ākṣepa*ko* hetuḥ[...9)...8)] /

[10)] yat punar [(11...]avidyāsaṁsparśajāṁ vedanāṁ[...11)] vedayamānas tadālambanayā tṛṣṇayā paunarbhavikīṁ tṛṣṇām utpādayati / tṛṣṇāpakṣyaṁ mohapakṣyaṁ copādānaṁ parigṛhṇāti / yadbalena yatsāmarthyena[12)] [13)] tat karma vipākadānasamarthaṁ[14)] bhavati / ayam abhinirvṛttihetuḥ /

imaṁ ca dvividhaṁ hetum adhipatiṁ kṛtvā‿ [(15...]evam asya trivi*dha*duḥkhatānuṣaktasya kevalasya duḥkhaskandhasya samudayo bhavatī”ti[...15)] / [(16...]evam apekṣāyuktiṁ paryeṣate[...16)] /

[17)] “idaṁpratyayatāpratītyasamutpāda āsevito bhāvito *bahulīkṛto*[18)] mohaprahāṇāya saṁvartate” / [19)] “āptāgamo ’py eṣaḥ / pratyā*tmajñānam*[20)] / ānumāniko ’py eṣa vidhiḥ[21)]” / “prasiddhadharmatāpy[22)] e*ṣe*”*ti*[23)] / [(24...]evaṁ kārya*ka*raṇayuktim[25)] upapattisādhanayuktiṁ dharmatāyuktiṁ ca paryeṣate[...24)] / [26)]

起愚癡. 愚癡爲先.

1) *Sh. omits.* 2) *Sh.* punarbhaṁva°. 3) *Ch. has* 令其展轉.

4) *Ch.* 爲令當來生支想所攝識名色六處觸受次第生故. 今先攝受彼法種子.

5) *W.* sa. 6) *Sh.* vijñā[na]nāmarūpa°. 7) *Sh.* pūrvvaṁm.

8) *Ch.* 如是一切名牽引因. 9) *Ms.* ākṣepahetuḥ. *Sh.* ākṣepa[ko]hetuḥ. *W.* ākṣepa[ka]hetuḥ.

10) *Tib. has* mṅon par grub pa’i rgyu ni. *Ch. has* 生起因者.

11) *Sh.* avidyāsaṁsparśaja[āṁ]vedanā. 12) *Sh.* yatsāṁmukhyena.

13) *Ch. has* 潤業種子. 14) *Ms.* vipākadānadānasamarthaṁ.

15) *Ms.* evaṃ asya trividhaḥ duḥkhatānuṣaktasya kevalasya (kevalasya) duḥkhaskandhasya samudayo bhavatīti. *Sh.* evaṃ asya trividhaḥ duḥkhatānupakṣasya kevalasyāsya duḥkhaskandhasya samudayo bhavatīti. *Tib.* sdug bsṅal gsum daṅ ’brel pa’i sdug bsṅal gyi phuṅ po ’ba’ źig po ’di ’byuṅ bar ’gyur ro źes. *Ch.* 便爲三苦之所隨逐. 招集一切純大苦蘊.

16) *Tib.* rab tu rnaam par ’byed par byed de/ de ltar ltos pa’i rigs pa yoṅs su tshol bar byed do/. *Ch.* 如是名依觀待道理. 尋思縁起所有道理. 17) *Ch.* 復審思擇.

18) *Ms., Sh. omit. Tib.* lan maṅ du byas na. *Ch.* 善修善習善多修習. 19) *Ch.* 又審思擇.

20) *Ms., Sh.* pratyātmika. *Tib.* bdag ñid kyi so so raṅ gi rig pa daṅ. *Ch.* 有内現證.

21) *Sh.* vidhaḥ. 22) *Ch.* 亦有成立法性等義. 23) *Ms.* eṣate. *Sh.* eṣa te(ṣeti).

24) *Ch.* 如是名依作用道理. 證成道理. 法爾道理. 尋思縁起所有道理.

25) *Ms., Sh.* kāryakāraṇayuktim. *See* Sakuma 1990 II, 101, *fn.* 601.

26) *Ch. has* 是名勤修縁起觀者尋思六事差別所縁毘鉢舍那.

福徳のある、あるいは、福徳のない、あるいは、不動の諸行がある。そして、諸行に含まれる、来世の識という芽を出現させるその（識の）種子がある。識に含まれる、来世の名色の種子がある。六処の種子、触・受の種子がある』と、このように、将来の、生という名称を持つ識・名色・六処・触・受の生起のために、順次に前に種子が含まれることである。これが誘発する因である。

さらに、無明から触まで（の因）より生ずる受を感受している者は、それを所縁とする渇愛によって、来世の渇愛を生じる。渇愛に属する取と愚癡に属する（取）を得る。その（因）により、その（因）に従い、その業が異熟を与える能力を持つようになる、この（因）が生起させる因である。

この二種の因を主因として、このように、三種の苦性に結びつけられたこの苦蘊そのものの集が生ずる」と。このように、観待道理を尋求する。

「縁性縁起は愚癡を断ずるために専修され、修習され、繰り返し行じられる」「また、これは聖言量である。個々の知が［生じる］。また、これは比量に属する方法である」「また、これは承認された法性である」と。このように、作用道理と証成道理と法爾道理とを尋求する。

(III)-C-III-1-b-(2)-v-(a) Ms.102a4M, Sh.385-14, W.115-7, P.170a4, D.141a1, N.149b2, Co.146a1, Ch.454c9

[(1...]tatra kathaṁ [(2...]dhātuprabhedālambanavipaśyanāprayukto 'rthaṁ paryeṣate[...2)...1)] / [3)] "gotrārtho dhātvartho bījārtho[4)] hetvarthaḥ prakṛtyartha" iti / evam arthapratisaṁvedy arthaṁ paryeṣate /

(III)-C-III-1-b-(2)-v-(b) Ms.102a5M, Sh.385-16, P.170a5, D.141a2, N.149b3, Co.146a2, Ch.454c13

[5)] pṛthivyādīn [(6...]ṣaḍdhātū*n* adhyātmabahirdhādhimucyamāno[7)...6)] [8)] vastu paryeṣate /

(III)-C-III-1-b-(2)-v-(c) Ms.102a5R, Sh.386-1, W.115-15, P.170a6, D.141a3, N.149b3, Co.146a3, Ch.454c15

[5)] "kharalakṣaṇā pṛthivī,[9)] yāvat[10)] samudīraṇalakṣaṇo vāyuḥ, vijānanālakṣaṇaṁ[11)] vijñānam, [(12...]sauṣiryalakṣa*ṇo* rūpaga*tā*sphu*ṭa*lakṣaṇaś cākāśadhātur"[...12)] iti / evaṁ svalakṣaṇaṁ paryeṣate /

[5)] "sarva ete dhātavo 'nityatayā samasamāḥ, yāvan nirātmataye"ti / evaṁ sāmānyalakṣaṇaṁ paryeṣate /

(III)-C-III-1-b-(2)-v-(d) Ms.102b1L, Sh.386-6, P.170a8, D.141a5, N.149b5, Co.146a5, Ch.454c19

[5)] [13)] "yaḥ [(14...]piṇḍasaṁjñino dhātunānātvam ajā*nā*nasyā*ne*na[15)...14)] [(16...]kāyena nānādhātukena[...16)] [(17...]unnatir manyanā,[...17)] saraṇa[18)] eṣa dharmaḥ kṛṣṇapakṣyaḥ"

---

1) *Tib.* de la khams rab tu dbye ba la dmigs pa'i (*D., Co.* pa) lhag mthoṅ la rab tu brtson pa ji ltar don yoṅs su tshol bar byed ce na/ *Ch.* 云何勤修界差別觀者. 尋思六事差別所緣毘鉢舍那. *suggests* kathaṁ dhātuprabhedaprayuktaḥ ṣaḍvastuprabhedālambanāṁ vipaśyanāṁ paryeṣate. *W.* [katham a]rthaṃ paryeṣate.

2) *Ms.* °prayukto rthaṁ pa(śyate)ryeṣate *Sh.* °prayuktam arthaṁ paśyana paryeṣate.

3) *Ch. has* 謂依界差別增上正法聽聞受持增上力故. 能正解了一切界義. 4) *Sh.* saṁjñārtho.

5) *Ch. has* 又正尋思. 6) *Ms.* ṣaḍdhātūnn adhyātma°. *Sh.* ṣaḍdhātūnna(na)dhyātma°.

7) *Ch.* 內外差別發起勝解. 8) *Ch. has* 如是. 9) *W.* pṛthivī.

10) *See* ŚBh I 240, 4-5: kharalakṣaṇā pṛthivī dravalakṣaṇā āpa uṣṇalakṣaṇaṁ tejaḥ samdīraṇalakṣaṇo vāyuḥ / 11) *Sh.* vijānanalakṣaṇaṁ.

12) *Ms.* sauṣiryalakṣaṇā rūpagatāsphuṭālakṣaṇaś cākāśadhātur. *Sh.* sauṣiryalakṣaṇā[']rūpagatāsphuṭālakṣaṇaś cākāśadhātur. *W.* sauṣiryalakṣaṇo [MS: sauṣiryalakṣaṇāṇā] 'rūpagatāsphuṭālakṣaṇaś cākāśadhātur. *Tib.* nam mkha'i khams ni sbubs can gyi mtshan ñid daṅ/ gzugs kyi rnam par gsal ba'i mtshan ñid do. *Ch.* 空界爲虛空相遍滿色相無障礙相.

13) *Ms., Sh. have* iti. *No equivalent in Tib. or Ch.* 14) *Ch.* 於一合相界差別性不了知者.

15) *Ms.* ajānanasyāna. *Sh.* ajāna[ā]nasyā[ne]na. 16) *Ch.* 由界差別所合成身.

17) *Ms.* unnatir manya(nya)nā. *Sh.* unnatir manya(nvā)nā. *Tib.* kheṅs śiṅ rlom sems su byed pa. *Ch.* 發起高慢. 18) *Sh.* maraṇa. *No equivalent in Ch.*

(III)-C-III-1-b-(2)-v　界差別観　-(a) 義

このうち、界の区別を所縁とする観を実践する者は、どのように意味を尋求するのか。「界の意味は、種姓の意味であり、種子の意味であり、因の意味であり、本性の意味である」と。このように、意味を賢察する者は、意味を尋求する。

(III)-C-III-1-b-(2)-v-(b)　事

地等の六界は自己と（自己以）外にあると勝解しつつ、事物を尋求する。

(III)-C-III-1-b-(2)-v-(c)　相

「地は堅固さを特徴とし、乃至、風は動きを特徴とし、識は識別を特徴とし、空界は空間を特徴とし、色の現れを特徴とする」と。このように、固有の特徴を尋求する。

「これらすべての界は、無常性と、乃至、無我性と等しい」と。このように、共通の特徴を尋求する。

(III)-C-III-1-b-(2)-v-(d)　品

「集合を思惟する者で、界の多様性を知らない者が、この多様な界からなる身体の故に、高ぶり、慢心をもつことは、煩悩をともなうものであり、黒品である」

[1] (2...“viparyayāc chuklapakṣya”...2) [3] iti / evaṁ[4] pakṣaṁ paryeṣate /

(III)-C-III-1-b-(2)-v-(e) Ms.102b1M, Sh.386-10, P.170b2, D.141a6, N.149b7, Co.146a6, Ch.454c23

[5] “atītānāgatapratyutpanneṣv adhvasu ṣaḍdhātūn pratītya mātuḥ kukṣau garbhasyāvakrāntir bhavati” / evaṁ kālaṁ paryeṣate /

(III)-C-III-1-b-(2)-v-(f) Ms.102b1R, Sh.386-13, P.170b2, D.141a7, N.149b7, Co.146a6, Ch.454c25

[5] “tadyathā tṛṇaṁ ca[6] pratītya kāṣṭhaṁ[7] cākāśaṁ parivāritam (8...‘agāro ’gāra’ iti saṁkhyāṁ gacchaty...8) evam eva ṣaḍdhātūn upādāya, asthi ca pratītya snāyu[9] ca tvaṅmāṁsaśoṇitaṁ cākāśe parivārite (10...saṁjñā prajñaptir vyavahāro bhavati...10) (11...‘kāyaḥ kāya’ iti...11) / paurāṇāś ca karmakleśāḥ svabījaṁ caiṣāṁ nidānam” iti / (12...evam apekṣāyuktiṁ paryeṣate...12) /

[5] “dhātuprabheda āsevito (13...bhāvito *bahulīkṛto*[14] mānaprahāṇāya...13) saṁvartate” / (15...“āptāgamo ’py eṣaḥ...15) / pratyātmajñānam[16] / *ā*numāniko[17] ’py eṣa vidhiḥ” / “prasiddhadharmatācintyadharmate”ti[18] / (19...evaṁ kāryakaraṇa-yuktim[20] upapattisādhanayuktiṁ[21] dharmatāyuktiṁ ca paryeṣate...19) / [22]

---

1) *Ch. has* 廣説如前.

2) *Tib.* de las bzlog pa ni (*P., N. omit* ni) ñon moṅs pa med pa ste/ dkar po’i phyogs yin no/. *Ch.* 與上相違便無顛倒. 白品所攝.

3) *Ch. has* 廣説如前.

4) *Ms.* eva. *Sh.* eva[ṁ].

5) *Ch. has* 又正尋思.

6) *Sh.* va[ā].

7) *Ms.*, *Sh.* kāṣṭham vā.

8) *Ch.* 數名爲舍.

9) *Sh.* snāyu[ś].

10) *Ch.* 假想等想施設言論. *Tib.* miṅ daṅ/ brda daṅ/ tha sñad du rjod par byed do.

11) *Ch.* 數名爲身.

12) *Ch.* 如是名依觀待道理尋思諸界差別道理.

13) *Sh.* bhāvito(taḥ) styānaprahāṇāya.

14) *Ms., Sh. omit. Tib.* lan maṅ du byas na. *Ch.* 善多修習.

15) *Ch.* 又正尋思如是道理有至教量.

16) *Tib.* bdag ñid kyis so so raṅ gyi ye śes mthoṅ ba daṅ/. *Ch.* 有内證智. *Cf.* ŚBh III 44, 18-19: pratyātmam api me jñānadarśanaṁ pravartate.

17) *Ms., Sh.* anumāniko.

18) *Ms., Sh.* prasiddhadharmatā’cintyadharmatety. *Tib.* grags pa’i chos ñid daṅ/ bsam gyis mi khyab pa’i chos ñid kyaṅ de yin no źes. *Ch.* 有成立法性. 難思法性. 安住法性.

19) *Ch.* 如是名依作用道理. 證成道理. 法爾道理. 尋思諸界差別道理.

20) *Ms., Sh.* kāryakāraṇayuktim. *See* ŚBh III 60, *fn.* 25).

21) *Sh.* upapattisānayuktiṁ.

22) *Ch. has* 是名勤修界差別觀者. 尋思六事差別所縁毘鉢舍那.

「逆であるので、白品である」と。このように、品を尋求する。

(III)-C-III-1-b-(2)-v-(e)　時

「過去・未来・現在世において、六界を縁として、母親の胎内で受胎する」(と)。このように、時を尋求する。

(III)-C-III-1-b-(2)-v-(f)　理

「あたかも、草と木とを縁として、囲われた虚空が、『家・家』といわれるように、まさにそのように、六界によって、骨と筋と皮・肉・血とを縁として、囲われた虚空に対して、『体・体』と名称、仮名、言説がつくのである。昔の諸業煩悩と自身の種子とがそれらの因である」と。このように、観待道理を尋求する。

「界の区別は、慢を断ずるために専修され、修習され、繰り返し行じられる」「また、これは聖言量である。個々の知が［生じる］。また、これは比量に属する方法である」「承認された法性、思議され得ない法性である」と。このように、作用道理と証成道理と法爾道理とを尋求する。

(III)-C-III-1-b-(2)-vi-(a) Ms.102b3M, Sh.387-5, P.170b7, D.141b3, N.150a4, Co.146b3, Ch.455a7

[(1…]*tatra* katham ānāpānasmṛtyālambana*vipaśyanā*prayu*kto* 'rthaṁ paryeṣate[…1)] / [(2…]"āśvāsapraśvāsālambanopaniba*ddha*cittasyāsaṁpramoṣo[3)] 'bhilapa*na*tā[4)] ānāpānasmṛtir"[…2)] iti / evam *arthaṁ*[5)] paryeṣate /

(III)-C-III-1-b-(2)-vi-(b) Ms.102b4L, Sh.387-8, P.171a1, D.141b4, N.150a6, Co.146b4, Ch.455a12

[6)] "adhyātmam upalabhya*nte*[7)] āśvāsapraśvāsāḥ kāyapratibaddhatvād [(8…]bāhyāyatanasaṁgṛhī*tāś*[9)] ce"ti[…8)] / evaṁ vastu paryeṣate /

(III)-C-III-1-b-(2)-vi-(c) Ms.102b4M, Sh.387-10, P.171a2, D.141b5, N.150a7, Co.146b5, Ch.455a14

[6)] "dvāv āśvāsau, [(10…]*dvau praśvāsau*[…10)] / yaś ca vāyuḥ praviśati *sa*[11)] āśvāsaḥ, [(12…]*yaś ca*[…12)] niṣkrāmati sa *pra*śvāsaḥ[13)] / amī dīrghā āśvāsapraśvāsāḥ, amī hrasvāḥ, [(14…]imān sarvakāyena pratisaṁvedayāmi,[…14)] [(15…]imān *ne*"ti[…15)] / evaṁ svalakṣaṇaṁ paryeṣate /

[6)] "niruddha āśvā*se*[16)] praśvāsa utpadyate, niruddhe *pra*śvāsa[17)] āśvāsaḥ[18)] / āśvāsapraśvāsapravṛttipratisaṁbaddhaṁ[19)] ca jīvitendriyam ayaṁ ca kāyaḥ savijñānaka ity anityā āśvāsapraśvāsā [(20…]sahāśra*yeṇ*e"ti / evaṁ[…20)] sāmānyalakṣaṇaṁ paryeṣate /

---

1) *Ms., Sh.* katham ānāpāna(lamba)smṛtyālambananicayaprayuktārthaṁ (*Sh.* ānāpānasmṛty°) paryeṣate. *Tib.* de la dbugs rṅub pa daṅ dbugs 'byuṅ ba dran pa'i dmigs pa rnam par dbye ba la (*P., N. omit*) rab tu brtson pa/ ji ltar don yoṅs su tshol bar byed ce na/. *Ch.* 云何勤修阿那波那念者尋思六事差別所緣毘鉢舍那. *Cf.* ŚBh III 34, 18-19; 46, 11; 54, 13-14; 62, 3-4.

2) *Ch.* 謂依入出息念增上正法聽聞受持增上力故. 能正了知於入出息所緣境界. 繫心了達無忘明記是阿那波那念義. 3) *Ms., Sh.* °opanibaddhācittasyā°. 4) *Ms.* bhilapatatā.

5) *Ms., Sh. omit. Tib.* de ltar don yoṅs su tshol bar byed do/. *Ch.* 如是名爲尋思其義.

6) *Ch. has* 又正尋思. 7) *Ms., Sh.* upalabhyate. *Cf. Sh.* 448 11-13, ŚBhD I, 329, 6-7: evam ete adhyātmam utpadyante, bāhyāyatanasaṁgṛhītāś ca.

8) *Ch.* 外處攝故内外差別. 9) *Ms.* °saṁgṛhītaś. *Sh.* °saṁgṛhīta[ā]ś.

10) *Ms., Sh. omit. Tib.* dbugs rṅub pa gñis so/ dbugs 'byuṅ ba yaṅ gñis so/. *Ch.* 入息有二出息有二. *Cf.* ŚBh II 80, 7; tatra dvāv āśvāsau / ... dvau praśvāsau /.

11) *Ms.* yo. *Sh.* ya(sa). 12) *Ms. omits. Sh.* [yaś ca].

13) *Ms.* niśvāsaḥ. *Sh.* ni[ḥ]śvāsaḥ. *Tib.* phyir 'thon pa gaṅ yin pa de ni dbugs byuṅ ba'o//. *Ch.* 若風出外名爲出息.

14) *Tib.* 'di dag (*D., Co. omit*) ni lus (*P., N. omit*) thams chad so sor myoṅ ba'o//. *Ch.* 如是息遍一切身分.

15) *Ms.* imānn ity. *Sh.* imānni(ni)ty. *Tib.* 'di dag (*D., Co. omit*) ni ma yin no/ źes. *No equivalent in Ch.* 16) *Ms.* āśvāsa. *Sh.* āśvāsa[e].

17) *Ms.* āśvāse. *Sh.* āśvāse (praśvāse). *Tib.* dbugs 'byuṅ ba 'gags na. *Ch.* 出息滅已.

18) *Tib.* dbugs rṅub pa 'byuṅ ṅo. *Ch.* 有入息生. 19) *Sh.* °pravṛddhipratisambaddhaṁ.

20) *Ms.* sahāśravaṇety evaṁ. *Sh.* mahāśravaṇety evaṁ (ṇā ity evaṁ). *Tib.* rten daṅ bcas pa ni ma rtags pa yin no źes de ltar... *Ch.* 及所依止皆是無常. 是名尋思諸息共相.

(III)-C-III-1-b-(2)-vi　阿那波那念　-(a) 義

このうち、阿那波那念を所縁とする観を実践する者は、どのように意味を尋求するのか。「阿那波那念とは、入息と出息という所縁に結びつけられた心を忘れないこと、明確にすることである」と。このように、意味を尋求する。

(III)-C-III-1-b-(2)-vi-(b)　事

「入息と出息は、身体に付随するから内側に得られ、また、外の処に含まれる」と。このように、事を尋求する。

(III)-C-III-1-b-(2)-vi-(c)　相

「入息は二つであり、出息は二つである。風が入るのが入息であり、出ていくのが出息である。これらが長い入出息であり、これらが短い（入出息）であり、私はこれらを全身で覚知する。これらを（覚知し）ない」と。このように、固有の特徴を尋求する。

「入息が滅して、出息が生じる。出息が滅して、入息が（生じる）。そして、命根とこの意識ある身体が、入出息の生起に繋がっているので、拠り所を伴う入出息は無常である」と。このように、共通の特徴を尋求する。

(III)-C-III-1-b-(2)-vi-(d) Ms.102b5R, Sh.387-18, P.171a6, D.142a1, N.150b3, Co.147a1, Ch.455a21

[1)] "evam āśvāsapraśvāseṣv anupasthitasmṛter yo [(2…]vitarkakṛtaḥ saṁkṣobhaś cetasaḥ,[…2)] saraṇa[3)] eṣa dharmaḥ kṛṣṇapakṣyaḥ [4)] / [(5…]viparyayāc chuklapa*kṣya*"[…5)] iti vistare*ṇa*[6)] / evaṁ pakṣaṁ paryeṣate /

(III)-C-III-1-b-(2)-vi-(e) Ms.102b6R, Sh.388-2, P.171a7, D.142a2, N.150b4, Co.147a2, Ch.455a25

[1)] "atītānāgatapratyutpanneṣv adhvasv [(7…]āśvāsapraśvāsapratibaddhaḥ[8)] kāya*cittaḥ*[9)] kāyacittapratibaddhāś[10)] cāśvāsapraśvāsā"[…7)] iti / evaṁ kālaṁ paryeṣate /

(III)-C-III-1-b-(2)-vi-(f) Ms.103a1M, Sh.388-4, P.171b1, D.142a3, N.150b5, Co.147a3, Ch.455a27

[1)] [(11…]"nāsty atra[…11)] kaścid ya āśvasiti praśvasiti vā, yasya[12)] caita āśvāsapraśvāsāḥ / api tu hetusamutpanneṣu pratītyasamutpanneṣu saṁskāreṣv iyaṁ saṁjñā prajñaptir vyavahāraḥ" [13)] iti / evam apekṣāyuktiṁ paryeṣate[14)] /

[1)] "ānāpānasmṛtir āsevitā bhāvitā *bahulīkṛtā*[15)] vitarkopacchedāya saṁvartate" / [16)] "āptāgamo 'py eṣaḥ / [(17…]pratyātmajñā*nam* / ānumāniko[…17)] 'py eṣa vidhiḥ" / "prasiddhadharmatācintyadharmate"ti[18)] / evaṁ kāryakaraṇayuktim[19)] upapattisādhanayuktiṁ dharmatāyuktiṁ paryeṣate [20)] /

---

1) *Ch. has* 又正尋思.

2) *Ch.* 爲悪尋思擾亂其心便爲顛倒.

3) *Ms.* saraṇadharma. *Sh.* maraṇa(dharma).

4) *Ch. has* 廣説如前.

5) *Ms.* viparyayāc chuklapakṣa. *Sh.* viparyayāc chuklapakṣya. *Tib.* de las bzlog pa ni ñon moṅs pa med pa ste/ dkar po'i phyogs yin no/. *Ch.* 與上相違便無顛倒. 白品所攝. 是無諍法.

6) *Ms.* vistareṇety. *Sh.* vistareṇaty. *Tib.* rgya cher. *Ch.* 廣説如前.

7) *Tib.* dbugs rṅub pa daṅ/ dbugs 'byuṅ ba dag ni ... lus daṅ sems la rag las pa yin la/ lus daṅ sems kyaṅ dbugs rṅub pa daṅ/ dbugs 'byuṅ ba dag la rag las pa yin no. *Ch.* 入出息轉繋屬身心身心繋屬入息出息.

8) *Sh.* ā[śvāsapra]śvāsa°.

9) *Ms., Sh.* kāyaḥ. *Tib.* lus daṅ sems la. *Ch.* 身心.

10) *Ms., Sh.* kāyacittaḥ pratibaddhāś.

11) *Sh.* nānyatra.

12) *Sh.* asya.

13) *Ch. has* 説有能持入出息者.

14) *Ch.* 依觀待道理尋思其理.

15) *Ms., Sh. omit. Tib.* lan maṅ du byas na. *Ch.* 善多修習.

16) *Ch. has* 又正尋思如是道理.

17) *Ms.* pratyātmajñānānumāniko. *Sh.* pratyātmajñānānusāriko. *Tib.* bdag ñid kyi so sor raṅ gyi ye śes daṅ/ mthoṅ ba daṅ/ rje su dpag pa'i... *Ch.* 有内證智. 有比度法. *Cf.* ŚBh III 44, 18-19; 54, 7-8; 60, 14; 64, 12.

18) *Sh.* prasiddhadharmatā[']cintyadharmatety.

19) *Sh.* kāryaka[ā]raṇa°.

20) *Ch. has* 是名勤修阿那波那念者. 尋思六事差別所縁毘鉢舍那.

(III)-C-III-1-b-(2)-vi-(d)　品

「このように、入出息に念が安住していないために尋思によって生起した心の散動は、煩悩をともなうものであり、黒品である。逆であるので、白品である」と、詳細には（前出のとおりである）。このように、品を尋求する。

(III)-C-III-1-b-(2)-vi-(e)　時

「過去・未来・現在世において、身心は入出息に付随し、入出息は身心に付随する」と。このように、時を尋求する。

(III)-C-III-1-b-(2)-vi-(f)　理

「ここで、入息あるいは出息するいかなる者もない。また、その者にこれら入出息のある（いかなる者もない）。しかしまた、因より生じ、縁より生じた諸行に、この名称、仮名、言説がつくのである」と。このように、観待道理を尋求する。

「阿那波那念は、尋思を断ずるために専修され、修習され、繰り返し行じられる」「また、これは聖言量である。個々の知が［生じる］。また、これは比量に属する方法である」「承認された法性、思議され得ない法性である」と。このように、作用道理と証成道理と法爾道理とを尋求する。

(III)-C-III-1-b-(2)' Ms.103a2R, Sh.388-13, W.115-30, P.171b5, D.142a6, N.151a1, Co.147a6, Ch.455b9

evaṁ caritaviśodhanenālambanena [(1…]ṣaḍ vastūni[…1)] paryeṣya, adhyātmaṁ cittaṁ punaḥpunaḥ śamayati[2)] / punaḥpunar etad eva yathāparyeṣitaṁ vipaśyanākāraiḥ *pratyavekṣate*[3)] / tasya śamathaṁ niśritya vipaśyanā [4)] viśudhyate, vipaśyanāṁ niśritya śamatho vaipulyatāṁ[5)] gacchati / kauśalyālambane ca kleśaviśodhane[6)] ca yā vipaśyanā [(7…]ṣaḍvastukā, tāṁ[…7)] paścād[8)] vakṣyāmi[9)] svasthāne /

(III)-C-III-2 Ms.103a3R, Sh.388-21, W.116-7, P.171b7, D.142b1, N.151a4, Co.147b1, Ch.455b16

[10)] tatra navavidhaḥ śuklapakṣasaṁgṛhītaḥ[11)] prayogas tadviparyayeṇa ca navavidhaḥ kṛṣṇapakṣasaṁgṛhīto [12)] yoginā veditavyaḥ / tadyathā[13)] (a)anurūpaprayogatā, (b)abhyastaprayogatā, [(14…](c)*aśithila*prayogatā, (d)*aviparīta*prayogatā,[…14)] (e)kālaprayogatā, (f)upalakṣaṇaprayogatā, (g)asaṁtuṣṭaprayogatā, (h)avidhuraprayogatā, (i)samyakprayogatā ca / anayā navavidhayā [(15…]śuklapakṣasaṁgṛhītayā [16)] tvaritatvaritaṁ[…15)] cittaṁ samādhīyate[17)] / viśeṣāya ca samādheḥ paraiti / yāvatī cānena bhūmir gantavyā bhavaty anuprāptavyā, tāṁ[18)] [(19…]laghulaghv evāgantā bhavaty adhandhāyamānaḥ[…19)] / kṛṣṇapakṣasaṁgṛhītābhir[20)] prayogatābhir[21)] na tvaritatvaritaṁ[22)] cittaṁ samādhīyate[23)] / nāpi samādhiviśeṣāya paraiti / yāvatī cānena bhūmir gantavyā bhavaty anuprāptavyā, tatra[24)] dhandhāyate[25)] gamanāya /

---

1) *Ch.* 六事差別觀. 2) *Sh.* śamayataḥ(yan).

3) *Ms., Sh., W.* paryeṣate. *Tib.* so sor rtog par (*D. has* yaṅ; *Co. illegible*) byed do (*D., Co.* de). *Ch.* 審諦伺察. *Cf.* ŚBh III 32, 7.

4) *Ch. has* 速. 5) *Sh.* vaipulyatāṁ(vipulatāṁ). 6) *Sh.* kleśāviśodhane.

7) *Ms.* ṣaḍvastukāma tāṁ. *Sh.* ṣaḍvastukarmitāṁ. *W.* ṣaḍvastukāṃ tāṃ. *Tib.* dṅos po drug yoṅs su thol bar byed pa gaṅ yin pa de dag ni. *Ch.* 尋思六事差別所緣.

8) *W. omits.* 9) *Sh.* vakṣmāmi. 10) *Ch. has* 復次.

11) *Sh.* śuklasaṁgṛhītaḥ. *Sh. says, in his footnote,* "pakṣa may be added here." *W.* śuklapakṣasaṁgṛhītaḥ. 12) *Ch. has* 加行. 13) *Ch.* 云何名爲白品所攝. 九種加行.

14) *Ms., Sh., W.* aviparītaprayogatā / aśithilaprayogatā / *The order is reversed in our edition according to the explanatory sections of each item below. See.* ŚBh III 72-76. *However, Tib.* phyin ci ma log pa'i sbyar ba daṅ/ mi lhod pa'i sbyar ba daṅ/ *and Ch.* 三無倒加行. 四不緩加行. *support the reading of Ms.* (*But* 明 *edition of Ch.* 三不緩加行. 四無倒加行.)

15) *W.* śuklapakṣasaṁgṛhīt[ayā tvarita]tvaritaṃ.

16) *Ch. has* 加行. 17) *W.* samādhīyate [MS: samādhiyate]. 18) *Tib.* de dag tu.

19) *W.* laghu laghu vā gatvā bhavaty abaddhāyamānaḥ. 20) *Tib.* nag po'i phyogs kyi.

21) *Sh.* navavidhābhiḥ prayogatābhir. *Tib.* sbyor ba rnams kyis ni/. *Ch.* 九種加行.

22) *Sh.* tvaritatvarita[ṁ]. 23) *W.* samādhīyate [MS: samādhiyate]. 24) *Tib.* de dag tu.

25) *W.* baddhāyate.

(III)-C-III-1-b-(2)'　結六事差別所縁

このように、浄行所縁によって六事を尋求して、内側の心を繰り返し寂静にする。繰り返し、尋求されたとおりに、その（心）を観の行相によって伺察する。彼にとって、止にもとづいて観が浄化され、観にもとづいて止が広大となる。善巧所縁と浄惑所縁に対する六事の観を、私は（それら）自体の箇所で後に述べるであろう。

(III)-C-III-2　九種加行

このうち、九種の白品に包含される加行と、それと逆に、九種の黒品に包含される（加行）とが瑜伽者によって知られるべきである。すなわち、（a）相応加行（b）串習加行（c）不緩加行（d）無倒加行（e）応時加行（f）解了加行（g）無厭足加行（h）不捨軛加行（i）正加行である。この九種の白品に包含される（加行）によって、心がたいへん速疾に定められる。そして、三摩地の最勝なものへと趣く。また、それによって、到達され獲得されるべき地まで、まさにたいへん迅速に、遅れることなく到達する。黒品に包含される加行によっては、心がたいへん速疾に定められることはない。三摩地の最勝なものへと趣くこともない。そして、これによって、到達され獲得されるべき地まで、到達するのが遅れる。

(III)-C-III-2-a Ms.103a6L, Sh.389-14, P.172a4, D.142b5, N.151b1, Co.147b5, Ch.455b27

tatra[1)] katamānurūpaprayogatā [2)] / [(3...]saced [(4...]rāgacarito 'śubhāyāṁ[...4)] cittam upanibadhnāti, dveṣacarito maitryām, yāvad vitarkacarita ānāpānasmṛtau[...3)] / [(5...]samabhāgacarito [(6...]mandarajasko vā[...6)] punar yatrālambane priyārohitā[7)] bhavati, tena prayujyate[...5)] / iyam anurūpaprayogatā /

(III)-C-III-2-b Ms.103a6R, Sh.389-19, P.172a7, D.142b7, N.151b3, Co.147b7, Ch.455c5

tatra[8)] katamābhyastaprayogatā[9)] / abhyāso 'nena kṛto bhavati śamathavipaśyanā*yā*m[10)] antataḥ parītto 'pi, na sarveṇa sarvam ādikarmika eva bhavati / tathā hy [(11...]ādikarmikasyānurūpe *'*py ālambane[...11)] prayuktasya ni*va*raṇāni[12)] cābhīkṣṇaṁ[13)] samudācaranti[14)] kāyacittadauṣṭhulyaṁ ca, yenāsya [(15...]*na* tva*ritaṁ* cittaṁ samādhīyate[...15)] / iyam abhyastaprayogatā /

(III)-C-III-2-c Ms.103a8L, Sh.390-5, P.172b1, D.143a1, N.151b5, Co.148a1, Ch.455c10

tatra katamāśithilaprayogatā / sātatyaprayogī bhavati, satkṛtyaprayogī ca / sacet punar vyuttiṣṭhate samādheḥ [(16...]piṇḍapātahetor vā[...16)] gurugauravopasthānahetor[17)] vā glānopasthānārthaṁ vā [18)] sāmīcīkarmaṇo vānyasyaivaṁbhāgīyasyetikaraṇīyasyārthāya[19)] *vā*,[20)] [21)] [(22...]sa tannimnena cetasā tatpravaṇena tatprāgbhāreṇa[23)] ca sarvaṁ karoti[...22)] / laghulaghv eva ca kṛtvā, pariprāpya,

---

1) *Sh. omits.*

2) *Ms. has* ca. *Sh.* (ca).

3) *Ch.* 謂若貪行者. 應於不淨安住其心. 若瞋行者. 應於慈愍安住其心. 若癡行者. 應於縁起安住其心. 若憍慢行者. 應於界差別安住其心. 若尋思行者. 應於阿那波那念. 安住其心.

4) *Ms.* °carita aśubhāyāṁ.

5) *Ch.* 若等分行者. 或薄塵行者. 應隨所樂攀縁一境安住其心. 勤修加行.

6) *Sh.* mandarajaskaḥ.

7) *Sh.* priyārohatā.

8) *Ms., Sh. omit. Tib.* de la.

9) *Ms.* katamā abhyastaprayo(gaprayo)gatā. *Sh.* katamā abhyastaprayoga(prayoga)tā. *Although Sh. says in his footnote* "Wayman reads baddhāyate," *it is out of place. See* ŚBh III 70 *fn.* 25).

10) *Ms.* śamathavipaśyanāyam. *Sh.* yo. *Tib.* źi gnas daṅ lhag mthoṅ la. *Ch.* 於奢摩他毘鉢舍那.

11) *Ms.* ādikarmikasyānurūpe py ālambane · na. *Sh.* ādikarmikasyānurūpe[']py ālambane na. *Tib.* las daṅ po pa ni mthun pa'i dmigs pas ... kyaṅ. *Ch.* 初修業者. 雖於相應所縁境界勤修加行.

12) *Ms.* nivāraṇāni. *Sh.* niva(ā)raṇāni.

13) *Sh.* nābhikṣṇaṁ.

14) *Sh.* samudācarita(ranti).

15) *Ms.* tatvaṁ cittaṁ samādhīyate (tatvaṁ *unclear*). *Sh.* tat (ca) cittaṁ samādhīyate. *Tib.* sems myur bar tiṅ ṅe 'dzin du 'jog par mi 'gyur ba'i phyir te/. *Ch.* 不能令心速疾得定.

16) *Sh.* piṇḍapātahetoś ca.

17) *Sh.* [gu]ru°.

18) *Ch. has* 隨順.

19) *Ms.* vā anyasyaivaṁbhāgīyasyetikaraṇīyasyārthāya. *Sh.* vā anyasyaivaṁbhāgīyasyetikaraṇaṁ yasyārthāya. *Tib.* de lta bu daṅ 'thun pa'i 'phral gyi bya ba gaṅ yan ruṅ ba'i phyir. *Ch.* 爲所餘如是等類諸所作事.

20) *Ms., Sh. omit. Tib.* ruṅ ba'i phyir ram. *Ch.* 或.

21) *Tib. has* rnam par g-yeṅ ba med ciṅ/.

22) *Ch.* 而心於彼所作事業. 不全隨順不全趣向不全臨入.

23) *Sh.* tatprāstāreṇa(bhāreṇa).

(III)-C-III-2-a　相應加行

このうち、相応加行とは何か。もし、貪行者なら不浄に、瞋行者なら慈愍に、乃至、尋思行者なら阿那波那念に心を結びつける。一方、等分行者あるいは塵穢が僅かな者は、喜楽に導く所縁によって行じる。[1] これが相応加行である。

(III)-C-III-2-b　串習加行

このうち、串習加行とは何か。その者によって、少しであっても止と観とにおいて最後まで数修がなされれば、全く完全に初業者でなくなることである。なぜなら、相応しい所縁を行じていても、初業者には、障礙や身心の麁重が繰り返し起こり、それによって、彼の心が速疾に定められることはないからである。これが串習加行である。

(III)-C-III-2-c　不緩加行

このうち、不緩加行とは何か。継続的に行じ、敬意をもって行じる者となることである。一方で、もし、乞食のために、あるいは師に対する恭敬・奉仕のために、あるいは看病のために、あるいは和敬業や他のこれに類する所作事のために三摩地から起きるなら、彼は、それに傾き、それに向けられ、それに傾注した心をもってすべてを実行する。まさにたいへん迅速に実行し、完了したのち、

1）行者の区分については**ŚBh II 23**以下に説明されている。

punar eva (1…prayujyate niṣadya[2] pratisaṁlayanāya…1) / saced bhikṣubhikṣuṇy-upāsakakṣatriyabrāhmaṇaparṣadbhiḥ[3] sārdhaṁ samāgacchati, (4…na ciraṁ saṁsargeṇātin*ā*mayati[5)…4)] / mitaṁ ca saṁlapati / na ca bhāṣyaprabandham utthāpayati / (6…nānyatra vyapakarṣati…6) / evaṁ ca punar ārabdhavīryo bhavati / (7…"ya*n nv*…7) aham adyaiva[8] prāptavyam adhigaccheyam [9] / tat kasya hetoḥ / bahavo me pratyayā maraṇasya / vāto *vā*[10] me kupyeta pittaṁ vā (11…śleṣ*mā vā*,…11) bhuktaṁ vā vipadyeta,[12] yena me viṣūcikā kāye saṁtiṣṭheta / (13…ahir vā me[14] daś*et*,[15] vṛściko vā śatapadī vā…13) / manuṣyā*manuṣyā*d[16] api me bhayam [17]" ity (18…etāni sthānāni…18) (19…nityakālaṁ manasikaroti…19) / [20] apramattaś ca viharati / evaṁ ca punar apramatto viharati [21] / "aho[22] bata jīveyaṁ saptāhaṁ ṣaṭpañcacatustri*dvye*kāhaṁ[23] yāmam ardhayāmam api muhūrtam apy ardhamuhūrtam api / aho bata jīveyaṁ yāvat piṇḍapātaṁ paribhuñjeyam,[24] (25…yāvad āśva*sya* praśvaseyam, *yāvat praśvasyāśvaseyam*…25) / yāvac ca jīveyaṁ tāvad (26…yogamanasikāreṇa śāstuḥ śāsane yogam āpadyeyam…26) / iyatā[27] mayā [28] bahukṛtyaṁ syād yad uta śāstuḥ śāsana" iti [29] / iyam aśithilaprayogatā /

---

1) *Tib.* 'dug ste naṅ du yaṅ dag par 'jog pa la rab tu brtson par byed pa daṅ/. *Ch.* 精勤宴坐寂靜修諸觀行.
2) *Sh.* niyamya.

3) *Tib.* dge sloṅ daṅ/ dge sloṅ ma daṅ/ dge bsñen daṅ/ dge bsñen ma daṅ/ rgyal rigs daṅ/ bram ze'i 'khor dag.

4) *Tib.* 'du 'dzis dus yun riṅ du 'da' bar mi (*P., N. omit*) byed par. *Ch.* 雖久雜處 *has no negative.*

5) *Ms.* °ātinamayati. *Sh.* °ātināmayati.

6) *Tib.* dben pa 'ba' źig tu byed pa. *Ch.* 唯樂遠離勤修觀行.

7) *Ms.* yanv. *Sh.* yan nv.
8) *Ch.* 於今定.
9) *Ch. has* 不應慢緩.

10) *Ms. omits. Sh.* vā. *Cf.* ŚBh I 244, 12; 248, 1.

11) *Ms.* śleṣmam vā. *Sh.* śleṣmam vā (śleṣma vā).

12) *Sh.* viṣamyeta.
13) *Ch.* 或爲於外蛇蝎蚰蜒百足等類諸惡毒蟲之所蛆螫.

14) *Sh.* me (māṁ).
15) *Ms.* daśeta. *Sh.* daśeta(t).

16) *Ms., Sh.* manuṣyād. *Tib.* mi daṅ mi ma yin pa'i. *Ch.* 人非人類等.

17) *Ch. has* 因斯夭沒.
18) *Ch.* 於如是等諸横死處.

19) *Sh.* nityakālasya na - karoty. *Regarding the akṣara after* na, *Sh. says, in his footnote,* "Syllable illegible."
20) *Ch. has* 修無常想.

21) *Ch. has* 恒自思惟.
22) *Sh.* api.

23) *Ms.* °dvirekāhaṁ. *Sh.* °dvire(dvaye)kāha.
24) *Sh.* parimuñjeyaṁ.

25) *Ms.* yāvad āśvasitvā praśvaseyaṁ. *Sh.* yāvad āśvasitvā(sya) praśvaseyaṁ. *Tib.* dbugs rṅubs nas dbugs 'byuṅ ba'i bar tsam mam/ dbugs phyuṅ nas dbugs rṅub pa'i bar tsam źig. *Ch.* 或從入息至於出息. 或從出息至於入息.

26) *Tib.* rnal 'byor yid la byed pa ston pa'i bstan pa la rnal 'byor du byed par 'gyur bas. *Ch.* 於佛聖教精勤作意修習瑜伽.
27) *Ms.* ya iyatā. *Sh.* ya i(di)yatā.

28) *Ch. has* 當決定.
29) *Tib. has* bag yod par gnas par byed ba ste/.

まさに再び独居黙考するために坐って、行じる。もし、比丘・比丘尼・優婆塞・クシャトリヤ・バラモンの衆会と交わるなら、長い間一緒に時間を過ごさず、適量を語り、間断のない話をせず、そうでなければ離隔する。そして、以下のように再び精進を起こす。「さあ、まさに今、私は得るべきものを獲得するとしよう。それはなぜか。私には死の因縁が多くある。私に風疾あるいは黄疸あるいは痰が激しく起こるかもしれず、食べたものが消化されず、それによって、私の身体に食中毒が起こるかもしれない。[1] 蛇あるいは蠍あるいは百足が私をかむかもしれない。人・非人によっても私に危険が（生じるかもしれない）[2]」と。常にこれらの状況を作意し、不放逸であり続ける。さらに、以下のように不放逸であり続ける。「ああ、私は七日、六・五・四・三・二・一日、（一）ヤーマ、半ヤーマも、（一）ムフールタも、半ムフールタも生きるであろう。ああ、私が施食を食べている間、入息し出息する間、出息し入息する間、生きるであろう。そして、私が生きている間は、瑜伽作意することによって教師の教えにおいて瑜伽を実践するであろう。これ程の間に、殊に教師の教えにおいて、私によって多くのことがなされるだろう」と。これが不緩加行である。

1）ŚBh I 245 11–13を参照。

2）ŚBh I 249 2–3を参照。

(III)-C-III-2-d Ms.103b4R, Sh.391-9, P.173a3, D.143b2, N.152a7, Co.148b3, Ch.456a4

tatra katamāviparītaprayogatā / (1…[rnal ’byor pa rnal ’byor śes pas ji skad gtams śiṅ rjes su bstan pa de kho na bźin du rab tu brtson par byed ciṅ/ (2…don daṅ tshig ’bru phyin ci ma log par ’dzin par byed pa daṅ/…2) bdag ñid ṅa rgyal med ciṅ/ (3…raṅ gi lta ba mchog tu ’dzin pa la gnas pa ma yin pa daṅ/…3) bab col du ’dzin pa ma yin pa daṅ bla ma’i luṅ la khyad du gsod pa med par ’gyur ba yin te/]…1) (4…*iyam aviparītaprayogatā*…4) /

(III)-C-III-2-e Ms.103b4R, Sh.391-9, W.*116-38, P.173a5, D.143b4, N.152b2, Co.148b4, Ch.456a9

(5…*tatra katamā kālaprayogatā*…5) / kālena kālaṁ śamathanimittaṁ *vipaśyanānimittaṁ*[6)] pragrahanimittaṁ[7)] upekṣānimittaṁ[8)] bhāvayati / (1)śamathaṁ ca jānāti śamathanimittaṁ ca śamathakālaṁ ca, (2)vipaśyanāṁ vipaśyanānimittaṁ vipaśyanākālam, (3)pragrahaṁ pragrahanimittaṁ pragrahakālam, (4)upekṣā*m*[9)] upekṣānimittam upekṣākālaṁ ca /

(1)tatra śamathaḥ *katamaḥ*[10)] / navākārā cittasthitiḥ / nirnimittaṁ ca tac cittaṁ tatra bhavati, nirvikalpaṁ (11…śānta*ṁ* praśāntaṁ…11) (12…śame sthitaṁ…12) niṣkevalam / tenocyate śamatha iti /

tatra śamathanimittaṁ *katamat*[13)] / dvividham ālambananimittaṁ nidānanimittaṁ ca / (14…*tatrālambananimittam, śamathapakṣyaṁ* jñeyavastusabhāgaṁ pratibimbam ālambananimittam…14) / yenālambanena tac cittaṁ śamayati / (15…*tatra nidānanimittam,*…15) śamathaparibhāvite cetasy uttaratra śamathasya pāriśuddhaye

---

1) *Ms., Sh. omit. Ch.* 謂如善達修瑜伽行諸瑜伽師之所開悟. 即如是學於法於義不顛倒取. 無有我慢. 亦不安住自所見取. 無邪僻執. 於尊教誨終不輕毀.

2) *Cf.* ŚBh I 71, 6: aviparītagrāhī bhavaty arthasya vyañjanasya ca.

3) *Cf.* ŚBh I 294, 5-6: na ca svayaṃdṛṣṭiparāmarśasthāyī bhavaty...

4) *Ms., Sh. omit. Tib.* de phyin ci ma log p’i sbyor ba yin no/. *Ch.* 如是名爲無倒加行.

5) *Ms., Sh. omit. W.* tatra katamā / kāla-prayogatā [MS: aviparītaprayogatā]. *Tib.* de la dus kyi sbyor ba gaṅ źes na/. *Ch.* 云何名爲應時加行.

6) *Ms., Sh. omit. W.* vipaśyanānimittaṃ. *Tib.* lhag mthoṅ gi mtshan ñid. *Ch.* 於時時間修習觀相.

7) *Ch.* 於時時間修習擧相. 8) *Ch.* 於時時間修習捨相. 9) *Ms.* upekṣān.

10) *Ms., Sh. omit. Tib.* gaṅ źes na/. *Ch.* 云何.

11) *Ms., Sh.* śāntapraśāntaṃ. *W.* śāntaṃ praśāntaṃ.

12) *Sh.* śamathasthitaṁ. *Tib.* źi ba la gnas śiṅ. *Ch.* 等住寂止.

13) *Ms., Sh. omit. Tib.* gaṅ źes na/. *Ch.* 云何.

14) *Ms., Sh.* jñeyavastusabhāgaṁ pratibimbam ālambananimittaṁ. *Tib.* de la dmigs pa’i mtshan ma ni/ źi gnas kyi phyogs kyi śes bya’i dṅos po daṅ cha mthun pa daṅ/ gzugs brñan la dmigs pa’i mtshan ma ste/. *Ch.* 所縁相者. 謂奢摩他品所知事同分影像. 是名所縁相. *Cf.* ŚBh III 78, 8-9.

15) *Ms., Sh. omit. Tib.* de la gźi’i mtshan ma ni. *Ch.* 因縁相者.

(III)-C-III-2-d　無倒加行

このうち、無倒加行とは何か。瑜伽を知る瑜伽者が説き、教示したとおりに行じ、意味と文字を顛倒なく把握する。また、自身に慢心なく、自分の見解に執着し続けることがない。また、軽率に受け入れることもなく、師の説を批判することもない。これが無倒加行である。

(III)-C-III-2-e　應時加行

このうち、応時加行とは何か。適時に止の相・観の相・挙の相・捨の相を修習する。（1）止と止の相と止の時を知り、（2）観と観の相と観の時を（知り）、（3）挙と挙の相と挙の時を（知り）、（4）捨と捨の相と捨の時を（知る）。

（1）このうち、止とは何か。九種の心住である。[1] そして、その心はそこで無相となり、無分別、寂静、極寂静、寂住、純一となる。それ故、止といわれる。

このうち、止の相とは何か。所縁の相と因縁の相の二種である。このうち、所縁の相とは、止に属し認識される事物と同分である影像である。（これが）所縁の相である。所縁によって心を静める。このうち、因縁の相とは、心が止によって修習されたとき、後に止を清浄にするために

1）ŚBh III 24-25以下を参照。

(1...yo vipaśyanāprayoga...1) idaṁ nidānanimittam[2] /

tatra[3] śamathakālaḥ katamaḥ / āha / uddhate citta auddhatyābhiśaṅkini[4] śamathasya kālo bhāvanāyai / tathā vipaśyanāparibhāvite citte vitarkopahata[5] itikaraṇīyavyākṣepopahate (6...śamatha*sya* kālo...6) bhāvanāyai /

(2)tatra vipaśyanā *katamā*[7] / [8] caturākāratrimukhīṣaḍvastuprabhedālambanavyavacārā[9] /

tatra vipaśyanānimittaṁ *katamat*[10] / dvividham ālambananimitta*ṁ*[11] nidānanimittaṁ ca / tatrālambananimittam, vipaśyanāpakṣyaṁ[12] jñeyavastusabhāgaṁ pratibimbam ālambananimittam[13] / yenālambanena prajñāṁ vyavacārayati / tatra nidānanimittaṁ vipaśyanāparibhāvite cetasy uttaratra vipaśyanāpariśuddhaye cetaḥśamathaprayogaḥ[14] [15] /

tatra vipaśyanākālaḥ *katamaḥ*[16] / [17] śamathaparibhāvite cetasy ādita eva *vā*[18] jñeyavastuyathābhūtāvabodhāya vipaśyanāyāḥ kālo[19] bhāvanāyai /

(3)tatra pragrahaḥ katamaḥ / yānyatamānyatamena prasadanīyenālambanenodgṛhītena (20...cittasaṁharṣaṇā saṁdarśanā samādāpanā...20) /

tatra pragrahanimittaṁ *katamat*[21] / yena ca prasadanīyenālambanena [22] cittaṁ pragṛhṇāti / (23...yaś ca...23) vīryārambhas tadānulomikaḥ /

tatra pragrahakālaḥ *katamaḥ*[24] / (25...*līne citte*...25) līnatvābhiśaṅkini pragrahasya

---

1) *Tib.* sems kyi lhag mthon la sbyor ba gaṅ yin pa ste/. *Ch.* 修習瑜伽毘鉢舍那所有加行. *Ch. suggests* yogavipaśyanāprayoga. 2) *Ms.* nidānaṁ nimittaṁ. *Sh.* nidānaṁ (na)nimittaṁ.

3) *Ms., Sh. omit. Tib.* de la. *No equivalent in Ch.*

4) *Sh.* ūrdhvam vābhiśaṁkini. 5) *Sh. omits.*

6) *Ms., Sh.* śamathakālo. *Ch.* 是修止時. *However, Tib.* bsgom pa'i phyir źi gnas kyi dus yin no/.

7) *Ms., Sh. omit. Tib.* gaṅ źes na/. *Ch.* 云何. 8) *Tib. has* lhag mthoṅ ni.

9) *Sh.* caturākāra[ā]tri°. 10) *Ms., Sh. omit. Tib.* gaṅ źes na/. *Ch.* 云何.

11) *Ms.* ālambananimitta. *Sh.* ālambananimitta[ṁ].

12) *Ms.* vipaśyanānimittaṁ pakṣyaṁ. *Sh.* vipaśyanānimittaṁ [śamatha] pakṣyaṁ. *Tib.* lhag mthoṅ gi phyogs kyi. *Ch.* 毘鉢舍那品. 13) *Sh.* ālambanamimittaṁ.

14) *Ms.* cetaḥśamathaviprayogaḥ. *Sh.* cetaḥ śamathabimbayogaḥ. *Tib.* sems kyi źi gnas la sbyor ba gaṅ yin pa ste/. *Ch.* 修習内心奢摩他定所有加行. 15) *Tib. has* de ni źi'i mtshan ma yin no/.

16) *Ms., Sh. omit. Tib.* gaṅ źes na/. *Ch.* 云何. 17) *Ch. has* 謂心沈沒時. 或恐沈沒時. 是修觀時. 又...

18) *Ms., Sh.* cā. *Tib.* 'am/. 19) *W.* kalo.

20) *Tib.* sems yaṅ dag par gzeṅs stod (*P., N.* bstod) par byed pa daṅ/ yaṅ dag par dga' bar byed ba daṅ/ yaṅ dag par ston par byed pa daṅ/ yaṅ dag par 'dzin du 'jug pa. *Ch.* 顯示勸導慶慰其心.

21) *Ms., Sh. omit. Tib.* gaṅ źes na/. *Ch.* 云何.

22) *Ms., Sh. have* nimittena. *No equivalent in Tib. or Ch.* 23) *Sh.* yasya.

24) *Ms., Sh. omit. Tib.* gaṅ źes na/. *Ch.* 云何.

25) *Ms., Sh.* līnaṁ cittaṁ. *Tib.* sems byiṅ par bar gyur ba'i tshe. *Ch.* 心沈下時.

観を行じること、これが因縁の相である。

このうち、止の時とは何か。答える。心が高揚したとき、高揚の恐れのあるときは、止の修習のための時である。同様に、観によって修習された心が尋思によって害されたとき、所作事による散乱によって害されたときは、止の修習のための時である。

(2) このうち、観とは何か。三つの門と、六事によって区別される所縁とをもつ四種の観察である。[1)]

このうち、観の相とは何か。所縁の相と因縁の相の二種である。このうち、所縁の相とは、観に属し認識される事物と同分である影像である。（これが）所縁の相である。所縁によって智慧を観察する。このうち、因縁の相とは、心が観によって修習されたとき、後に観を清浄にするために心の止を行じることである。

このうち、観の時とは何か。心が止によって修習されたとき、あるいはまさに最初からが、認識される事物を如実に覚知するための観の修習のための時である。

(3) このうち、挙とは何か。いずれかの好ましい所縁が受け入れられたとき、それによって心を喜ばせること、現わすこと、導びくことである。

このうち、挙の相とは何か。それによって心を鼓舞する好ましい所縁と、それに随順する精進の発起とである。

このうち、挙の時とは何か。心が消沈したとき、消沈の恐れのあるときは、挙の

---

1) ŚBh III 28–29以下を参照。

kālo bhāvanāyai /

(4)tatropekṣā katamā / yālambane 'saṁkliṣṭacetasaś cittasamatā, śamathavipaśyanāpakṣye[1] praśaṭhasvarasavāhitā,[2] (3...karmaṇyacittasya ca karmaṇyatā, cittasyānupradānam anābhogakriyā*yāḥ*...3) /

tatropekṣānimittaṁ *katamat*[4] / yena cālambanena cittam adhyupekṣate / (5...yā ca tasminn...5) evālambane vīryodrekāpratikāryatā[6] /

tatropekṣākālaḥ *katamaḥ*[7] / (8...śamathavipaśyanāpa*kṣya*layauddhatyavinirmukte cetasy...8) upekṣāyāḥ kālo bhāvanāyai /

iyaṁ kālaprayogatā /

(III)-C-III-2-f Ms.104a4L, Sh.394-2, P.174a8, D.144b3, N.153b4, Co.149b4, Ch.456b14

tatra katamo*pa*lakṣa*ṇa*prayogatā[9] / tāny eva nimittāni sugṛhītāni bhavanti susaṁlakṣitāni, yeṣāṁ sūdgṛhītatvāt *susaṁlakṣitatvāt*[10] / (11...yadākāṅkṣate *tadā samāpadyate* / *yāvad ākāṅkṣate tāvat samāpannas tiṣṭhati* / *yadā vyutthānaṁ ākāṅkṣate*...11) tadā vyuttiṣṭhate samādhigocaraṁ pratibimbam utsṛjyāsamāhitabhūmi*ka*prākṛtālambanamanasikāreṇa[12] / iyam upalakṣa*ṇa*prayogatā[13] /

---

1) *Sh.*, *W.* °pakṣe.

2) *Ms.* prasaṭhasvarasaṁvāhitā. *Sh.* prasa(śa)ṭhasvarasaṁvāhitā. *W.* praśaṭhasvarasa-[MS: prasaṭhasvarasaṃ]vāhitā. *Tib.* rnal du bab pa daṅ/ raṅ gi ṅaṅ gis 'jug pa. *Ch.* 調柔正直任運轉性.

3) *Ms.*, *Sh.*, *W.* karmaṇyacittasya ca karmaṇyatā cittasyānupradānam anābhogakriyā. *Tib.* sems ñams bde ba daṅ/ sems las su ruṅ ba'i rjes su rtsol ba med pa'i bya bas gtod pa. *Ch.* 調柔心有堪能性. 令心隨與任運作用.

4) *Ms.*, *Sh. omit*. *Tib.* gaṅ źes na/. *Ch.* 云何.

5) *W.* yāvat asminn.

6) *Sh.* °kāyatā.

7) *Ms.*, *Sh. omit*. *Tib.* gaṅ źes na/. *Ch.* 云何.

8) *Ms.* śamathavipaśyanāpakṣālayauddhatya°. *Sh.* śamathavipaśyanāpakṣālayau(lau)ddhatya°. *W.* śamathavipaśyanāpakṣe [MS: śamathavipaśyanāpakṣā] layauddhatya°. *Tib.* źi gnas daṅ lhag mthoṅ gi phyogs la sems byiṅ ba daṅ/ rgod pa med pa'i tshe ste/. *Ch.* 於奢摩他毘鉢舍那品所有掉擧心已解脱.

9) *Ms.* katamā upekṣalakṣanā prayogatā. *Sh.* katamā upekṣā lakṣanā (upalakṣaṇa)prayogatā.

10) *Ms.*, *Sh. omit*. *Tib.* legs par brtags (*D.* brtag) pa'i phyir. *Ch.* 善取了巳.

11) *Ms.*, *Sh.* yadā ākāṅkṣate. *Tib.* gaṅ gi tshe 'dod pa de'i (*D.*, *Co.* pa de'i, *P.*, *N.* pa'i) tshe sñoms par 'jug pa daṅ/ ji (*P.*, *N.* de) sñed 'dod pa de sñed la sñoms par źugs śiṅ gnas pa daṅ/ gaṅ gi tshe ldaṅ par 'dod pa. *Ch.* 欲入定時即便能入. 欲住定時即便能住. 欲起定時. *Cf.* SaBh 1 172, 2: sudgṛhītatvād yāvad ākāṅkṣati tāvat samāpannas tiṣṭhati.

12) *Ms.* utsṛjyāsamāhitabhūmikāprākṛtālambanamanasikāreṇa. *Sh.* utsṛjya samāhitabhūmikāprākṛtālambanamanasikāreṇa. *Tib.* ... spaṅs te/ mñam par ma gźag pa'i sa pa'i raṅ bźin gyi dmigs pa yid la byed pa ste/. *Ch.* 或時棄捨諸三摩地所行影像作意思惟諸不定地所有本性所縁境界.

13) *Ms.* upalakṣanā prayogatā. *Sh.* upalakṣana(ā)prayogatā.

修習のための時である。

(4) このうち、捨とは何か。所縁において染汚のない心が心の平等をもつことと、止と観に属する（所縁）において平静で自然に転じることと[1]、順応なる心が順応することとで、心に無功用な作用を与えることである。

このうち、捨の相とは何か。それによって心を棄捨する所縁と、その同じ所縁において精進の過剰に向かう行為のないこととである。

このうち、捨の時とは何か。心が、止と観に属する消沈と高揚を離れたときが、捨の修習のための時である。

これが応時加行である。

(III)-C-III-2-f　解了加行

このうち、解了加行とは何か。まさにそれらの諸相がよく保持され、よく観察されるようになることで、それらがよく保持され、よく観察されることから、望むときに定に入り、望むだけ定に入り続け、出ようと望んだときには、三摩地の境界の影像を捨て去り、非定地の平常の所縁を作意することによって出る。これが解了加行である。

1) praśaṭhasvarasavāhitā の praśaṭha の意味が不明瞭である。チベット訳は rnal du bab pa、漢訳は調柔正直となっている。MVy. 2101では降諸相の訳語があげられている。山口 1966, 291 注4、*W.* p. 117. 29以下も参照。

(III)-C-III-2-g Ms.104a5L, Sh.394-8, P.174b2, D.144b5, N.153b6, Co.149b6, Ch.456b20

tatra katamāsaṁtuṣṭaprayogatā / asaṁtuṣṭo bhavati kuśalair[1)] dharmaiḥ, aprativāṇī[2)] ca prahāṇaiḥ[3)] / uttaraṁ praṇītataraṁ sthānam[4)] abhiprārthayamāna-rūpī[5)] bahulaṁ viharatīti (6...nālpamātrake*ṇā*varamātrake*ṇa* śamathamātrake*ṇā*-ntarā...6) viṣādam āpadyate, atyuttare karaṇīye / iyam asaṁtuṣṭaprayogatā /

(III)-C-III-2-h Ms.104a6L, Sh.394-14, P.174b4, D.144b6, N.154a1, Co.149b7, Ch.456b24

tatra katamāvidhuraprayogatā / śikṣāpadasamādānaṁ [7)] na khaṇḍīkaroti, na cchidrīkaroti / na ca śiśum udāravarṇaṁ rañjanīyaṁ mātṛgrāmaṁ dṛṣṭvā nimittagrāhī bhavaty anuvyañjanagrāhī / bhojane ca samakārī bhavati / jāgarikānu-yuktaś cālpārtho 'lpakṛtyo 'lpavyāsakaḥ / cirakṛtacirabhāṣitam anusmartā bhavaty anusmārayitā / ity evaṁbhāgīyā dharmā "avidhuraprayogate"ty ucya*nte*[8)] / anukūlā ete dharmāś cittaikāgratāyā avidhurāḥ[9)] / na ca cittakṣepāya saṁvartante / te na bahirdhāvyāsaṅgāya, nādhyātmacittākarmaṇyatāyai / iyam ucyate 'vidhura-prayogatā /

(III)-C-III-2-i Ms.104a7R, Sh.395-2, W.*118-23, Sa. 18-6, P.174b8, D.145a3, N.154a4, Co.150a4, Ch.456c3

tatra samyakprayogatā katamā / adhimucyādhimucyālambanasya vibhāvanayā[10)] "samyakprayoga" ity ucyate / saced aśubhāprayukto bhavaty aśubhāṁ[11)] [12)] cāśubhākārair manasikaroti nimittamātrānusāriṇyā vipaśyanayā, (13...tena sa[14)] manasikāras tadālambano...13) muhurmuhur vibhāvayitavyaḥ, muhurmuhuḥ saṁmukhīkartavyaḥ /

(III)-C-III-2-i-(1) Ms.104a8R, Sh.395-8, W.*118-30, Sa. 18-12, P.175a2, D.145a4, N.154a6, Co.150a5, Ch.456c7

vibhāvanā punaḥ pañcavidhā, (i)adhyātmacittābhisaṁkṣepataḥ,[15)] (ii)asmṛtya-manasikārataḥ, (iii)tadanyamanasikārataḥ, (iv)pratipakṣamanasikārataḥ, (v)ānimitta-dhātumanasikārataś ca /

---

1) *Sh.* kuśalai-kuśalair. 2) *Sh.* aprativā(bhā)ṇi(ṇī). 3) *Sh.* prahāsair. 4) *Tib.* gnas dag.

5) *Sh.* °prārthayamāna[o] rupī. 6) *Ms.* nālpamātrakenāvaramātrakena śamatha-mātrakenāntarā. *Sh.* nālpamātrakenā(ṇā)varamātrakenā(ṇā)ntarā.

7) *Ms., Sh. have* vā. 8) *Ms., Sh.* ucyate. 9) *Ms.* avidhurā. *Sh.* avidūrā.

10) *Tib.* rnam par bsgom pa ni. *Ch.* 數正除遣. 11) *Ch.* 於諸不淨.

12) *Ch. has* 數正除遣. 13) *Ch.* 而起作意. 於所縁境數數除遣數數現前.

14) *Sh., Sa. omits.* 15) *Sa.* adhyātma<ṃ> cittābhisaṃkṣepataḥ.

(III)-C-III-2-g　無厭足加行

このうち、無厭足加行とは何か。善法に飽きず、また、断を拒絶しない。たびたび、より高くより優れた段階を求める性向をもち続けるので、非常に高度なものがなされるべき場合にも、わずかで低級な止のみによって途中で退屈を生じることはない。これが、無厭足加行である。

(III)-C-III-2-h　不捨軛加行

このうち、不捨軛加行とは何か。学足の受持に不完全なことがなく、欠陥があることがない。端正で可愛い子供や女性を見て、相を取らず、随相も取らない。また、食べ物について適正にし、覚悟（の瑜伽）を修し、求めることが少なく、なすべきことが少なく、散漫なことが少ない。長い間伝えられたこと、長い間説かれたことを憶念しており、（人に）憶念させる。これに類することがらが「不捨軛加行」と云われる。これらのことがらは心一境性に随順する、（すなわち）繋がり（軛）を失わない。また、心の散乱に資することはない。それらは、（自己以）外には執着に（資することは）なく、自己には心の順応性の欠如に（資することは）ない。これが、不捨軛加行と云われる。

(III)-C-III-2-i　正加行

このうち、正加行とは何か。勝解しては勝解して、所縁を除去するので「正加行」と云われる。もし、不浄を行じる者で、相のみにしたがう観によって、不浄の様相ごとに不浄を作意するなら、彼によって、それを所縁とする作意が繰り返し除去されるべきであり、繰り返し現前させられるべきである。

(III)-C-III-2-i-(1)　五種除遣

さらに、除去は五種である。（i）内に心をまとめることによって、（ii）念じず作意しないことによって、（iii）それと別のものを作意することによって、（iv）対治を作意することによって、（v）無相界を作意することによって、である。

tatra (i)navākāracittasthityā vipaśyanāpūrvaṁgamayā adhyātmaṁ cittābhisaṁkṣepataḥ / (ii)sarvanimittavaimukhyena[1] ādito 'vikṣepāyopanibadhnato 'smṛtyamanasikārataḥ / (2...(iii)samāhitabhūmikād ālambanā*d* *ā*lambanāntaraṁ samāhitabhūmikam eva manasikurvatas...2) tadanyamanasikārataḥ / (iv)śubhatāpratipakṣeṇāśubhāṁ[3] yāvad vitarkapratipakṣeṇānāpānasmṛtim, rūpapratipakṣeṇākāśadhātu*ṁ*[4] manasikurvataḥ pratipakṣamanasikārataḥ / (v)sarvanimittānām amanasikārād animittasya[5] ca dhātor manasikārād āninimittadhātumanasikārataḥ / (6...api ca (7...vyā*py* *e*tad...7) ālambanam, vibhāvanālakṣaṇaṁ vyavasthāpitam...6) / asmiṁs tv arthe (i)'dhyātmaṁ cittābhisaṁkṣepataḥ,[8] (ii)asmṛtyamanasikārataś cābhipretā /

(III)-C-III-2-i-(1)-ii Ms.104b3L, Sh.396-1, Sa. 19-13, P.175a8, D.145b2, N.154b4, Co.150b3, Ch.456c19

(9...tatrādikarmike*ṇa* tatprathamaka*rmi*ke*ṇa*...9) ādita eva cittaṁ na ka*smiṁ*ścid[10] ālambana upanibandhitavyam aśubhāyāṁ vā (11...tada*nya*smin vā...11) (12...nānya*trā*vikṣepāyaiva[13] / "kaccin me cittaṁ nirnimittam,...12) nirvikalpaṁ śāntaṁ praśāntam avicalam avikampyam anutsukaṁ nirvyāpāram[14] adhyātmam abhiramata" iti [15] / tathāprayukta utpannotpanneṣu sarvabāhyanimitteṣv (16...asmṛtyamanasikāraṁ karoti...16) / (17...iyam asyāsmṛtyamanasikāreṇālambanavibhāvanā...17) /

---

1) *Sh.* sarvanimittavaipulyena.

2) *Ms., Sh.* samāhitabhūmikād ālambanālambanāntaraṁ... *Sa.* samāhitabhūmikād ālambanā<d ā>lambanāntaraṁ... *Tib.* mñam par bźag (*D., Co.* gźag) pa'i sa pa'i dmigs pa las mñam par bźag (*D., Co.* gźag) pa'i sa pa'i (*P., N.* sa pa'i, *D., Co.* sa'i) chos ñid kyi dmigs pa gźan dag yid la byed pa ni/. *Ch.* 由緣餘定地境思惟餘定地.

3) *Ms.* śubhāṁ(tā) *Sh.* śubhāṁtā(bhatāṁ)

4) *Ms.* °dhātu. *Sh.* °dhātu[ṁ]. *Sa.* °dhātu<ṃ>.

5) *Sh.* a[ā]nimittasya. *Sa.* ‹ā›nimittasya.

6) *Tib.* dmigs pa rnam par bsgom pa de dag khyab pa'i dmigs pa'i mtshan ñid du rnam par bźag (*D., Co.* gźag) pa yin mod kyi/. *Ch.* 雖遍安立一切所緣. 正除遣相總有五種.

7) *Ms., Sh., Sa.* vyāpya tad.

8) *Sh.* nimittābhi°.

9) *Ms.* tatrādikarmikena tatprathamakalpikena. *Sh.* tatrādikarmike(ṇa) tatprathamakalpiko (karmikeṇa). *Sa.* tatrādikarmikeṇa tatprathamaka*rmi*keṇa *Tib.* de la las daṅ po pa las thog ma pas ni. *Ch.* 初修業者始修業時.

10) *Ms.* kaścid. *Sh.* kañci(kvaci)d. *Sa.* kvacid. *Tib.* gaṅ la yaṅ.

11) *Ms., Sh.* tadasmin vā. *Sa.* tad<any>asmin. *Tib.* de las gźan pa'i. *Ch.* 或復餘處.

12) *Ch.* 唯作是念. 我心云何得無散亂無相...

13) *Ms., Sh.* nānyatra vikṣepāyaiva *Sa.* nānyatr‹ā›vikṣepāyaiva. *Tib.* rnam par g-yeṅ ba med par bya ba'i phyir/. *Ch.* 無散亂.

14) *Sh.* nirvyāpāpāram.

15) *Tib. has* rab tu brtson par bya ste/.

16) *Ch.* 無所思惟不念作意.

17) *Ch.* 即由如是不念作意除遣所緣.

そのうち、(i) 内に心をまとめることによってとは、観に続く九種の心住によって、である。(ii) 念じず作意しないことによってとは、初めからすべての相に背くことによって、散乱させないように、結びつけつつ、である。(iii) それと別のものを作意することによってとは、定地の所縁（を作意して）から、その定地の他の所縁を作意しつつ、である。(iv) 対治を作意することによってとは、不浄を清浄性の対治として、乃至、阿那波那念を尋思の対治として、虚空界を色の対治として作意しつつ、である。(v) 無相界を作意することによってとは、すべての相を作意しないで、また、無相の界を作意することによって、である。また、この所縁は遍満しているとしても、除去の種類は［五つに］区分された。しかし、ここでの意味としては、(i) 内に心をまとめることによって（除去すること）と、(ii) 念じず作意しないことによって（除去すること）とが意図されている。

(III)-C-III-2-i-(1)-ii　不念作意

このうち、入門者である初業者は、まさに初めから心を不浄、あるいはそれとは別のいかなる所縁にも、まさに散乱させないため以外には、結びつけるべきでない。「どうか、私の心が相を離れ、分別を離れ、寂静で、極寂静で、揺れることなく、動くことなく、切望することなく、作用を離れ、内に喜ぶように」と（考える）。このように行じる者は次々に生じるすべての外の相において念ずることがなく作意することがない。これが彼の念ずることがなく作意することがないことによる所縁の除去である。

(III)-C-III-2-i-(1)-i Ms.104b4M, Sh.396-10, Sa. 20-6, P.175b3, D.145b4, N.154b7, Co.150b6, Ch.456c25

sa tatra yogaṁ kurvan pratigṛhṇāti[1] / sanimitte[2] cālambane (3…savika*lpe* ’śubhādike…[3] carati / kathaṁ ca punaś carati / (4…nimittamātrānusāriṇyā vipaśyanayā paryeṣaṇāpratyavekṣaṇānucāriṇyā…[4] / na caikāṁśena vipaśyanāprayukto bhavati / punar eva vipaśyanānimittaṁ pratyudāvartya tad evālambanaṁ śamathākāreṇa manasikaroti / tena tad ālambanaṁ tasmin samaye *na*[5] muktaṁ bhavati, nodgṛhītam / yasmāt tadālambanaḥ śamatho vartate, tasmān na mukta*m*[6] / yasmān na nimittīkaroti na vikalpayati, tasmān nodgṛhītam / evam adhyātmam abhisaṁkṣepata ālambanaṁ vibhāvayati /

(III)-C-III-2-i-(2) Ms.104b6M, Sh.397-1, Sa. 21-2, W.*119-1, P.175b7, D.145b7, N.155a4, Co.151a2, Ch.457a4

(7…tatra vipaśyanānimittam *anudgṛhītavato ’vikṣepam ālambanam, śamathanimittam* udgṛhītavataḥ punar jñeyavastunimi*ttam* ālambanam…[7] / (8…saced ayam ekāṁśenālambanam adhimucyeta,[9] na punaḥ punar vibhāvayet,…[8] *nā*syādhimokṣa[10] [11] uttarottaraḥ pariśuddhaḥ paryavadātaḥ prava*rteta*[12] (13…yāvaj jñeyavastupratyakṣopagamāya…[13] / yataś ca (14…punaḥ punar…[14] adhimucyate, punaḥ punar vibhāvayati, tato ’syottarottaro ’dhimokṣaḥ [15] (16…pariśuddhataraḥ pa*ryavadātataraḥ*…[16] pravartate yāvaj jñeyavastupratyakṣopagamāya /

---

1) *Ms.* pratipratigṛhṇāti. *Sh.* pratigṛhṇāti. *Sa.* prītiṃ pratigṛhṇāti. *Tib.* dga’ ba skyed par byed ciṅ/. *Ch.* 攝受適悅. *Cf.* ŚBh II 208. 4: pratigṛhṇāti saṁharṣayati.

2) *Sh.* sa nirmimitte.

3) *Ms., Sh.* savikalpa-m-aśubhādike. *Sa.* savikalpe ’śubhādike.

4) *Tib.* mtshan ma’i rjes su ’jug pa daṅ/ yoṅs su tshol ba’i (*D., Co.* bar) rjes su ’jug pa daṅ/ so sor rtog pa’i rjes su ’jug pa’i lhag mthoṅ gis (*P., N.* gi) spyod par byed kyi (*D., Co.* de)/. *Ch.* 謂由隨相行. 隨尋思行. 隨伺察行. 毘鉢舍那. 行彼境界.

5) *Ms., Sh. omit. Tib.* ma btaṅ. *Ch.* 不捨. *See* Schmithausen 1982b, 69, *fn.* 51.

6) *Ms., Sh.* muktaḥ. *Sa.* muktaṃ.

7) *Ms., Sh.* tatra vipaśyanānimittam udgṛhītavataḥ / punar jñeyavastunimittālambanaṁ. *Sa.* tatra vipaśyanānimitta<m anudgṛhītavataḥ avikṣepālambanaṃ śamathanimitta>m<,> udgṛhītavataḥ ＊ punar jñeyavastunimittālambanaṁ. *Tib.* de la lhag mthoṅ gi mtshan ma ma bzuṅ ba daṅ ldan pa’i dmigs pa ni rnam par g-yeṅ ba med pa yin no/ źi gnas kyi mtshan ma (*D., Co.* ma ma) bzuṅ ba daṅ ldan pa’i dmigs pa ni śes bya’i dṅos pos (*D., Co.* po’i) mtshan ma yin no/. *Ch.* 又於其中不取觀相故於緣無亂. 取止行故. 而復緣於所知事相.

8) *Ch.* 若於所緣唯數勝解不數除遣.

9) *Sh.* adhimucyate.

10) *Ms.* nasyādhimokṣa. *Sh.* nāsyādhimokṣa. *Sa.* n<ā>syādhimokṣa. *W.* nā[MS: na]syādhimokṣa.

11) *Tib. has* ’di lta ste.

12) *Ms., Sh., W.* pravartate. *Sa.* pravarteta.

13) *Ch.* 不能往趣乃至現觀所知境事.

14) *No equivalent* in *Tib.*

15) *Tib. has* ’di lta ste.

16) *Ms., Sh., Sa., W.* pariśuddhataraḥ pariśuddhatamaḥ. *Tib.* ches yoṅs su dag pa daṅ/ ches yoṅs su byaṅ bar ’gyur ro/. *Ch.* 展轉明淨究竟. *Cf. l.* 15.

(III)-C-III-2-i-(1)-i　内攝其心

このうち、彼は瑜伽をなしつつ、（心を）鼓舞する。そして、相をともない、分別をともなう不浄などの所縁において行じる。さらに、どのように行じるのか。相のみにしたがう観によって、尋求と伺察をともなう（観）によって（行じる）。また、一方的に観を行じるのではない。まったく逆に、観の相から退いて、他ならぬその所縁を止の様相によって作意する。彼はその時にその所縁を離れず、取らない。それを所縁とする止が転じるので、離れない。（その所縁を）相とせず、分別しないので、取らない。このように、内に心をまとめて所縁を除去する。

(III)-C-III-2-i-(2)　除遣

このうち、観の相を取らない者の所縁は散乱しない。一方で、止の相を取る者の所縁は認識される事物を相とする。もし、彼が一方的に所縁を勝解して、繰り返し除去しないならば、認識される事物の現量に到達するほどの、順次に清浄で明瞭な勝解が彼に生じることはない。繰り返し勝解して、繰り返し除去するので、認識される事物の現量に到達するほどの、順次により清浄でより明瞭な勝解が彼に生じる。

tadyathā [(1…]citrakaraś citrakarāntevāsī[…1)] vā tatpratham*taś*[2)] citrakarmaṇi prayuktaḥ syāt / sa ācāryasyāntikāc chikṣāpūrvaṁgamaṁ rūpakaṁ ādāya dṛṣṭvā dṛṣṭvā pratirūpakaṁ karoti / kṛtvā kṛtvā [(3…]vibhāvayati vināśayati[…3)] / punar eva ca karoti / sa[4)] yathā yathā [(5…]bhaṅktvā bhaṅktvā[…5)] karoti, tathā tathāsyottarottaraṁ[6)] rūpakaṁ pariśuddhataraṁ paryavadātataraṁ khyāti / evaṁ hi samyakprayuktaḥ [(7…]kālāntareṇācāryasamatāṁ gacchati, tatprativiśiṣṭatāṁ[8)] vā[…7)] / sacet punar abhaṅktvā[9)] tad rūpakaṁ tasyaivopariṣṭāt[10)] paunaḥpunyena kuryāt, na [(11…]jātv asya[…11)] [(12…]tad rūpaka*ṁ* pariśuddhiṁ *paryavadātaṁ*[…12)] nigacchet / evam ihāpi nayo veditavyaḥ /

[(13…]tatra yāvad ālambanam adhimucyate, tāvad vibhāvayati / na tv avaśyaṁ[14)] yāvad vibhāvayati, tāvad adhimucyate[…13)] / parīttam adhimucyate, parīttam eva vibhāvayati / evaṁ yāvan [(15…]mahadgata*m* *a*pramāṇam[…15)] / parīttaṁ[16)] punar vibhāvayitvā[17)] kadācit parīttam evādhimucyate, [(18…]kadācin [(19…]mahadgatam *evā*pramāṇam / eva*ṁ*[…19)] mahadgate 'pramāṇe 'pi[20)] veditavyam[…18)] /

tatra rūpiṇāṁ dharmāṇāṁ yan nimittaṁ pratibimbaṁ pratibhāsam,[21)] tad audārikaṁ nirmāṇasadṛśam / arūpiṇāṁ vā punar dharmāṇāṁ

---

1) *Ms.* citrakara citrakarāntevāsī. *A second hand adds* kara citra *in the margin. Sh.* citrakaraś citrakarāntevāsī. *Sa.* citra[kara<ś> citra]karāntevāsī. *W.* citrakarāntevāsī. *Tib.* ri mo mkhan gyi slob ma źig. *Ch.* 世間畫師弟子. 2) *Ms., Sh., W.* tatprathamaś. *Sa.* tatprathama<ta>ś.

3) *Tib.* rnam par dpyod bar byed/ phyir 'byed par byed ciṅ. *Ch.* 尋即除毀. 既除毀已.

4) *Sh.* ya. 5) *Sh.* bhaṅktyā bhaṅktyā. 6) *Sh.* tathāsyottaraṁ.

7) *Ch.* 正學經歷多時. 世共推許爲大畫師或隨師數. 8) *W.* tatprativiṣiṣṭatāṃ.

9) *Sh.* abhaṁ(narbhaṁ?) ktyā. *Tib.* ma (*P., N.* la) phis par. *Ch.* 不數除.

10) *W.* tasyaivopariṣṭhāt. 11) *Ms.* jātvatvasya. *Sh.* janvandhasya. *Sa., W.* jātv asya.

12) *Ms., Sh.* tadrūpakapariśuddhiṁ. *Sa.* tad rūpaka<ṃ> pariśuddhiṃ. *W.* tadrūpaka(ṃ) pariśuddhiṃ. *Tib.* ri mo de nam du yaṅ yoṅs su byaṅ par mi 'gyur pa. *Ch.* 便於形相永無明淨究竟顯期. *Cf.* ŚBh III 86, *fn.* 16).

13) 若於此境起勝解已. 定於此境復正除遣. 非於此境正除遣已. 定於此境復起勝解.

14) *No equivalent in Tib. Ch.* 定.

15) *Ms., Sh.* mahadgatapramāṇaṁ. *Sa.* mahadgata<m a>pramāṇaṃ. *Tib.* chen por gyur pa daṅ tshad med pa la yaṅ. *Ch.* 廣大無量當知亦爾. 16) *No equivalent in Tib.*

17) *Sh.* vibhāvayitvā(bhāvya).

18) *Ch.* 或於廣大復起勝解. 或於無量復起勝解. 於其廣大及於無量當知亦爾.

19) *Ms.* mahadgatam eva / pramāṇaṃ eva. *Sh.* mahadgatam eva / pramāṇam evaṁ. *Sa.* mahadgatam ev⟨ā⟩pramāṇam eva <vā/ evaṃ>. *Tib.* lan 'ga' ni chen por gyur pa daṅ/ tshad med pa la mos par byed de/ ... de bźin du rig par byed do/. 20) *Sh. omits.*

21) *Ms., W.* pratibhāsaṁ. *Sh.* pratibhāsaṁ(saḥ), *Sa.* pratibhāsam. *It seems that* pratibhāsa *is used as neuter in* ŚBh. *See* ŚBh II 44, 6; 52, 19.

たとえば、画家もしくは画家の弟子が、その初めに絵を描くことについて修するとする。彼は師匠の近くで教えに導かれて画像を受け取り、何度も見ては写しの画像を描く。何度も描いては除去し、破棄する。そして、まさにふたたび描く。彼が何度も破っては描くほどに、順次により清浄でより明瞭な画像が現れる。実に、そのように、正しく修する者は、時が経つと師匠と同等に、あるいはそれより優秀になる。一方で、もし、その画像を破らず、その上に繰り返し描くなら、決して、彼のその画像は清浄にも明瞭にもならない。同様にここでも道理が理解されるべきである。

そこで、所縁を勝解するのと同量（の所縁）を除去する。しかし、必ずしも、除去するのと同量（の所縁）を勝解するのではない。わずかな（所縁）を勝解して、そのわずかな（所縁）を除去する。計り知れない大きなものに至るまで、同様である。一方で、わずかなものを除去してから、あるときには、そのわずかなものを勝解し、あるときには、まさに計り知れない大きなものを（勝解する）。同様に計り知れない大きなものについても知られるべきである。

そこで、色形をもつ現象の相・影像・顕現は、麁重で、化作と同等のものである。一方でまた、色形のない現象の

(1...nāmasaṁketapūrvakaṁ yathānu*bha*vādhipateyaṁ ca pratibhāsam...1) / iyam ucyate samyakprayogatā /

(III)-C-III-2' Ms.105a3L, Sh.398-6, P.176b2, D.146b1, N.155b6, Co.151b4, Ch.457a28

saiṣā navavidhā śuklapakṣyā śamathavipaśyanānulomā prayogatā veditavyā / e*tadvi*par*ya*yeṇa[2] navākāraiva[3] vilomatā[4] / sa eṣa (5...kṛṣṇaśuklapakṣavyavasthānenāṣṭādaśavidhaḥ prayogo...5) bhavati /

iyam ucyata ekāgratā /

---

1) *Ms.* nāmasaṁketapūrvakaṁ yathānubhāvādhipateyaṁ ca / pratibhāsam. *Sh.* nāmasaṁketapūrvakaṁ yathānubhāvādhipateyaṁ / pratibhāsam. *Sa., W.* nāmasaṃketapūrvakaṃ yathānubhavādhipateyaṃ ca / pratibhāsam. *Tib.* ji ltar ñams su myon ba daṅ/ snaṅ ba'i dbaṅ su byas pa'i miṅ daṅ brda sṅon du btaṅ ba tsam du zad de. *Ch.* 假名爲先. 如所領受增上力故影像顯現.

2) *Ms., Sh.* evaṁ paryāyeṇa. *Tib.* de las bzlog pa. *Ch.* 與是相違.

3) *Ch.* 九種加行.

4) *Ch.* 於奢摩他毘鉢舍那當知違逆.

5) *Sh.* °daśavidhaprayogo.

顕現は、名称・仮説にしたがい、領受したとおりのものを主因とする。

これが正加行と云われる。

(III)-C-III-2'　結九種加行

これらの九種の白品に属する止と観に随順した加行が知られるべきである。これとは逆に、まさに九種の異逆するものがある。これこそが、黒品と白品の区別を設定することによる、十八種の加行である。

これが心一境性と云われる。

(III)-C-IV-1 Ms.105a3R, Sh.398-11, W.120-18, P.176b4, D.146b3, N.155b7, Co.151b5, Ch.457b4

tatrāvaraṇaviśuddhiḥ katamā / āha / "caturbhiḥ kāraṇair evaṁ samyakprayukto yogy āvaraṇebhyaś[1] cittaṁ pariśodhayati, [2] (a)svabhāvaparijñānena [(3...] (b)nidā*naparijñā*nena‿ (c)ādīnavaparijñānena[...3)] [4] (d)pratipakṣabhāvanatayā[5] ca" /

(III)-C-IV-1-a Ms.105a4M, Sh.398-15, W.*120-27, P.176b5, D.146b4, N.156a1, Co.151b6, Ch.457b7

tatra katama āvaraṇasvabhāvaḥ[6] / āha / " [(7...]catvāry āvaraṇāni,[...7)] (1)paritasanā[8] (2)nivaraṇaṁ (3)vitarka (4)ātmasaṁpragrahaś ce"ti /

(1)tatra paritasanā[9] yā naiṣkramyaprāvivekyaprayuktasya kliṣṭā utkaṇṭhā, aratiḥ, spṛhaṇā, daurmanasyam, upāyāsaḥ / (2)tatra nivaraṇaṁ kāmacchandādīni pañca nivaraṇāni / (3)tatra vitarkaḥ kāmavitarkādayaḥ kliṣṭā vitarkāḥ / (4)tatrātmasaṁpragraho yad a*lpa*mātrake*ṇā*varamātrake*ṇa*[10] [(11...]jñānadarśana-sparśa*vihāra*mātrake*ṇā*tmāna*ṁ* saṁpragṛhṇāti,[...11)] "aham asmi lābhī, anye ca na tathe"ti / pūrvavad vistareṇa veditavyam /

[(12...]ayam āvaraṇasvabhāvaḥ[...12)] /

(III)-C-IV-1-b Ms.105a6L, Sh.399-10, P.177a1, D.146b7, N.156a5, Co.152a2, Ch.457b15

[(13...]tatra *nidānaṁ katamat* / (1)paritasanāyā*s tā*vat ṣaṇ nidānāni[...13)] / tadyathā (i)pūrvakarmādhipatyā, vyādhiparikleśād vāśrayadaurbalyam, (ii)atiprayogaḥ, (iii)ardhaprayogaḥ,[14] (iv)ādiprayogaḥ, (v)kleśapracuratā, (vi)vivekānabhyāsaś ca /

[(15...](2)(3)(4)nivaraṇasya vitarkāṇām ātmasaṁpragrahasya *nidānaṁ*[...15)]

---

1) *Sh.* āvaraṇe svañ. 2) *Ch. has* 何等爲四.

3) *Ms. Sh., W.* nidānenādīnava°. *Tib.* gźi yoṅs su śes pa ... *Ch.* 二遍知因縁故 ...

4) *Ms., W. has* ca. 5) *Sh.* °bhāvanayā. 6) *Ch.* 遍知諸障自性.

7) *Tib.* sgrib pa'i ṅo bo ñid ni rnam pa bźi ste/. *Ch.* 能遍知諸障有四種.

8) *Sh.* paritamanā. 9) *Sh.* paritamanā.

10) *Ms.* alamātrakenāvaramātrakena. *Sh.* aṇumātrekā(ṇā)varamātrekena(ṇa). *Tib.* cuṅ zad tsam daṅ/ ṅan ṅon tsam (*D.* cam) gyis. *Ch.* 少分下劣.

11) *Ms.* jñānadarśanasparśamātrakenātmāna saṁpragṛhṇāti. *Sh.* jñānadarśanasparśamātrakenā-(ṇā)tmānaṁ saṁpragṛhṇāti.. *Tib.* ye śes daṅ/ mthoṅ ba daṅ/ reg par gnas pa. *No equivalent for* ātmānaṁ saṁpragṛhṇāti *in Tib. Ch.* 於少分下劣智見安隱住中而自高擧. *Cf.* ŚBh I 252, 17ff.

12) *Ch.* 應知是名遍知諸障自性.

13) *Ms., Sh.* tatra paritasanā yāvat ṣaṇ nidānāni. *Tib.* de la yoṅs su gduṅ ba'i gźi ni rnam pa drug ste/. *Ch.* 云何遍知諸障因縁. 謂能遍知. 初怯弱障有六因縁.

14) *Tib.* ṅan pas brtson pa daṅ/. *Ch.* 三不修加行.

15) *Ms., Sh.* nivaraṇasya vitarkāṇām ātmasaṁpragrahasya. *Tib.* sgrib pa daṅ rnam par rtog pa daṅ/ bdag ñid rab tu 'dzin pa'i gźi ni. *Ch.* 遍知蓋覆尋思自擧障因縁者.

(III)-C-IV　障清浄　-1 由四因縁

このうち、障の清浄とは何か。答える。「四つの要因によって、このように正しく行じる瑜伽者は、諸障より心を清浄にする。（すなわち）（a）自性の遍知によって、（b）因の遍知によって、（c）過患の遍知によって、（d）対治の修習によって、である」

(III)-C-IV-1-a　障自性

このうち、障の自性とは何か。答える。「障は（1）怯弱と、（2）障礙と、（3）尋思と、（4）自身の矜持とであるという四つである」と。

（1）このうち、怯弱とは、出離・遠離[1]を行じる者に、汚れた渇望、不快、貪著、憂い、悩みのあることである。（2）このうち、障礙とは、欲貪などの五蓋[2]のことである。（3）このうち、尋思とは、欲尋思などの汚れた尋思のことである。（4）このうち、自身の矜持とは、わずかで低級な知見と安穏な生活のみによって、「私は獲得している。しかし、他の者たちはそうではない」と自身を矜持することである。詳細には前出のとおりに理解されるべきである。[3]

これが、障の自性である。

(III)-C-IV-1-b　障因縁

このうち、（障の）因とは何か。（1）まず、怯弱には、六つの因がある。すなわち、（i）以前の行為を主因とする、あるいは、病に苦しめられることによる身体の虚弱、（ii）過加行、（iii）半加行、（iv）初加行、（v）煩悩の多い状態、（vi）遠離を串習しないことである。

（2）（3）（4）障礙・尋思・自身の矜持の因は、

1）遠離についてはŚBh III 14–21を参照。

2）五蓋については ŚBh I 153, 7 以下に記述がある。

3）矜持についてはŚBh I 253, 3 以下に記述がある。

[(1…]nivaraṇasthānīye*ṣu* vitarkasthānīye*ṣv* ātmasaṁpragrahasthānīyeṣu[…1)] dharmeṣv ayoniśomanasikāro bahulīkāra*ḥ*[2] / *idaṁ*[3] nivaraṇavitark*ātma*saṁpragrahāṇāṁ[4] nidānam /

yad aśubhatām amanasikṛtya śubhatāṁ[5] manasikaroty ayam atrāyoniśaḥ[6] / evaṁ [(7…]maitrīm a*ma*nasikṛtya[…7)] pra*tighani*mittam,[8] [9] [(10…]ālokasaṁjñām[11] a*ma*nasikṛtyāndhakāranimittam,[…10)] [(12…]śamatham amanasikṛtya jñātijanapadāmaravitarkaṁ[13] paurāṇakrīḍitahasitaramitaparicāritam,[14)…12)] [15] i*da*ṁpratyayatāpratītyasamutpādam[16] amanasikṛtya[17] [(18…]traiyadhvikeṣu saṁskāreṣv[…18)] "aham" iti vā "mame"ti vā, ayogavihitāṁ saṁjñāṁ manasikaroty ayam atrāyoniśaḥ[19] /

(III)-C-IV-1-c Ms.105b2M, Sh.400-9, P.177a7, D.147a5, N.156b3, Co.152a7, Ch.457c2

[(20…]tatrādīnavaḥ katamaḥ[…20)] / [21] [(22…]asminn āvaraṇe sati saṁvidyamāne caturvidhe 'py[…22)] [(23…](1)anadhigataṁ nādhiga*cchati, adhiga*tāt parihīyate,[…23)] yogaprayogād bhraśyate / (2)saṁkliṣṭavihārī ca bhavati, duḥkhavihārī ca bhavati / (3)ātmā cainam[24] avavadati, parataś cāvavādaṁ labhate / (4)kāyasya ca bhedāt paraṁ maraṇād apāyeṣūpapadyate / ayam atrādīnavaḥ[25] /

---

1) *Ms.* nivaraṇasthānīye avitarkasthānīye (pudgale) svātmasaṁpragrahasthānīyeṣu. *Sh.* nivaraṇasthānīye, avitarkasthānīye, svātmasaṁpragrahasthānīyeṣu.

2) *Ms.* bahulīkāra. 3) *Ms., Sh. omit. Tib. has* de ni. *Ch. has* 是名.

4) *Ms., Sh.* nivaraṇavitarkasaṁpragrahāṇāṁ. *Tib.* sgrib pa daṅ rnam par rtog pa daṅ/ bdag ñid rab tu 'dzin pa'i. *Ch.* 蓋覆尋思自舉障之. 5) *Ch.* 淨相. 6) *Ch.* 此中非理作意.

7) *Ms.* maitrīmanasikṛtya. *Sh.* maitrīṁ[ṁ] manasikṛtya. *Tib.* byams pa yid la ma byas pas. *Ch.* 若不作意思惟慈愍.

8) *Ms.* prahāyanaimittam. *Sh.* prahāya naimitta(tti)[kī]m. *Tib.* khoṅ khro ba'i mtshan ma. *Ch.* 於瞋相作意思惟. *Cf.* ŚBh I 152, 11.

9) *Ch. has* 是名此中非理作意.

10) *Ms.* ālokasaṁjñāmanasikṛtyā°. *Sh.* ālokasaṁjñā[ṁ] manasikṛtyā°. *Tib.* snaṅ ba'i 'du śes pa yid la ma byas pas mun pa'i mtshan ma daṅ/. *Ch.* 若不作意思惟明相. 而於闇相作意思惟. 是名此中非理作意. 11) *Ch.* 明相.

12) *Ch.* 若不作意思惟奢摩他相. 而於親屬國土不死昔所. 曾更歡娛戲笑承奉等事諸惡尋思作意思惟.

13) *Sh.* jñātija[ā]napadāmaravitarkaṁ. 14) *Sh.* °rasitaparicāritaṁ

15) *Tib. has* yid la byed pa. *Ch. has* 作意思惟. 是名此中非理作意.

16) *Ms.* iyaṁpratyayatā°. *Sh.* iyaṁ(daṁ) pratyayatā°.

17) *Tib.* dbaṅ du byas nas. *Ch.* 不作意思惟. 18) *Sh.* traiyaghvikeṣv.

19) *Sh.* atrāyoniśasta(śaḥ). *Ch.* 此中非理作意. 20) *Ch.* 云何遍知諸障過患. 21) *Ch. has* 謂遍了知.

22) *Tib.* sgrib pa rnam pa bźi po de dag ñid yod ciṅ/ med pa ma yin na/. *Ch.* 此障有故於其四種.

23) *Ms., Sh.* anadhigataṁ nādhigatāt parihīyate. *Tib.* ma rtogs pa mi rtogs pa daṅ/ rtogs pa las ñams pa daṅ/. *Ch.* 未證不證已證退失.

24) *Sh.* caitaṁ. 25) *Ch.* 遍知諸障過患.

障礙に順じ、尋思に順じ、自身の矜持に順じる諸法について、非如理に作意すること、多修習することである。これが、障礙・尋思・自身の矜持の因である。

不浄性を作意せずに、清浄性を作意することが、これ（障）について非如理に（作意することである）。同様に、慈愍を作意せずに、瞋恚相を（作意すること）、光明想を作意せずに、闇の相を（作意すること）、止を作意せずに、親族・国土・不死の尋思と昔たわむれたり笑ったり喜んだり侍らせたりしたこととを（作意すること）、縁性縁起を作意せずに、三世に属する諸行において「私」あるいは「私のもの」という不適切になされた想を作意することが、これ（障）について非如理に（作意することである）。

(III)-C-IV-1-c　障過患

このうち、過患とは何か。この障があるとき、四種（の過患）もあり、（1）未証得のものを証得することなく、証得したものを失い、瑜伽の加行より逸脱する。（2）また、染汚に住し、苦に住するものとなる。（3）また、自身で人を毀り、他人より毀りを受ける。（4）また、身体が壊れ、死した後に悪趣に生まれる。これが、これ（障）における過患である。

(III)-C-IV-1-d Ms.105b3L, Sh.400-15, P.177b2, D.147a6, N.156b5, Co.152b2, Ch.457c6

(1...tatra pratipakṣaḥ katamaḥ...1) / tatra (1)paritasanāyā*ḥ*[2] samāsato[3] 'nusmṛtayaḥ pratipakṣaḥ / (4...anusmṛtimanasikāreṇāyaṁ cittaṁ...4) saṁharṣayitvā‿[5] utpannāṁ paritasanāṁ[6] (7...prativinodayaty *anu*tpannāṁ...7) ca notpādayati [8] / tatra (i)yac ca kāyadaurbalyam, (ii)yaś cā*ti*prayogaḥ,[9] (iv)yaś cādiprayogaḥ, tatra vīryasamatā-prati*ve*dhaḥ[10] pratipa*kṣa*ḥ[11] / (iii)yo 'rdhaprayogaḥ,[12] tatra (13...śuśrūṣā paripṛcchā...13) pratipakṣaḥ / (v)yā kleśapracuratā, tasyā yathāyogam aśubhādyālambanaprayogaḥ pratipakṣaḥ / (vi)yo 'nabhyāsaḥ,[14] tasyaivaṁvidhaṁ pratisaṁkhyānaṁ pratipakṣaḥ / "pūrvaṁ me[15] vivekābhyāso[16] na kṛto, yena me‿ etarhi vivekaprayuktasya paritasanotpadyate[17] / saced etarhi na kariṣyāmy abhyāsa*m,*[18] evam āyatipunarbhava[19] evaṁrūpo bhaviṣyati / pratisaṁkhyāya [20] mayāratis tyaktavyā / ratiḥ karaṇīye"ti [21] / (2)(3)(4)avaśiṣṭānāṁ[22] nivaraṇādīnām ayoniśomanasikāraviparyaryeṇa yoniśomanasikārabhāvanā pratipakṣo veditavyaḥ /

(III)-C-IV-1' Ms.105b5R, Sh.401-10, P.177b7, D.147b4, N.157a3, Co.152b7, Ch.457c19

tatra (a)svabhāvaṁ[23] parijñāya, "āvaraṇataḥ saṁkleśataḥ [24] kṛṣṇapakṣataḥ[25] parivarjanīyam etad" iti / (26...(b)"nidānaparivarjanāc ca punar asya parivarjane"ti, nidānaṁ paryeṣate...26) / (27...(c)"aparivarjanāc ca punar asya parivarjanīyasya ko doṣa"...27) ity ata ādīnavaṁ[28] paryeṣate/ (d)"parivarjitasya[29] cāyatyāṁ katham

---

1) *Tib.* de la gñen po bsgom pa gaṅ źe na. *Ch.* 云何名爲修習對治.

2) *Ms.* paritasanāyā. *Sh.* paritamanā yā. *Tib.* yoṅs su gduṅ ba'i. *Ch.* 諸怯弱.

3) *No equivalent in Tib.*

4) *Tib.* rjes su dran pa yid la byed pas de'i sems.

5) *Sh.* saṁhaṣayitvā(saṁharṣya).

6) *Sh.* paritamanāṁ.

7) *Ms.* prativinodayaty utpannānāṁ. *Sh.* prativinodayaty u(ty anu)tpannāṁ. *Tib.* sel (*P.* sol, *Co. illegible*) bar byed la/ ma skyes pa ni. *Ch.* 已生除遣. 未生不生.

8) *Tib. has* phyir ro.

9) *Ms.*, *Sh.* cāpratiyogo. *Tib.* ha caṅ brtson pa ... daṅ. *Ch.* 太過加行.

10) *Ms.* °pratiṣedhaḥ. *Sh.* °pratiṣe(ve)dhaḥ. *Tib.* brtson 'grus ran par rtsom pa. *Ch.* 用於精進平等通達.

11) *Ms.*, *Sh.* pratipannaḥ. *Tib.* gñen po ni. *Ch.* 對治.

12) *Tib.* ṅan pas brtson pa. *Ch.* 不修加行.

13) *Tib.* gus par yoṅs su 'dri ba. *Ch.* 用恭敬聽聞勤加請問.

14) *Tib.* dben pa la ma goms pa.

15) *Sh.* me (mayā). *Tib.* bdag gyis.

16) *Tib.* goms par. *Ch.* 於遠離不串習.

17) *Sh.* paritamanā utpadyate.

18) *Ms.* abhyāsaḥ. *Sh.* abhyāsaḥ(saṁ). *Tib.* dben pa la goms par. *Ch.* 習遠離.

19) *Sh.* āyati[ḥ] punarbhava.

20) *Ch. has* 於其遠離.

21) *Tib. has* rnam pa de ltar so sor rtog pa yin no.

22) *Sh.* evamiṣṭānāṁ.

23) *Ch.* 諸障自性.

24) *Sh. has* tāvac chamathabāhulyaṁ [/] sā khalv eṣā vipaśyanā jñeyā.

25) *Ch. has* 是黒品攝.

26) *Ch.* 能遍了知如是諸障遠離因緣. 方可遠離故. 應尋求諸障因緣.

27) *Ch.* 能遍了知於應遠離. 不遠離者有何過患.

28) *Ch.* 諸障過患.

(III)-C-IV-1-d　修習對治

このうち、対治とは何か。このうち、（1）略説すると、怯弱の対治は、随念である。随念を作意することによって彼は心を喜ばせ、既に生じた怯弱を除き、生じていない（怯弱を）生じさせない。このうち、（i）身体の虚弱と、（ii）過加行と、（iv）初加行とに対する対治は、精勤を均等にすることによる通達である。（iii）半加行に対する対治は、聴聞したいと思うこと、請問することである。（v）煩悩の多い状態の対治は、適切に不浄等の所縁を行じることである。（vi）串習しないことの対治は、以下のように熟考することである。「以前に私は遠離を串習をしなかった。それ故に、今、遠離を行じる私に怯弱が生じる。もし、今、私が串習をしないなら、同様に、将来の再生においてもそのようなことになるであろう。私は熟考して、不快を取り除くべきであり、快をなすべきである」と。（2）（3）（4）残りの障礙等の対治は、非如理作意と逆に、如理作意の修習であると知られるべきである。

(III)-C-IV-1'　結四因縁

このうち、（a）自性を遍知して、「これ（障）は障として、煩悩として、黒品として、放棄されるべきである」と（考える）。そして、（b）「さらに、因を放棄することから、これの放棄がある」と、因を尋求する。そして、（c）「さらに、放棄しないことから、放棄されるべきこれにいかなる過失があるのか」ということから、過患を尋求する。そして、（d）「放棄されたものがどのようにして将来

anutpādo bhavatī"ty [(1...]ataḥ pratipakṣaṁ bhāvayati[...1)] / evam[2)] anenāvaraṇebhyaś cittaṁ pariśodhitaṁ bhavati /

(III)-C-IV-2 Ms.105b6R, Sh.402-7, Sa. 23-3, P.178a2, D.147b6, N.157a5, Co.153a2, Ch.457c27

[3)] tatra yāvad deśanābāhulyaṁ vipaśyanānulomikaṁ[4)] tāvad vipaśyanābāhulyam / yāvad vipaśyanābāhulyaṁ [(5...]tāvac chamathabāhulyam / sā khalv eṣā vipaśyanā jñeyā*nantyād*[6)...5)] [(7...]anantā veditavyā,[...7)] yaduta [(8...]ebhir eva tribhir mukhaiḥ ṣaṇṇāṁ vastūnām ekaikasyānantākāra*prabheda*praveśanayena[...8)] /

yathā ca yathā vipaśyanā samyakprayuktasya pṛthuvṛddhivaipulyatāṁ[9)] gacchaty abhyāsapāriśuddhibalam adhipatiṁ kṛtvā, tathā tathā śamathapakṣasyāpi kāyacittapraśrabdhijana*ka*sya[10)] pṛthuvṛddhivaipulyatā[11)] veditavyā / tasya yathā yathā kāyaḥ praśrabhyate cittaṁ ca, [(12...]tathā tathālamba*ne* cittaikāgratā vivardhate / yathā *yathā* cittaikāgratā vivardhate tathā tathā kāyaḥ praśrabhyate cittaṁ ca[...12)] / [(13...]ity etau dvau dharmāv anyonyani*śri*tāv anyonyapratiba*ddhau* yaduta cittaikāgratā *praśrabdhiś ca / etayor dharmayor iyaṁ niṣṭhā yaduta praśrabdheś cittaikāgratāyāś ca yadutāśrayaparivṛttiḥ / tatparivṛtteś ca jñeye vastuni* pratyakṣajñānotpattiḥ[...13)]/

---

29) *Tib.* yoṅs su spaṅs pa de la. *Ch.* 既遠離已更復尋思如是諸障.

1) *Ch.* 故應尋求修習對治. 2) *Ch.* 由是因縁.

3) *Ms., Sh. have* sa. *Sa.* [sa]. *Tib.* de (*P., N. omit*). *Ch. has* 當如 (v. l. 知).

4) *Ch.* 隨順. 5) *Sh. omits* tāvac chamathabāhulyam / sā khalv eṣā vipaśyanā jñeyā

6) *Ms.* jñeyānānyād. *Sh.* nānyād. *Sa.* jñeyānantyād. *Tib.* śes bya mtha' yas pa'i phyir (*P., N. omit* yas pa'i phyir). *Ch.* 由所知境無邊際故. 7) *Ch.* 當知其量亦無邊際.

8) *Ms.* ... ekaikasyānantākārapraveśanayena. *Sh.* ... ekaikaśyā(syā a)nantākārapraveśanayena. *Sa.* ... ekaikasyānantākāra<prabheda>praveśanayena. *Tib.* sgo gsum daṅ/ gźi rab tu dbye ba drug po de dag re re'i rnam pa daṅ/ rab tu dbye ba dag la 'jug pa'i tshul gyis so/. *Ch.* 由三門及六種事一一無邊品類差別悟入道理. 9) *Sh.* °vaipulyatāṁ(vipulatāṁ).

10) *Ms.* °prasrabdhijanakā(ya)sya. *Sh., Sa.* °praśrabdhijanakasya. 11) *Sh.* °vaipulyatā(vipulatā).

12) *Ms.* tathā tathālambanacittaikāgratāyāś ca yadutāśraya vivarddhayate / yathā cittaikāgratā vivardhate / tathā tathā kāyaḥ prasrabhyate · cittaṁ ca. *Sh.* tathā tathālambanacittaikāgratāyāś ca yadutāśraya[ṁ] vivarddhayate / yathā cittaikāgratā vivardhate / tathā tathā kāyaḥ praśrabhyate, cittaṁ ca. *Sa.* tathā tathālamban<e> cittaikāgratā vivarddha[ya]te / yathā yathā cittaikāgratā vivardhate<,> tathā tathā kāyaḥ praśrabhyate cittaṁ ca</> *Tib.* de lta de ltar dmigs pa la sems rtse gcig pa yid rnam par 'phel bar 'gyur la/ ji lta ji ltar sems rtse gcig pa ñid rnam par 'phel ba de lta de ltar lus daṅ sems śin tu sbyaṅs pa yaṅ rnam par 'phel bar 'gyur te/. *Ch.* 如是如是於其所縁心一境性轉得增長. 如如於縁心一境性轉復增長. 如是如是轉復獲得身心輕安. yāś ca yadutāśraya *should be a part of the following sentences. See the next footnote and Sa.* p. 23, *footnotes* 136 *and* 139.

13) *Ms.* ity etau dvau dharmāv anyonyanirvṛtāv anyonyapratibaddho yaduta cittaikāgratā · pratyakṣajñānotpattiḥ / *Sh.* ity etau dvau dharmāv anyonyaṁ nirvṛtāv anyonyaṁ pratibaddho [au] yaduta cittaikāgratā, pratyakṣajñānotpattiḥ / *Sa.* ity etau dvau dharmāv anyonyanirśritāv anyonyapratibaddhau yaduta cittaikāgratā pra<śrabdhiś ca/ iyaṁ (?) tu niṣṭhā (?) etayor

不生となるか」ということから、対治を修習する。このように、彼によって諸障より心が清浄にされる。

(III)-C-IV-2　増長廣大

ここで、観に随順する教説の多さの分だけ観の多さがある。観の多さの分だけ止の多さがある。実に、この観は、認識される（対象）が無限であるので、無限であると知られるべきである。すなわち、ほかならぬ三つの門の故に、六事の一々の無限のありかたの区別に悟入する方法の故にである。[1)]

また、串習と清浄の力を主因として、正しく行じた者の観が大きく多く広くなるにつれて、ますます、身心の軽安を生じる止に属するものも大きく多く広くなると知られるべきである。彼の身と心とが軽安になるにつれて、ますます、所縁において心一境性が増す。心一境性が増すにつれて、ますます、身と心とが軽安になる。このように、これら二つの法は、すなわち心一境性と軽安とは、相互に依存し、相互に結びついている。これら二つの法には、すなわち軽安と心一境性とには、この完成、すなわち転依がある。そして、それらの転（依）の故に、認識される事物における現量知が生じる。

1）三門と六事によって区別される所縁についてはŚBh III29-31を参照。

(III)-C-IV-3 Ms.106a1R, Sh.402-21, P.178a7, D.148a4, N.157b3, Co.153a7, Ch.458a11

tatra [1] “kiyatā‿aśubhā pratila*bdhā*[2] bhavati / kiyatā yāvad ānāpānasmṛtiḥ pratilabdhā bhavatī”ti peyālam[3] / “ataś cāsya yogino ’śubhāprayogasyāsevanānvayād bhāvanānvayād bahulīkārānvayāc carato vā viharato vā viṣayasaṁmukhībhāve ’pi nimittapratyavekṣaṇayāpi prakṛtyaivānabhisaṁskāreṇa bahutarāśubhatāsaṁprakhyānam [4] / yathāpi tat subhāvitatvād aśubhāyāḥ [(5…]kāmarāga*paryava*sthānīyeṣu dharmeṣu[…5)] cittaṁ *na*[6] praskandati, na prasīdati, nādhimucyate / upekṣā saṁtiṣṭhate nirvitpratikūlatā[7] / veditavyaṁ[8] yogin‘ānuprā*ptā*[9] me ’śubhā, prāptaṁ me bhāvanāphalam’/ iyatāśubhā pratilabdhā bhavati / viparyaye*ṇā*pratilabdhā[10] veditavyā” /

yathāśubhā evaṁ maitrī, idaṁpratyayatāpratītyasamutpādaḥ, dhātuprabhedaḥ, ānāpānasmṛtiś ca veditavyā / tatrāyaṁ viśeṣaḥ / “bahutaraṁ maitracittatā khyāti, na pratighanimittam[11] / [(12…]vyāpāda*paryava*sthānīyeṣu dharmeṣu[…12)] cittaṁ na praskandatī”ti vistaraḥ / “bahutaram anityatāduḥkhatānairātmyaṁ[13] khyāti, [(14…]na nityasukhasatkāyadṛṣṭisahagataṁ[15] saṁmohanimittam[…14)] / [(16…]mohaparyavasthānīyeṣu dharmeṣu[…16)] [(17…]cittaṁ na[…17)] praskandatī”ti vistaraḥ /

---

dharmayor yaduta praśrabdheś cittaikāgratā>yāś ca<,> yadutāśrayapa<rivṛttiḥ/ tatparivṛttau jñeye vastuni pra>tyakṣajñānotpattiḥ/. *Tib.* chos gñis po ’di lta ste/ sems rtse gcig pa ñid daṅ/ śin tu sbyaṅs ba de dag ni gcig la gcig brten pa daṅ/ gcig la gcig rag las pa yin no/ ’di lta ste/ sems rtse gcig pa ñid daṅ/ śin tu sbyaṅs pa’i chos de gñis kyi mtha’ ni ’di yin te/ ’di lta ste (*P., N. omit* ’di lta ste) gnas yoṅs su gyur pa yin no/ de yoṅs su gyur pa na śes bya’i dṅos po la mṅon sum gyi śes pa skye’o/. *Ch.* 心一境性身心輕安.如是二法展轉相依展轉相屬.身心輕安心一境性.如是二法若得轉依方乃究竟.得轉依故於所知事現量智生. *See the previous footnote. Cf.* ŚBh II 48, 6-8: āśrayaparivṛtteś ca pratibimbam atikramya tasminn eva jñeye vastuni nirvikalpaṁ pratyakṣaṁ jñānadarśanam utpadyate.

1) *Ch. has* 問.

2) *Ms.* pratilabdho. *Sh.* pratilabdho(dhā).

3) *Tib.* de la ji tsam gyis na mi sdug pa thob pa daṅ/ de bzhin du sbyar te/ ji tsam gyis na dbugs ’byuṅ ba daṅ/... *Ch.* 答以要言之.

4) *Ch. has* 非諸淨相.

5) *Ms., Sh.* kāmarāgasthānīyeṣu dharmeṣu. *Tib.* ’dod pa’i ’dod chags daṅ mthun pa’i chos rnams la. *Ch.* 於能隨順貪欲纏處法.

6) *Ms. omits. Sh.* na. *Tib.* sems ’jug par mi ’gyur. *Ch.* 心不趣入.

7) *Ch.* 深生厭逆.

8) *Sh.* veditavyaṁ(yā).

9) *Ms.* °ānuprāpto. *Sh.* °ānuprāpto(ptaṁ).

10) *Ms.* viparyayeṇa pratilabdhā. *Sh.* viparyayeṇa [a]pratilabdhā. *Tib.* de las bzlog pa ni ma thob pa yin par rig par bya’o/. *Ch.* 與此相違當知名爲未得究竟.

11) *Tib.* khoṅ khro ba’i sems.

12) *Ms., Sh.* vyāpādasthānīyeṣu dharmeṣu. *Tib.* gnod sems daṅ mthun (*D., Co.* ldan) pa’i chos rnams la. *Ch.* 於能隨順瞋恚纏處法.

13) *Sh.* anityatā, duḥkhatā, nairātmyaṁ. *Tib.* mi rtag pa daṅ/ sdug bsṅal ba daṅ/ bdag med par. *Ch.* 無常苦空無我行相.

14) *Tib.* rtag pa daṅ/ bde ba daṅ/ ’jig tshogs la lta ba daṅ ldaṅ pa med pa daṅ/ kun tu (*D., Co.* du) rmoṅs par ’gyur ba’i mtshan ma daṅ/.

15) *Sh.* °sattvāya dṛṣṭi°.

16) *Tib.* kun tu rmoṅs par ’gyur ba daṅ mthun pa’i chos rnams la. *Ch.* 於能隨順愚癡纏處法.

(III)-C-IV-3　究竟獲得

ここで、「どれ程のことによって、不浄が獲得されたものとなるのか。乃至、どれ程のことによって、阿那波那念が獲得されたものとなるのか」と略して（問う）。「そして、これ故に、不浄の加行を専修し、修習し、熱心に行じることから、対境が現前している状態にある場合でも、相を観察することによっていても、動いているあるいはとどまっているこの瑜伽者に、まさに自然に、作為していなくても、たいへん多く不浄性の顕現がある。すなわち、不浄をよく修習することから、欲貪に纏縛される諸法に心が入り込まず、浄信せず、信解しない。捨が持続し、厭による異逆が（持続する）。瑜伽者は『私は不浄を得た。私は修果を得た』（と）知るべきである。これ程のことによって、不浄が獲得されたものとなる。逆であることによって、獲得されていないと知られるべきである」（と。）

不浄と同様に、慈愍と、縁性縁起と、界差別と、阿那波那念も知られるべきである。これについて、この相違がある。「たいへん多く慈心が顕現するが、瞋恚相は（顕現し）ない。瞋に纏縛される諸法に心が入り込まない」（云々）と詳説は（前のとおりである）。「たいへん多く、無常・苦・無我が顕現するが、常・楽・有身見を伴う迷妄の相は（顕現し）ない。愚癡に纏縛される諸法に心が入り込まない」（云々）と詳説は（前のとおりである）。

"bahutaraṁ nānādhātukatā*ne*kadhātukatākāyapi*ṇḍa*prabhedasaṁjñā[1)] khyāti, na tv eva pi*ṇḍa*saṁjñā[2)] / mānaparyavasthānīyeṣu dharmeṣu cittaṁ na praskandatī"ti vistaraḥ / "bahutarā adhyātmam upaśamasaṁjñā śamathasaṁjñā khyāti, na tv eva prapañcasaṁjñā / vitarkaparyavasthānīyeṣu dharmeṣu cittaṁ na praskandatī"ti vistaraḥ /

(III)-C-IV-4 Ms.106a6L, Sh.404-4, Sa.24-4, W.*120-34, P.179a2, D.148b4, N.158a5, Co.153b7, Ch.458b4

tatra *ki*yatā[3)] "śamathaś ca vipaśyanā cobhe mi*śrī*bhūte[4)] samayugam va*rte*te[5)] yena yuganaddhavāhī mārga" ity ucyate / āha / yo lābhī bhavati (6...navākārāyāṁ cittasthitau navamasyākārasya yaduta samāhitatāyāḥ,...6) sa [7)] taṁ pariniṣpannaṁ samādhiṁ niśritya adhiprajñaṁ dharmavipaśyanāyāṁ prayujyate / tasya tasmin samaye dharmān vipaśyataḥ svarasavāhana eva mārgo bhavaty anābhogavāhanaḥ / anabhisaṁskāreṇa vipaśyanā pariśuddhā paryavadātā (8...śamathānugatā kalyatāparigṛhītā...8) pravartate, (9...yathaiva śamathamā*rgaḥ* / tenocyate...9) "śamathaś cāsya vipaśyanā cobhe miśrībhūte[10)] samayugam va*rte*te[11)] / śamathavipaśyanāyuganaddhavāhī ca mārgo bhavatī"ti //

---

17) *Sh.* cittaṁ (na). *Regarding* na, *Sh. says, in his footnote,* "This may be deleted."

1) *Ms.* nānādhātukatādekadhātukatākāyapittaprabhedasaṁjñā. *Sh.* nānādhātukatā [ta]dekadhātukatā kāyapi(ci)ttaprabhedasaṁjñā. *Tib.* khams sna tshogs pa daṅ/ khams du ma pa'i lus la ril por rab tu 'byed pa'i 'du śes. *Ch.* 種種界性非一界性身聚差別相想.

2) *Ms.* pittasaṁjñā. *Sh.* pi(ci)ttasaṁjñā. *Tib.* ril po'i 'du śes ñid. *Ch.* 身聚想.

3) *Ms.* niyatā. *Sh.* niyatā(taṁ). *Sa.* kiyatā. *W.* kiyatā [MS: niyatā]. *Tib.* ji tsam gyis na. *Ch.* 問齊何當言.

4) *Ms., Sh.* mitrībhūte. *Sa.* miśrībhūte. *W.* miśrībhūte [MS: mitrībhūte]. *Tib.* 'dres par gyur ciṅ. *Ch.* 和合.

5) *Ms.* varttate. *Sh., Sa.* varttete. *W.* vartate.

6) *Tib.* sems gnas pa rnam pa dgu po dag la 'di lta ste/ mñam par gźag pa'i rnam dgu po.

7) *Ms., Sh., Sa. have* ca.

8) *Ms.* śamathānuyogatā kalyatāparigṛhītā. *Sh.* śamathānuyog(at)ā kalpa(lpi)tā parigṛhītā. *Sa.* śamathānu[yo]gatā kalyatāparigṛhītā. *We corrected the reading of* ŚBh III-(3), 26, 10, *following Sa. and* Schmithausen 2014, 382, *fn.* 1699.

9) *Ms.* yathaiva śamatham āsate / nocyate. *Sh.* yathaiva śamatham āsate [te] nocyate. *Sa.* yathaiva śamathamārge</> tenocyate. *Tib.* źi gnas kyi lam ji lta ba bźin du ... de'i phyir. *Ch.* 如奢摩他道攝受而轉. 齊此名爲.

10) *Sh.* mitrībhūte.

11) *Ms.* varttate. *Sh., Sa.* varttete.

「たいへん多く、多様な界性・多種の界性である身体の集合の差別の想が顕現するが、集合の想は（顕現し）ない。慢に纏縛される諸法に心が入り込まない」（云々）と詳説は（前のとおりである）。「たいへん多く、内に寂静の想、止の想が顕現するが、戯論の想は（顕現し）ない。尋思に纏縛される諸法に心が入り込まない」（云々）と詳説は（前のとおりである）。

(III)-C-IV-4　止観雙運轉道

ここで、どれ程のことによって、「止と観との両者は結合して、同等に結びつき、それによって双運転道となる」と云われるのか。答える。九種の心住の中で、第九種を、すなわち、入定性を得た者は、その円満した三摩地に依って、増上慧に関して諸法の観を行じる。その時、諸法を観じている彼に、まさに自然に働き、無功用に働く道が成る。まさに止の道と同様に、観は、無作為に清浄になり、明瞭になり、止に随い、適正な状態に保たれる。これ故に、「彼にとって、止と観との両者は結合して、同等に結びつき、そして、止と観との双運転道となる」と云われる。

// antaroddānam[1] //

nimittamātraparyeṣṭiḥ[2] pratyavekṣā mukhānugā /
artha*va*stulakṣaṇaiḥ[3] pa*kṣai*ḥ[4] (5…kālaiś ca saha yuktibhiḥ…5) //

(6…anurūpaṁ tathābhyāsam *a*śaithi*lyā*viparyayaḥ…6) /
kālopalakṣaṇātuṣṭir avaidhuryaṁ prayogatā /
samyakprayogatā caiva navā*kā*rā[7] dvidhā matā //

svabhāvato nidānāc ca tathādīnavadarśanāt /
(8…pratibhāvitā caiva…8) śuddhir āvaraṇasya hi //

---

1) *Sh.* anantaroddānaṁ.

2) *Sh.* nimittagrāhaparyeṣṭiḥ.

3) *Ms.*, *Sh.* arthatas tu lakṣaṇaiḥ. *Tib.* don daṅ dṅos po mtshan ñid daṅ/. *Ch.* 義事相.

4) *Ms.* pacchaiḥ. *Sh.* pacchaiḥ(pakṣaiḥ). *Tib.* phyogs daṅ. *Ch.* 品.

5) *Ch.* 時理六事差別.

6) *Ms.* anurūpaṁ tathābhyāsam āśaithilyaṁ viparyayaḥ. *Sh.* anurūpaṁ tathābhyāsam āśaithilyaṁ viparyayaḥ (anurūpas tathābhyāsa ā śaithilyād viparyayaḥ).

7) *Ms.*, *Sh.* navādhārā. *Tib.* rnam pa dgu po (*N.* pa). *Ch.* 是九.

8) *Ms.*, *Sh.* pratibhāvitā caiva, *which is unmetrical. Read* pratibhāvanayā caiva*? Tib.* bsñen po bsgom pa ni *and Ch.* 正修習對治 *may suggest* pratipakṣabhāvanā-.

//　中間概要頌　//

相のみと尋求と伺察とが、（三）門に含まれる。[1)]
意味・事物・特徴と、品と、時と、道理とをともなう。

相応と、串習と、不緩・無倒と、
応時・解了・無厭足と、不捨軛の加行、
および、正加行とが九種の加行である。（それは、白品と黒品に）二分されると理解される。[2)]

自性より、因より、過患をみることより、
対治の修習により、障の清浄がある。[3)]

1）三門（相のみ・尋求・伺察）と六事（意味・事物・特徴・品・時・道理）についてはŚBh III, 31以降を参照。

2）九種の加行についてはŚBh III 71以降を参照。

3）障の清浄についてはŚBh III 93を参照。

(III)-C-V Ms.106b1L, Sh.405-19, W.121-4, P.179a8, D.149a2, N.158b3, Co.154a6, Ch.458b23

tatra manaskārabhāvanā katamā / āha / ādikarmikaḥ tatprathamaka*rmi*ka[1] evaṁ [(2…]vyāpini lakṣaṇe[…2)] vyavasthāpite [(3…]ekāgratāyā āvaraṇaviśuddheś ca[…3)] mithyāprayogaṁ ca varjayati, samyakprayoge ca śikṣate / sa tatprathamata "ekāgratāṁ[4] prahāṇābhiratiṁ cādhigamiṣyāmī"ti [(5…]caturbhir manaskāraiḥ prayujyate[…5)] /

(III)-C-V-1 Ms.106b1R, Sh.406-3, W.121-9, P.179b2, D.149a3, N.158b5, Co.154a7, Ch.458b27

katamaiś [6] caturbhiś (a)cittasaṁtāpanīyena manaskāreṇa, (b)cittābhiṣyandanīyena, (c)praśrabdhijanakena,[7] (d)jñānadarśanaviśodhakena ca manaskāreṇa /

(III)-C-V-1-a Ms.106b2L, Sh.406-7, P.179b4, D.149a4, N.158b6, Co.154b1, Ch.458b28

tatra cittasaṁtāpano manaskāraḥ katamaḥ / āha / yenāyaṁ manaskāreṇa saṁvejanīyeṣu dharmeṣu cittaṁ saṁvejayati, ayaṁ cittasaṁtāpano manaskāraḥ /

(III)-C-V-1-b Ms.106b2R, Sh.406-10, P.179b5, D.149a5, N.158b7, Co.154b2, Ch.458c1

tatra katamaś cittābhiṣyandano manaskāraḥ / *āha*[8] / [(9…]yenāyaṁ manaskāreṇa *abhipramodanīyeṣu dharmeṣu* cittam abhipramodayati,[…9)] ayaṁ cittābhiṣyandano manaskāraḥ /

(III)-C-V-1-c Ms.106b3L, Sh.406-13, Sa.24-15 P.179b6, D.149a6, N.159a1, Co.154b3, Ch.458c3

tatra katamaḥ praśrabdhijanako manaskāraḥ / āha / yenāyaṁ manaskāreṇa kālena kālaṁ citta*ṁ*[10] saṁvejanīyeṣu dharmeṣu saṁvejayitvā[11] *[(12…]kālena kālam abhipramodanīyeṣu dharmeṣu cittam abhipramodayitvādhyātmaṁ[13] [14] śamayati,[15]

---

1) *Ms.* tatprathamakalpika.

2) *W.* vyāpilakṣaṇe.

3) *Ms.* ekāgratāyām āvaraṇaviśuddheś ca. *Sh.* ekāgratāyā mā(ā)varaṇaviśuddheś ca. *W.* ekāgratāyā [MS: ekāgratāyām] āvaraṇaviśuddheś ca. *Tib.* sems rtse gcig pa ñid daṅ/ sgrib pa rnam par sbyoṅ ba'i.

4) *Tib.* sems rtse gcig pa ñid daṅ.

5) *Ch.* 當勤修習四種作意.

6) *Sh. has* ca. *Ch.* 心一境性.

7) *Ms.* prasrabdhijanakena. *W.* praśrabhijanakena.

8) *Ms.*, *Sh. omit*. *Tib.* smras pa/. *Ch.* 謂.

9) *Ms.*, *Sh.* yenāyaṁ prasadanīyena manaskāreṇa cittam abhipramodayaty. *Tib.* smras pa/ yid la byed pa gaṅ gis de mṅon par dga' bar 'gyur ba daṅ mthun pa'i chos rnams la sems mṅon par dga' bar byed pa ste/. *Ch.* 謂由此作意於可欣尚法令心欣樂.

10) *Ms.* citta. *Sh.* cittaṁ. *Sa.* citta<ṃ>.

11) *Sh.* saṁvejayitvā (saṁvejaya).

12) *Ch.* 於時時間於可欣法令心欣樂. 已安住內寂靜無相無分別中一境念轉.

13) *Sh.* abhipramodayitvā (modyā')dhyātmaṁ.

14) *Tib. has* sems.

15) *Ms.*, *Sh.* śamathayati. *Sa.* śama[tha]yati. *Tib.* źi bar byed ciṅ. *Ch.* 寂靜.

(III)-C-V　修作意

このうち、作意の修習とは何か。答える。入門者である初業者はこのように遍満する相を区別（設定）するとき、（心）一境性と障の清浄のゆえに、邪加行を離れ、正加行について学ぶ。彼は、その初めに「（心）一境性と断の喜びとを証得しよう」と四つの作意によって行じる。

(III)-C-V-1　四作意

どの四つによってか。（a）心を（熱で）精錬する作意によってと、（b）心を潤す（作意）によってと、（c）軽安を生じる（作意）によってと、（d）知見を清浄にする作意によってとである。[1]

(III)-C-V-1-a　調練心作意

このうち、心を（熱で）精錬する作意とは何か。答える。その作意によって、彼が、嫌悪されるべき諸法に対して心を嫌悪させるのが、心を（熱で）精錬する作意である。[2]

(III)-C-V-1-b　滋潤心作意

このうち、心を潤す作意とは何か。答える。その作意によって、彼が、喜ばれるべき諸法において心を喜ばせるのが、心を潤す作意である。

(III)-C-V-1-c　生軽安作意

このうち、軽安を生じる作意とは何か。答える。その作意によって、彼が、適時に、嫌悪されるべき諸法において心を嫌悪させ、適時に、喜ばれるべき諸法において心を喜ばせて、内に［心を］寂静にし、

1）ŚBh II 158–161にも四作意が言及されるが、ここととは一致しない。

2）ŚBh III 115, 12以下の錬金の喩えを参照。

nirnimittatāyāṁ[1] nirvikalpatāyām[2] (3...eva sthāpayati,...3) ekāgrāṁ smṛtiṁ pravartayati,...12)* yenāsya hetunā, yena pratyayena kāyacittadauṣṭhulya-pratipakṣeṇa kāyacittahlādanakarī kāyapraśrabdhiś cittapraśrabdhiś cotpadyate / ayam ucyate praśrabdhijanako manaskāraḥ /

(III)-C-V-1-d Ms.106b4M, Sh.407-4, P.180a1, D.149b2, N.159a3, Co.154b6, Ch.458c8

tatra jñānadarśanaviśodha*ko*[4] manaskāraḥ katamaḥ / *āha*[5] / (6...yena manaskāreṇa (7...kālena kālaṁ ci*ttaṁ*[8] tathādhyātmaṁ saṁśa*maya*ti[9] tena punaḥpunar abhīkṣṇaṁ adhiprajñaṁ dharmavipaśyanāyāṁ yogaṁ karoti,...7) yaduta tam evādhyātmaṁ cetaḥśamathaṁ niśritya,...6) ayam ucyate jñānadarśana-viśodha*ko*[10] manaskāraḥ /

(III)-C-V-2-a Ms.106b5M, Sh.407-10, P.180a3, D.149b3, N.159a5, Co.154b7, Ch.458c11

[11] sa[12] kālena kālaṁ saṁvejanīyeṣu dharmeṣu cittaṁ samvejayati / evam asya tac cittaṁ taptaṁ bhavati saṁtaptam udvignaṁ saṁvignaṁ (13...yadutā*sraveṣv* *ā*sravasthānīyeṣu ca dharmeṣu...13) /

tatra[14] saṁvejanīyāni sthānāni[15] katamāni / āha / catvāri[16] / tadyathā (1)ātmavipattiḥ, (2)paravipattiś ca, vartamāne samavahite saṁmukhībhūte, yoniśomanasikārānvayāt saṁvejanīyaṁ sthānaṁ bhavati / (3)tatrātmasaṁpattiḥ (4)parasaṁpattiś ca, abhyatīte *kṣīṇe*[17] niruddhe vigate vipariṇate yoniśomanasi-kārānvayāt saṁvejanīyaṁ sthānaṁ bhavati /

---

1) *Sh.* nirnimittāyāṁ. 2) *Ms.* nirvvikalpatāyām. *Sh.* nirvikalpakatāyām. *Sa.* nirvikalpatāyām.

3) *Sh.* evaṁ sthāpayati. *Tib.* ñe bar 'jog par yaṅ byed la/. *Sa. suggests* upa-(*or* ava-)sthāpayati.

4) *Ms.*, *Sh.* °viśodhano. 5) *Ms.*, *Sh. omit. Tib.* smras pa/. *Ch.* 謂.

6) *Tib.* di lta ste/ naṅ gi sems kyi źi gnas de ñid la brten nas/ de ltar sems naṅ du yaṅ dag par rab tu źi bar yid la byed pa des dus dus su lhag pa'i śes rab chos rnam par 'byed par yaṅ daṅ yaṅ du phyir źiṅ phyir źiṅ rnal 'byor du byed pa ste/. *Ch.* 由此作意於時時間即用如是內心寂靜. 爲所依止. 由內靜心數數加行. 於法觀中修增上慧.

7) *Cf.* ŚBh II 52, 21-53, 1. 8) *Ms. Sh.* cittena.

9) *Ms.* saṁśayamiti. *Sh.* saṁśayamiti(saṁśamayati). *Tib.* yaṅ dag par rab tu źi ba'i. (*P.*, *N.* bar.) *Ch.* 寂靜. 10) *Ms.*, *Sh.* jñānadarśanaviśodhano.

11) *Ms.*, *Sh. have* katamaḥ. *No equivalent in Tib. or Ch.*

12) *Sh. omits. Tib.* de (*P.*, *N. omit*). *Ch.* 彼修行者.

13) *Ms.*, *Sh.* yadutāsravasthānīyeṣu ca dharmeṣu. *Tib.* zag pa rnams daṅ (*P.*, *N. omit*) zag pa daṅ mthun pa'i chos rnams. *Ch.* 於漏及漏處法. *Cf.* ŚBh III 112, 18-19 *and fn.* 16).

14) *Sh.* sarva. 15) *Tib.* chos rnams. 16) *Ch.* 略有四種可厭患處.

17) *Ms.*, *Sh.* kṣaṇe. *Tib.* zag pa. (zad pa *is expected?*) *Ch.* 盡.

他ならぬ無相性・無分別性の中に（心を）住させ、一境の念を生じさせ、（また、）身心の麁重の対治であるその（作意）を因と縁として、彼に身心を軽快にさせる身の軽安と心の軽安とが生じるのが、軽安を生じる作意である。

(III)-C-V-1-d　浄智見作意

このうち、知見を清浄にする作意とは何か。答える。その作意によって、適時に、同様に内に心を寂静にし、それによって、すなわち、他ならぬその内の心の止に依って、繰り返し、たびたび、増上慧に関して諸法の観についての瑜伽を行じるのが、知見を清浄にする作意である。

(III)-C-V-2-a　可厭患處

彼は、適時に、嫌悪されるべき諸法において心を嫌悪させる。このように、すなわち、漏と漏に属する諸法において、彼のその心は悩まされ、苦しめられ、悲嘆し、嫌悪する。

このうち、嫌悪されるべき状態とは何か。答える。四つである。すなわち、(1) 自身の困苦と、(2) 他者の困苦とは、現在し、遭遇し、現前した場合に、如理作意に従って嫌悪されるべき状態となる。このうち、(3) 自身の円満と、(4) 他者の円満とは、過ぎ去り、尽き、滅し、離れ、変化した場合に、如理作意に従って嫌悪されるべき状態となる。

(III)-C-V-2-b Ms.106b6R, Sh.408-1, P.180a7, D.149b6, N.159b1, Co.155a3, Ch.458c18

sa[1] kālena kālam abhipramodanīyeṣu dharmeṣu cittaṁ abhipramodayati / tasyābhipramodayataḥ, evam asya tac cittaṁ (2...snigdhaṁ bhavaty ārdraṁ ca dravaṁ cācchaṁ ca prasannaṁ ca...2) 3) /

(4...tatrābhipramodanī*yāni sthānāni* kata*māni*...4) / āha / (5...trivi*dhāny* abhipramoda*nīyāni sthānāni*...5) / (1)ratnāni, (6...(2)śikṣāpadapāriśuddhiḥ *śīlapāriśuddhiḥ*,...6) (3)ātmani ca viśeṣādhigamasaṁbhāvanājātasya cetaso 'saṁkocaḥ[7] /

(III)-C-V-2-b-(1) Ms.106b7R, Sh.408-8, P.180b2, D.150a1, N.159b3, Co.155a5, Ch.458c23

[8] sa evaṁ ratnāny anu*smara*ṁś[9] cittam abhipramodayati / [10] (11...“lābhā me sulabdhāḥ,...11) yasya me śāstā tathāgato 'rhan samyaksaṁbuddhaḥ / (11...lābhā me sulabdhāḥ,...11) yo 'haṁ[12] svākhyāte dharmavinaye pravrajitaḥ / (11...lābhā me sulabdhāḥ,...11) yasya me sabrahmacāriṇaḥ[13] śīlavanto guṇavantaḥ peśalāḥ[14] kalyāṇadharmāṇaḥ / bhadrakaṁ me maraṇaṁ bhaviṣyati, bhadrikā kālakriyā, bhadrako 'bhisaṁparāyaḥ”[15] / evaṁ ratnāny[16] anusmaraṁś cittam abhipramodayati /

(III)-C-V-2-b-(2) Ms.107a1L, Sh.408-17, P.180b6, D.150a4, N.159b6, Co.155b1, Ch.459a2

kathaṁ śikṣāpadapāriśuddhiṁ śīlapā*ri*śuddhim[17] anusmara*ṁś*[18] cittam abhipramodayati / [19] “lābhā me (20...sulabdhāḥ, yo 'haṁ...20) śāstari tathāgate 'rhati[21] samyaksaṁbuddhe, tasya ca svākhyāte dharmavinaye, tatra ca supratipanne

---

1) *Ch.* 即彼行者.

2) *Tib.* 'jam (*P., N.* 'jal) pa daṅ/ snum (*P., N.* sbum) pa daṅ/ gśer ba daṅ/ rlan pa daṅ/ śin tu daṅ ba daṅ/ rab tu gsal bar 'gyur ro/. *Ch.* 極成津潤融適澄淨.

3) *Tib. has* 'di lta ste/ mṅon par dga' bar 'gyur ba daṅ mthun pa'i chos rnams la/.

4) *Ms., Sh.* tatrābhipramodanīyāḥ dharmāḥ katame. *Tib.* de la mṅon par dga' bar 'gyur ba daṅ mthun pa'i chos rnams gaṅ źes na/. *Ch.* 何等名爲可欣尚處.

5) *Ms.* trividhābhipramodanādhiṣṭhānaṁ. *Sh.* trividhā[ḥ] a(catvāro')bhipramonādhiṣṭhānaṁ. *Tib.* mṅon par dga' bar 'gyur ba daṅ mthun pa'i gnas ni rnam pa gsum ste/. *Ch.* 略有三種可欣尚處.

6) *Ms., Sh.* śikṣāpadapāriśuddhiḥ. *Tib.* bslab pa'i gźi yoṅs su dag pa daṅ/. *Ch.* 二者學處清淨尸羅清淨. *Cf.* ŚBh III 110, 17 *and* 112, 3.

7) *Ms.* saṁkocaḥ. *Sh.* [a]saṁkocaḥ.

8) *Ch. has* 云何.

9) *Ms., Sh.* anusaraṁś. *Tib.* rjes su dran pa daṅ. *Ch.* 隨念.

10) *Ch. has* 謂作是念.

11) *Ch.* 我今善得如是大利.

12) *Ms.* haṁ. *Sh.* [a]haṁ

13) *Ch.* 同梵行者共爲法侶.

14) *Ch.* 忍辱柔和.

15) *Ms.* bhisaṃparāyaḥ. *Sh.* [a]bhisaṃparāyaḥ.

16) *Sh.* catvāry.

17) *Ms.* śīlapāraśuddhiṁ.

18) *Ms.* anusmarataś. *Sh.* anusmarata(raṁ)ś

19) *Ch. has* 謂作是念.

20) *Ms.* sulabdhā · yo haṁ. *Sh.* sulabdhā[ḥ] so [a]haṁ.

21) *Ms.* rhati. *Sh.* [a]rhati.

(III)-C-V-2-b　可欣尚處

彼は、適時に、喜ばれるべき諸法において心を喜ばせる。彼が喜ばせているとき、このように、彼のその心は柔和になり、温和になり、円滑になり、澄んで、清浄になる。

このうち、喜ばれるべき状態とは何か。答える。喜ばれるべき状態は三種ある。（1）（三）宝、（2）学足の清浄・戒の清浄、（3）自身において殊勝性の証得を確信することから生じた心が萎縮しないことである。

(III)-C-V-2-b-(1)　三宝

彼はこのように（三）宝を念じつつ、心を喜ばせる。「如来応供正等覚者が師である私は、利益を容易に得た。善く説かれた法と律とにおいて出家した私は、利益を容易に得た。具戒者であり、具徳者であり、温和であり、善法を有する同梵行者をもつ私は、利益を容易に得た。私の死はすばらしいものとなり、末期はすばらしいものとなり、後世はすばらしいものとなるであろう」（と。）このように（三）宝を念じつつ、心を喜ばせる。

(III)-C-V-2-b-(2)　學足清淨・戒清淨

どのように、学足の清浄と戒の清浄とを念じつつ、心を喜ばせるのか。「師である如来応供正等覚者のもとで、また、彼の善く説かれた法と律において、また、その善く行じる

śrāvakasaṁghe, [1] ebhiḥ sabrahmacāribhiḥ śīlasāmānyagataḥ śikṣāsāmānyagato[2] maitrakāyavāṅmanaskarmāntaḥ, dṛṣṭisāmānyagataḥ sādhāraṇaparibhogī" / evaṁ śikṣāpadapāriśuddhiṁ śīlapāriśuddhim anusmaraṁś[3] cittam abhipramodayati, yadu*tā*vipratisārapūrvakeṇa[4] prāmodyena /

(III)-C-V-2-b-(3) Ms.107a2M, Sh.409-3, P.181a2, D.150a7, N.160a2, Co.155b4, Ch.459a8

tatra katham (5... ātmano *viśeṣā*dhigamasaṁbhāvanām adhiṣṭhāya *cittam abhipramodayati* ...5) / "bhavyo 'ham[6] asmy eva*ṁ*[7] pariśuddhaśīlaḥ pratibalaś ca bhājanabhūtaś ca, ebhiḥ sabrahmacāribhiḥ śīlasāmānyagato dṛṣṭisāmānyagataḥ [8] sadbhiḥ *samyag*gataiḥ[9] satpuruṣaiḥ / bhavyo 'ham[10] asmy evaṁbhūta evaṁpratipanno dṛṣṭa eva dharme aprāptasya prāptaye, anadhigatasyādhigamāya, asākṣātkṛtasya[11] sākṣātkriyāyai" / iti prāmodyam utpādayati / evam ātmano *viśeṣā*dhigamasaṁbhāvanādhiṣṭhānena[12] cittam abhipramodayati /

(III)-C-V-2-b-(3)' Ms.107a4L, Sh.409-12, P.181a6, D.150b2, N.160a6, Co.155b7, Ch.459a16

api ca yad anena pūrveṇāparam ārabdhavīryeṇa viharatā viśeṣādhigamaḥ kṛto bhavati, tad anusmarann uttari ca viśeṣādhigamam abhiśraddadhaṁś[13] cittam abhipramodayati / ayam aparaḥ *paryāyaḥ*[14] /

(III)-C-V-3 Ms.107a4M, Sh.409-15, W.*121-21, P.181a7, D.150b3, N.160a6, Co.156a1, Ch.459a19

[15] saṁvejanīyeṣu dharmeṣu cittam abhisaṁtāpayann (16... āsra*vebhya* āsravasthānīye*bhyaś ca* dharmebhyaś ...16) cittaṁ vimukhīkaroti viṣ*u*ṇīkaroti[17]

---

1) *Ms.*, *Sh. have* aham. 2) *Tib.* bslab pa'i gźi. 3) *Ms.* anusmaranś. *Sh.* anusmaran(raṁ)ś.

4) *Ms.*, *Sh.* yaduta vipratisārapūrvakeṇa. *Tib.* 'di lta ste/ 'gyod pa med pa daṅ mchog tu. *Ch.* 謂無悔爲先發生歡喜.

5) *Ms.*, *Sh.* ātmanaḥ adhigamasaṁbhāvanām adhiṣṭhāya *Tib.* bdag ñid la khyad par rtog par 'byuṅ źiṅ skye ba yod pa la (*P.*, *N.* las) brten te sems mṅon par dga' bar byed ce na/. *Ch.* 於自所證差別深生信解心無怯弱處令心欣樂. 謂作是念. 6) *Ms.* haṁ. *Sh.* [a]haṁ

7) *Ms.* eva. *Sh.* eva[ṁ]. 8) *Tib. has* rñed pa thun moṅ du loṇs spyod par gyur pa'i.

9) *Ms.* sāmānyagataiḥ. *Sh.* sāmānyagataiḥ (samyaggataiḥ). *Tib.* yaṅ dag par soṅ ba. *Ch.* 正至. *Cf.* ŚBh I 226, 5. 10) *Ms.* haṁ. *Sh.* [a]haṁ. 11) *Sh.* āsākṣāt°.

12) *Ms.* dhigama°. *Sh.* [a]dhigama°. *Tib.* bdag ñid la khyad par rtog par 'byuṅ źiṅ skye ba yod pa la brten te. *Ch.* 於自所證差別深生信解心無怯弱處.

13) *Sh.* abhiśraddhyā["da]dhaṁś. *Sh. says, in his footnote,* "may also be abhiśraddadhaṃś citta."

14) *Ms.*, *Sh. omit*. *Tib.* de ni rnam graṅs gźan yin no/. *Ch.* 異門.

15) *Tib. has* de de ltar. *Ch. has* 彼修行者.

16) *Ms.*, *Sh.* āsrava-m-āsravasthānīyebhyo dharmebhyaś. *Tib.* zag pa rnams daṅ zag pa daṅ mthun par 'gyur pa'i chos rnams la. *Ch.* 於能隨順諸漏處法. *Cf.* ŚBh III 108, 13-14.

声聞の僧伽で、この同梵行者たちと共通の戒を持ち、共通の学処を持ち、慈愛ある身・口・意の業をなし、共通の見解を持ち、等しく分け合って食べる者である私は、利益を容易に得た」（と。）このように、学足の清浄と戒の清浄とを念じつつ、心を喜ばせる、すなわち、無悔による歓喜によってである。

(III)-C-V-2-b-(3)　於自所證差別深生信解

このうち、どのように、自身の殊勝性の証得を確信することに依拠して、心を喜ばせるのか。「私は有能であり、このような清浄な戒をもち、力があり、［法］器となるものであり、これらの同梵行者たちと共通の戒を持ち、賢く正しい優れた者たちと共通の見解を持つ。まさに現法において、未だ得ていないものを得るために、未だ証得していないものを証得するために、未だ現証していないものを現証するために、私は有能で、このようになり、このように正しく行じる」と歓喜を起こす。このように、自身の殊勝性の証得を確信することによって、心を喜ばせる。

(III)-C-V-2-b-(3)'　異門

さらにまた、この前後に精進を発起し留まる者によって殊勝性の証得がなされると念じつつ、またさらに殊勝性の証得を信じつつ、心を喜ばせる。これが別の解釈である。

(III)-C-V-3　二種法

嫌悪されるべき諸法において心を精錬させつつ、漏と漏に属する諸法から心を背かせ、忌避させ、

prātimukhyenāvasthāpayati viśleṣayati /

abhipramodanīyeṣu dharmeṣv [1] abhipramodayann abhiṣyandayan[2] naiṣkramyapravivekajeṣu dharmeṣu (3...sasnehaṁ cittam...3) abhimukhīkaroty upaśleṣayati ramayati saṁyojayati [4] /

evam asya tac (5...cittam ābhyāṁ...5) dvābhyāṁ dharmābhyāṁ sarvakṛṣṇapakṣavimukhaṁ sarva*śukla*pakṣābhimukhaṁ[6] ca pravartate,[7] yaduta saṁvegapraharṣābhyām /

(8...sa ta*c* cittam evaṁ...8) (a)kṛṣṇapakṣavimukhaṁ[9] ca kṛtvā cittasaṁtāpanīyena manaskāreṇa, (b)śuklapakṣābhimukhaṁ[10] *ca*[11] kṛtvā (12...*cittā*bhiṣyandanīyena manaskāreṇa,...12) (c)kālena kālam adhyātmaṁ [13] pradadhāti yaduta cetaḥśamathena[14] praśrabdhijanakena manaskāreṇa, (d)kālena kālaṁ dharmān vicinoti pravicinoti parivitarkayati parimīmāṁsām[15] āpadyate [16] jñānadarśanaviśodhakena[17] manaskāreṇa /

(18...evam asya tac cittaṁ...18) kālena kālaṁ śamathavipaśyanāparigṛhītam[19] / sarvākārasarvaguṇahetūpakṛtaḥ[20] teṣāṁ teṣāṁ rātridivasānām atyayāt kṣaṇalavamuhūrtānāṁ[21] viśeṣāya paraiti /

tadyathā jātarūparajataṁ dakṣeṇa karmāreṇa vā karmā*rā*ntevāsinā[22] vā kālena kālaṁ yadā saṁtāpitaṁ ca bhavati, (23...vigatamalakaṣā*ya*bhāvena / [24] abhiṣyanditaṁ...23) ca bhavati / tatra tatrālaṁkārakarmaṇā mṛdukarmaṇyatāyogenābhimukhīkṛtaṁ bhavati / tam enaṁ dakṣaḥ karmāro vā,

---

17) *Ms.*, *Sh.* viguṇīkaroti. *Tib.* mi mthun par byed. *Ch.* 違逆.

1) *Ch. has* 其心. 2) *Sh.* amiṣyandayan. 3) *Ch.* 有親愛故. 令心趣向...

4) *Ch. has* 而住. 5) *Sh.* citte(ttaṁ) yābhyāṁ.

6) *Ms.* sarvvakṛṣṇapakṣābhi°. *Sh.* sarvvakṛṣṇa(śukla)pakṣābhi°. *Tib.* dkar po'i phyogs thams cad la mṅon du phyogs la. *Ch.* 向諸白品. 7) *Ch.* 易脱而轉.

8) *Ms.* sa(?) taś cittam evaṁ. *Sh.* yataś cittam evaṁ. *Tib.* des de ltar sems de. *Ch.* 其心如是.

9) *Tib.* nag po'i phyogs thams cad la mi phyogs par. *Ch.* 背諸黒品.

10) *Tib.* dkar po'i phyogs thams cad la mṅon du phyogs par. *Ch.* 向諸白品. 11) *Ms.*, *Sh. omit.*

12) *Ms.*, *Sh.* abhiṣyandanīyena manaskāreṇa. *Tib.* sems mṅon par brlan par 'gyur ba'i yid la byed pas. *Ch.* 由滋潤心作意故. 13) *Ms.*, *Sh. have* ca. 14) *Ch.* 依奢摩他.

15) *Ms.* parimīmānsām. *Sh.* parimīmānsa(māṁsā)m. 16) *Tib. has* 'di lta ste/.

17) *Sh.* °viśodhake(ne)na. 18) *Tib.* de ltar na de'i sems. *Ch.* 如是彼心.

19) *Ch.* 爲奢摩他毘鉢舍那之所攝受堪能. 20) *Sh.* hetūpakṛtaḥ (taṁ).

21) *Sh.* kṣaṇalavamuhūrttānāṁ(ṇāṁ). 22) *Ms.* karmā(ra)ntevāsinā. *Sh.* karmā[rā]ntevāsinā.

23) *Ms.* vigatamalakaṣāye · bhāve · nābhiṣyanditaṁ. *Sh.* vigatamalakaṣāye bhāve nābhiṣyanditaṁ. *W.* vigatamalakaṣāye bhāvenābhiṣyanditaṁ. *Tib.* dri ma daṅ sñigs ma thams cad sbyaṅ ba'i phyir/ dus dus su mer bsregs śiṅ chus bkrus na/ *Ch.* 令其棄捨一切垢穢. 於時時間投清冷水.

24) *Ch. has* 於時時間.

対向させ続け、引き離す。

喜ばれるべき諸法において（心を）喜ばせ、潤しつつ、出離・遠離より生じた諸法に、好意をもった心を向け、近づけ、喜ばせ、結びつける。

このように、彼のその心は、これら二つの法の故に、すなわち、嫌悪と歓喜の故に、すべての黒品に背き、すべての白品に向くものとなる。

このように、彼はその心を、（a）心を（熱で）精錬する作意によって、黒品に背くものとし、（b）心を潤す作意によって、白品に向くものとし、（c）適時に、軽安を生じる作意によって、すなわち心の止によって、内側に落ち着かせ、（d）適時に、知見を清浄にする作意によって、諸法を思択し、簡択し、尋思し、思惟する。

このように、彼のその心は、適時に、止と観とによって包含される。すべての相のすべての特質を因として備えた者は、日夜、刹那、羅婆、須臾がそれぞれ経過した後、最勝へと赴く。

たとえば、金や銀は、熟練した鍛冶工あるいは鍛冶工の弟子によって、染汚を離れた状態になるので、適時に（熱で）精錬され、また、潤されて、柔らかく加工しやすくなるのにしたがって、装飾の細工によって、あちらこちらの向きに曲げられる。まさにこれを、熟練した鍛冶工あるいは

karmārāntevāsī[1] vā tadupamena śilpajñānena karmāntavastunā (2...yatreṣṭam alaṁkāravikṛtaṁ tatra...2) pariṇāmayati[3] /

evam[4] eva yoginā yadā tac cittam abhidhyādimalakaṣāye[5] vimukhībhāvenodvejitaṁ ca bhavati (6...kliṣṭadaurmanasyavimukhībhāvena / *kuśalapakṣābhipramodanābhimukhībhāvena* cābhipramoditaṁ bhavati...6) / (7...tam enaṁ yogī...7) yatra yatra niyojayati śamathapakṣe vā vipaśyanāpakṣe vā, tatra tatra sūpaśliṣṭaṁ ca bhavati sulagnaṁ cāvikalaṁ cāvikampyaṁ ca / (8...yathābhipretārthasaṁpattaye ca paraiti...8) /

(III)-C-V-4 Ms.107b2R, Sh.411-5, W.122-8, P.182a4, D.151a6, N.161a3, Co.156b5, Ch.459b22

tatra katham ādikarmikas tatprathamakarmiko manaskārabhāvanāyāṁ viniyujyate, yathāyaṁ viniyujyamānaḥ pratipadyamānaś ca spṛśati tatprathamataḥ prahāṇābhiratiṁ cittasyaikāgratām / iha (9...*yogī* yogajño...9) (10...yogaprayuktam ādikarmikaṁ...10) tatprathamata evam avavadate / "ehi tvaṁ bhadramukha trīṇi nimittodgrahakāni[11] kāraṇāni niśritya, yaduta dṛṣṭaṁ vā śrutaṁ vā cintānumānādhipateyaṁ[12] vā parikalpaṁ, pañca nimittāny udgṛhṇīṣva, (i)saṁvejanīyaṁ (ii)prasadanīyam (iii)ādīnavanimittam (iv)ālokanimittaṁ (v)vasturūpaṇānimittaṁ ca" /

(III)-C-V-4-a-(1)-i Ms.107b4M, Sh.411-14, P.182a8, D.151b2, N.161a6, Co.157a2, Ch.459c3

[13] sacet sa yogaprayukta ādikarmiko rāgacarito bhavaty aśubhāvineyaḥ, kathaṁ sa pañcānāṁ nimittānām udgrahaṇāyāvodyate[14] / [15] evam avodyate[16] /

---

1) *Ms.* karmā(ra)ntevāsī. *Sh.* karmā[rā]ntevāsī.

2) *Sh.* yatreṣṭa[ā'](m a)laṁkāravikṛta[i]s tatra. *W.* yatreṣṭam alaṃkāravikṛtaṃ tatra. *Tib.* rgyan gyi rnam pa ci 'dod par der. *Ch.* 隨其所樂莊嚴具中. 3) *Ms.*, *Sh.*, *W.* pariṇamayati.

4) *Ms.* enam. *Tib.* de bźin du. *Ch.* 如是. 5) *Ch.* 貪等一切垢穢.

6) *Ms.*, *Sh.*, *W.* kliṣṭadaurmanasyavimukhībhāvena cābhipramoditaṁ bhavati. *Tib.* ñon moṅs pa can gyi (*P.*, *N.* *omit*) yid mi bde ba la mi phyogs pa ñid daṅ/ dge ba'i phyogs la mṅon par dga' ba la mṅon du phyogs pa ñid kyis (*P.* kyi) mṅon par dga' bar byas na/. *Ch.* 及令棄背染汚憂惱. 於可厭法深生厭離. 爲令趣向所有清淨善品喜樂. 於可欣法發生欣樂.

7) *Tib.* rnal 'byor pa des sems de. 8) *Ch.* 隨其所樂種種義中. 如所信解皆能成辨.

9) *Ms.*, *Sh.*, *W.* yogajño. *Tib.* rnal 'byor pa rnal 'byor śes pa des. *Ch.* 善通達修瑜伽師.

10) *Ms.* yogaprayuktam ādikarmikaḥ. *Sh.* yogaprayuktenādikarmi(tam ādikarmi)kaḥ(kaṁ). *W.* yogaprayuktam ādikarmikaṃ [MS: ādikarmikaḥ]. 11) *Sh.* nimittodgra[ā]hakāni(ṇi).

12) *W.* cittā°. *Tib.* sems kyi rjes su dpag pa'i dbaṅ gis. *Ch.* 心比度增上. *Cf.* ŚBh III 142, 15-16; 156, 8-9; 160, 6-7.

13) *Tib.* *has* de la. *Ch.* *has* 問.

14) *Sh.* udgrahaṇāyā [va]bodhyate. 15) *Tib.* *has* de la. *Ch.* *has* 答.

16) *Sh.* a[va]bodhyate. *Tib.* gdams par bya ste. *Ch.* 應如是教誨.

鍛冶工の弟子が、それに類する技巧の知識によって、作業道具を以て、装飾の加工が望まれた部分において変化させる。

まさに同様に、瑜伽者によって、その心が貪等の染汚に背く状態になるので、汚れた憂いに背く状態になるので嫌悪される。また、善品を喜ぶことに向く状態になるので喜ばれる。（そのとき、）瑜伽者がまさにこの［心］を結びつけた止の側あるいは観の側それぞれに、よく密着し、よく結合し、無欠で、不動となる。そして、意図されたとおりの目的の成就へと赴く。

(III)-C-V-4　五取相

このうち、どのようにして、入門者である初業者は、傾注し修行している彼がその初めに断の喜び（と）心一境性に触れるように、作意の修習に傾注するのか。ここで、瑜伽を知る瑜伽者は、瑜伽を実践する入門者にその初めにこのように教える。「来たれ、賢首よ、汝は三つの取相因、すなわち、見（に依って）、あるいは聞（に依って）、あるいは思による推量を主因とした分別に依って、五つの相、すなわち、（i）嫌悪されるべき（相）と（ii）喜ばれるべき（相）と（iii）過患相と（iv）光明相と（v）事物の観察の相とを取れ」（と。）

(III)-C-V-4-a　不浄観　-(1) 五取相　-i　厭離相

もし、瑜伽を実践する初業者が貪行者であり、不浄によって導かれるべきなら、どのようにして、彼は五つの相を取るように教えられるのか。このように教えられる。

"ehi tvaṁ bhadramukha yaṁ yam eva grāmaṁ vā nigamaṁ vopaniśritya viharasi, (1...tatra saced anyatr*ānyatamasmin* grāme nigame...1) vānyatamaṁ puruṣaṁ vā striyaṁ vā ābādhikaṁ śṛṇoṣi, duḥkhitaṁ bāḍhaglānaṁ mṛtaṁ vā kālagataṁ puruṣaṁ vā striyaṁ vā / api tu [2] tasya puruṣasya vā striyā vānyatamānyatamaṁ mitrāmātyajñātisālohitam [3] / paracakrakṛtaṁ vā tadgrāma*nigama*paryāpannasya[4] janakāyasya bhogavyasanam,[5] agnidāhakṛtaṁ vā, udakāpaharaṇakṛtaṁvā, ku*ni*hita*nidhi*praṇāśakṛtaṁ[6]vā, kuprayuktakarmānta-pralujyanākṛtaṁ [7] vā, apriyadāyādādhigamakṛtaṁ vā, kulāṁgāravipraṇāśakṛtaṁ vā / no cec chṛṇoṣi, api tu pratyakṣaṁ paśyasi, (8...no vānyasmin grāmanigame, (9...api tu tasminn eva grāmanigame,...9)...8) [10] no ca tasminn eva grāmanigame, na (11...pareṣām, api...11) tv (12...ātmana eva...12) (13...spṛṣṭo bhavasi śārīrikābhir vedanābhir duḥkhābhis tīvrābhir...13)" iti vistareṇa pūrvavat /

"(14...sa tvaṁ dṛṣṭvā śrutvā caivaṁ...14) cittaṁ saṁvejaya 'duḥkho batāyaṁ saṁsāraḥ, kṛcchra ātmabhāvapratilambho[15] yatremā (16...evaṁrūpā ātmanaś ca...16) pareṣāṃ ca vipattaya[17] upalabhyante, yadutārogyavipattir[18] api, [19] jñātivipattir[20] api, bhogavipattir api, vyādhir vyādhidharmatā[21] ca maraṇaṁ maraṇadharmatā[22] ca, api caikeṣāṁ śīlavipattir api, dṛṣṭivipattir api, (23...yato nidānaṁ...23) sattvā dṛṣṭe ca dharme duḥkhavihāri*ṇo*[24] bhavanti, *abhi*saṁparāye[25] ca durgati-

1) *Ms.* tatra saced anyatra grāme nigame. *Sh.* saced anyatra grāme nigame. *Tib.* gnas pa'i groṅ daṅ/ groṅ rdal gaṅ yaṅ ruṅ ba gźan źig tu. *Ch.* 若聞所餘彼彼村邑聚落.

2) *Tib.* *has* skyes pa'am/ bud med de (*P., N. omit* de) de ltar ma gyur na yaṅ/.

3) *Tib.* de ltar thos par gyur. *Ch. has* 遭如是苦.

4) *Ms., Sh.* tadgrāmaparyāpannasya. *Tib.* groṅ ṅam/ groṅ rdal der gtogs pa'i. *Ch.* 彼聚落村邑邊際.

5) *Sh.* bhojanavyasanam.

6) *Ms., Sh.* kuvihitapraviṇāśakṛtam. *Cf.* ŚBh I 120, 20: kunihitā vā nidhayaḥ praṇaśyeyuḥ. BBh 147, 1-2: kunihitā vā nidhayaḥ pranaṣṭā bhavaṃti. *Tib.* gter ṅan par sbas pas chud zos sam/. *Ch.* 或由惡作而有喪失.

7) *Ch. has* 或由不善處分事業而有喪失.

8) *Tib.* gal te groṅ ṅam/ groṅ rdal gźan du ma yin gyi/ groṅ ṅam/ groṅ (*D.* goṅ) rdal de ñid du de ltar gyur kyaṅ ruṅ/.

9) *Sh. omits.*

10) *Tib. has* gal te.

11) *Sh.* pareṣām a(rair a)pi.

12) *Ms., Sh.* ātmanaiva.

13) *Tib.* lus kyi tshor ba sdug bsṅal ba mi bzad pa rtsub pa/ tsha ba drag po dag gis reg par gyur kyaṅ ruṅ ste/. *Ch.* 先所觸證猛利樂受. 後還退失.

14) *Sh.* sarvvaṁ dṛṣṭvā śrutvā caivaṁ. *Tib.* khyod kyis de dag mthoṅ ṅam thos na 'di ltar. *Ch.* 汝既如是聞已見已.

15) *Sh.* ātmabhāvapratilabdho.

16) *Ms.* evaṁrūpātmanaś ca. *Sh.* evaṁ rūpātmamaś ca (rūpā ātmanaś ca).

17) *Ch.* 衰損差別.

18) *Tib.* nad med pas rgud pa daṅ/. *Ch.* 病衰損.

19) *Ch. has* 壽命衰損.

20) *Sh.* jātivipattir.

21) *Tib.* na ba'i chos can ñid. *Cf.* ŚBh III 56, 13-14.

22) *Tib.* 'chi ba'i chos can ñid. *Cf.* ŚBh III 56, 13-14.

23) *Tib.* gźi de dag gis.

24) *Ms.* duḥkhavihāriṇā. *Sh.* duḥkhavihāriṇo.

25) *Ms., Sh.* saṁparāye.

「来たれ、賢首よ、汝はあちらこちらの村落あるいは聚落に寄り、住し、そこでその他のいずれかの村落あるいは聚落において、もし、いずれかの男または女が病み、あるいは苦しみ、重病であると聞き、あるいは男または女が絶命し末期に至ったと聞くとする。さもなければ、その男または女のいずれかの友人、親類、眷族が（そのようであると聞くとする）。あるいは敵兵による、あるいは火に焼かれることによる、あるいは水で流されることによる、あるいは悪く保管された財宝の損失による、あるいは悪く営まれた事業の頓挫による、あるいは好ましくない相続人の（財産の）獲得による、あるいは一族の厄介者による毀損による、その村落や聚落に属する民衆の財産の喪失を（聞くとする）。もし、聞くのではなくて、現前に見るとする。あるいは、他の村落や聚落においてではなくて、まさにその村落や聚落において（見るとする）。また、その村落や聚落においてでもなく、他の人たちのでもなく、まさに自分の身体的な苦しく激しい感受に触れるとする」云々と、詳細は前の通りである。

「そうした汝は、見て、また、聞いて、このように心を嫌悪させよ。『おお、この輪廻は苦であり、身体の獲得は苦悩であって、そこにおいて、自身と他の人たちのこのような喪失が経験される、すなわち、健康の喪失と、近親者の喪失と、財産の喪失と、病・病の本質と死・死の本質とであり、さらにある者たちには戒の喪失と、見解の喪失があり、それを因として人々が現世で苦に住するものとなり、来世で悪趣に

gāminaḥ / yāś ca saṁpattayo [(1...]dṛṣṭe dharme sukhavihārāya,[...1)] abhisaṁparāye ca sugatigamanāya, tā apy anity*āḥ,*[2)] tāsām apy anityatā prajñāyate / [(3...]vipattiś cet saṁmukhībhūtā vimukhībhūtā, tasmin samaye saṁpattir *asaṁmukhībhūtā* / asaṁmukhībhūtāyām api vipattau durlabhā saṁpattir vināśadharmiṇī ca[...3)]' / evaṁ ca punaś cittam udvejayitvā[4)] sādhu ca suṣṭhu ca [(5...]*manasikurvan* yoniśaḥ pradhatsva[...5)]/ [(6...]'anāśvāsyam etatsthānam aviśvāsyam, yat saṁsāre me saṁsarataḥ, aparinirvṛtasyāvimuktacetasa etā vipattisaṁpattayaḥ / na me saṁmukhībhāvaṁ vimukhībhāvaṁ ca gaccheyuḥ[...6)] / [(7...]na vātonidānaṁ me [(8...]duḥkham utpad*yeta,*[9)] tīvraṁ kharaṁ [(10...]kaṭukam ama*na-ā*pam[...10)...8)] / alabhyam etatsthānam[...7)] / tasmād etam evārtham[11)] adhipatiṁ kṛtvā prahāṇaratiratena me bhavitavyam apramattena / [(12...]evaṁ bahulavihāriṇo me 'py evāsyānarthasyā*nta*kriyā syād[...12)]' ity [(13...]evaṁ *sādhu ca suṣṭhu ca manasikurvan* yoniśaḥ pradhatsva[...13)]" /

(III)-C-V-4-a-(1)-ii Ms.108a4L, Sh.413-9, P.183a8, D.152a6, N.162a6, Co.158a3, Ch.460a8

"evaṁ tvaṁ saṁvejanīyaṁ nimittam udgṛhya, punaḥ [14)] prasadanīyaṁ nimittam udgṛhṇīṣva / [15)] ātmanaḥ śīlāni pratyavekṣasva, 'kiṁ pariśuddhāni [(16...]me śīlāny[...16)] apariśuddhāni vā, [(17...]mā[18)] me smṛtisaṁpramoṣād vā, anādarād vā, kleśapracuratayā vā, avyutpannato vāsti kaścic chikṣāvyatikramaḥ[...17)] / vyatikrānte

---

1) *Sh.* dṛṣṭadharmasukhavihārāya. 2) *Ms.* anityā. *Sh.* anityā[ḥ].

3) *Ms., Sh.* vipattiś cet saṁmukhībhūtā vimukhībhtā tasmin samaye sampattiḥ / asaṁmukhībhūtāyām api vipattau durlabhā sampattir vināśadharmiṇī ca. *Tib.* gal te rgyud pa mṅon sum du gyur tam/ bral bar gyur kyaṅ/ de'i tshe 'gyur pa mṅon sum du gyur pa ma yin pas/ 'byor pa dkon pa de ni chud za ba'i chos can yin no. *Ch.* 若有領受興盛事者. 後時衰損定當現前. 諸有領受衰損事者. 後時興盛難可現前. 諸興盛事皆是難得易失壞法. 4) *Sh.* udvejayitvā(jya).

5) *Ms., Sh.* yoniśaḥ pradadhatsva /. *Tib.* tshul bźin yid la byed pa la 'di ltar sems legs par rab tu gtad (*P., N.* bstaṅ) par gyis śig. *Ch.* 極善作意如理受持.

6) *Ch.* 如是處所難可保信. 我今於是生死流轉. 未般涅槃未解脱心. 難可保信. 如是衰損興盛二法勿現我前. 7) *Ch.* 勿彼因縁令我墮在如是處所. 生起猛利剛強辛楚不適意苦.

8) *Tib.* sdug bsṅal mi bzad pa rtsub pa tsha ba drag pa yid du mi 'oṅ ba skye (*P., N.* skyo) bar mi 'gyur ba. 9) *Ms.* utpadyate. *Sh.* utpadyate(dyeta).

10) *Ms.* kaṭukam amanālāpam. *Sh.* kaṭukam anālāpam. 11) *Sh.* etat sarvārtham.

12) *Ms., Sh.* evaṁ bahulavihāriṇo me apy evāsyānarthasyākriyā syād. *Tib.* bdag de ltar lan maṅ du gnas na gnod pa de ñid mthar byed par 'gyur ro. *Ch.* 又我如是多安住故. 當於無義能作邊際.

13) *Ms., Sh.* evaṁ yoniśaḥ pradadhatsva. *Tib.* de ltar tshul bźin la legs par rab tu gtad (*P., N.* bstaṅ) par gyis śig. *Ch.* 如是汝應善極作意如理受持. 14) *Ch. has* 精勤.

15) *Ms., Sh. have* evaṁ ca punar udgṛhṇīṣva /. *No equivalent in Tib. or Ch.*

16) *No equivalent in Ch.*

17) *Tib.* bdag brjed ṅas ba'am/ ma gus (*N.* bus) pa'am/ ñon moṅs pa maṅ ba'am/ ma byaṅ ba'am/ gcig gis bslab pa las 'gal bar gyur pa lta med graṅ/. *Ch.* 我或失念或不恭敬或多煩惱或由無知於諸學處有所違犯. 18) *Sh.* yā(yo).

赴くものとなる。また、現世で安楽に住するためと、来世で善趣に赴くための円満は無常なるものであり、無常性をもつと知られる。もし、喪失が現前しても、滅しても、その時に円満が現前するのではない。喪失が現前しないとしても、円満は得難く、滅失を性質とする』（と。）そして、このように再び心を厭離させ、正しく、よく、如理に作意し、落ち着かせよ。『輪廻を流転しており、般涅槃せず、解脱心をもたない私にこの喪失と円満があるというこの状態は、信用されるべきではなく、信頼をおかれるべきでない。私には（喪失が）現前することも、（円満が）滅することもあるべきでない。あるいは、私にはそれを因とする苦しく、激しく、鋭く、烈しく、意にそぐわないことが生じるべきではない。この状態は得られるべきではない。それゆえ、まさにこの目的に専念して、私は断の喜びを喜び、不放逸となりますように。このように多く住する私にもこの不利益の終極がありますように』と、このように、（心を）正しく、よく、如理に作意し、落ち着かせよ」

(III)-C-V-4-a-(1)-ii　欣樂相

「汝は、このように、嫌悪されるべき相を取ったのち、さらに喜ばれるべき相を取れ。自身の戒を（以下のように）伺察せよ。『私の戒は清浄か、不清浄か。私に、失念のあることからも、あるいは恭敬のないことからも、あるいは煩悩の多いことからも、あるいは了解のないことからも、いかなる学処への背反もあってはならない。

vā [(1...]me śikṣā*ṁ*[...1)] yathādharmaṁ pratikṛtyādhyāśayena[2)] ca punarakaraṇāya cittam utpāditam[3)] / ka*cci*n[4)] me kartavyaṁ kṛtam, [(5...]akartavyaṁ ca[...5)] na kṛtam / samāsataḥ kaccid adhyāśayasaṁpanno 'smi[6)] prayogasaṁpannaś ca, yaduta śikṣāpadeṣu' / evaṁ [7)] te pratyavekṣamāṇena sacet pariśuddhaḥ śīlaskandhaḥ, na punas te cetanā karaṇīyā, 'kaccin me 'vipratisāra[8)] utpadyeta' / api tu dharmataiveyam, yad evaṁ viśuddhaśīlasyāvipratisāra utpadyate / evaṁ cāvipratisāriṇā [(9...]na cetanā karaṇīyā,[...9)] 'kaccin me prāmodya*m*[10)] utpadyeta' / api tu dharmataiveyam, yad [11)] avipratisāriṇaḥ prāmodyam utpadyate / anena tāvad ekena prāmodyādhiṣṭhānena [(12...]tvayāvipratisārapūrvakaṁ prāmodyam utpādayitavya*m*[...12)] /

[(13...]utpādya pareṇa saṁpraharṣādhiṣṭhānena prītir janayitavyā[...13)] / 'bhavyo 'ham asmi, pratibalaḥ, evaṁ pariśuddhaśīlaḥ, bhagavataḥ śikṣāsu supratiṣṭhitaḥ, dṛṣṭe dharme 'prāptasya[14)] prāptaye, anadhigatasyādhigamāya, asākṣātkṛtasya sākṣātkriyāyai' / anenāpy adhiṣṭhānena mānasaṁ saṁpraharṣaya /

sacet punar lābhī bhavasi[15)] pūrveṇāparaṁ pa*rī*ttasyāpi[16)] viśeṣādhigamasya, sa tvaṁ tam adhipatiṁ kṛtvā pareṣāṁ ca paripūrṇe viśeṣādhigame yaduta tathāgate, tathāgataśrāvakeṣu[17)] vā, [(18...]ātmanaś cottari viśeṣādhiga*me* saṁpratyayajāto mānasaṁ saṁpraharṣaya" iti[...18)] /

---

1) *Ms.* me śikṣā. *Sh.* me(mayā) śikṣā[ṁ]. *Tib.* bslab pa las 'gal na yaṅ bdag gis chos bźin du phyir byas śiṅ/. *Ch.* 既違犯已我當如法以其本性增上意樂於諸學處發起深心更不毀犯.

2) *Tib.* phyir byas śiṅ/ lhag pa'i bsam (*P.*, *N.* bsams) pas. *Ch.* 以其本性增上意樂.

3) *Tib.* bskyed dam ma bskyed.

4) *Ms.* kaścin. *Sh.* kaści(kacci)n.

5) *Sh.* akartvyañ ca (vyaṁ vā)

6) *Ms.* smi. *Sh.* [a]smi.

7) *Ms.*, *Sh. have* na. *No negative in Tib. or Ch.*

8) *Sh.* vipratisāra. *Tib.* 'gyod pa med pa. *Ch.* 清淨無悔.

9) *Tib.* kyod kyis ... źes yaṅ bsam par mi bya ste/.

10) *Ms.* pramodya. *Sh.* pramodyaṁ.

11) *Tib. has* 'di ltar.

12) *Ms.* tvayā 'vipratisārapūrvvakaṁ pramodyam utpādayitavyaḥ. *Sh.* dvayāvipratisārapūrvakaṁ pramodyam utpādayitavyaḥ(m). *Tib.* kyod kyis (*P.*, *N.* kyi) ... 'gyod pa med pa sṅon (*P.*, *N.* mṅon) du btaṅ ba'i mchog tu dga' ba bskyed par bya'o/. *Ch.* 汝應生起清淨無悔爲先歡悅.

13) *Ms.* utpādya pareṇa saṁpraharṣādhiṣṭhānena (mānasaṁ saṁpraharṣaya / sacet punar lābhī bhavasi pūrvveṇāparaṁ parīttasyāpi viśeṣādhigama) prītir janayitavyā. *Sh.* utpādya pareṇa saṁpraharṣādhiṣṭhānena mānasaṁ saṁpraharṣaya / sacet punar bhavasi pūrvveṇāparaṁ parīttasyāpi viśeṣādhigame prītir janayitavyā. *Tib.* bskyed nas khyaṅ phyis yaṅ dag par rab tu dga' ba'i gnas kyis dga' ba bskyed par bya ste (*P.*, *N.* 'o) /. *Ch.* 復於除障喜悅處所當生喜悅.

14) *Sh.* prāptasya.

15) *Sh.* bhavati.

16) *Ms.*, *Sh.* paracittasyāpi. *Tib.* chuṅ ṅu źig. *Ch.* 少分.

17) *Ch.* 聖弟子.

18) *Ms.*, *Sh.* ātmanaś cottari viśeṣādhigamasaṁpratyayajāto mānasaṁ saṁpraharṣaya iti /. *Tib.* bdag gyis kyaṅ phyis de lta bu'i khyad par rtogs par 'gyur ro/ źes yid ches pa bskyed ciṅ yid rab tu dga' bar gyis śig/. *Ch.* 於 ... 及自後時所證差別. 當生信解發喜悅意.

あるいは、私が学処に背反したときには、如法に懺悔することによってと、意楽によって、再びなさないように心を起こす。私のなすべきことをなし、なすべきでないことをなさないようにしよう。つまり、私は意楽を円満し、また、加行を円満しよう、すなわち、学足においてである』（と。）このように伺察している汝が、もし、戒蘊を清浄にしているなら、汝はさらに『どうか、私に無悔が生じるように』（という）考えを起こす必要はない。そうではなくて、このように戒の清浄な者に無悔が生じるというのは法性である。そして、このように無悔であるものは『どうか、私に歓喜が生じるように』（という）考えを起こす必要はない。そうではなくて、無悔であるものに歓喜が生じるというのは法性である。まず、このただ一つの歓喜の依り所によって、汝は、無悔にしたがって、歓喜を起こすべきである。

（歓喜を）起こしたのち、もう一つの喜悦の依り所によって、喜びが起こされるべきである。『現世において、未だ得ていないものを得るために、未だ証得していないものを証得するために、未だ現証していないものを現証するために、私は有能であり、力があり、このように清浄な戒を持ち、世尊の学処に善く住する』（という）この依り所によっても、心を喜悦させよ。

さらに、もし、汝が、前後にしたがって、極僅かな殊勝性の証得でも獲得するなら、その汝はそれに専念して、他者の円満された殊勝性の証得において、すなわち、如来、あるいは如来の声聞においてと、また、自身の後の殊勝性の証得において、深い信心を生じ、心を喜悦させよ」と。

(1…“ya ebhir ākārair manasas te saṁpraharṣa*ḥ*, sa pūrvapramuditasyaitarhi prītimanaskate”ty ucyate / evaṁ prasadanīyaṁ nimittam udgrāhayati…[1] /

(2…udgrāhayitvā[3] punaḥ samanuśāsti…[2] / “ehi, tvaṁ bhadramukha, saṁvejanīyena nimittena saṁtāpitacittaḥ, prasadanīyena *nimi*ttenābhiṣyanditacittaḥ[4] prahāyābhidhyādaurmanasyaṁ[5] loke bahulaṁ vihariṣyasi / yatra ca yatrālambane prayokṣyase śamathapakṣe vipaśyanāpakṣe vā, tatra tatrālambane cittaṁ sthitaṁ bhaviṣyaty adhyātmaṁ susaṁsthitam / kāyacittapraśrabdhicittaikāgratāś ca pratilapsyase” /

(III)-C-V-4-a-(1)-iii Ms.108b4M, Sh.415-3, P.184a7, D.153a3, N.163a3, Co.159a3, Ch.460b7

“evaṁ kṛṣṇapakṣavimukhībhūtaḥ (6…śuklapakṣābhimukhībhūtaś ca…[6] yaduta saṁvegābhiṣyandanatayā (7…sa tvaṁ…[7] punar (8…a*py* ādīnavanimittam…[8] udgṛhṇīṣva, yaduta nimittebhyo vi*tarke*bhyaś[9] copakleśebhyaś ca / [10]

tatra nimittāni rūpanimittādīni daśa, vitarkāḥ kāmavitarkādayo ’ṣṭau, upakleśāḥ kāmacchandādayaḥ pañca / evaṁ ca punas teṣv ādīnavam udgṛhṇīṣva / itīmāni nimittāni vyāpārakārakā*ṇi*[11] cittasya / itīme vitarkā autsu*kya*saṁkṣobha*kā*rakāś[12] cittasya / itīme‿ upakleśā anupaśama*kā*rakāś[13] cittasya / yaś ca cittasya vyāpāro nimittakṛtaḥ, yaś *cau*tsukyasaṁkṣobho[14] vitarkakṛtaḥ, yaś (15…cānupaśa*ma* upakleśakṛtaḥ,…[15] duḥ*kha*vihāra[16] eṣa cittasya / tasmād ime nimittavitarkopakleśā

---

1) *Ms.* ya ebhir ākārair mana(si)sas te saṁpraharṣa(ya) iti / ya ebhir ākāraiḥ sa pūrvvapramuditasyaitarhi prītimanaskatety ucyate / evaṁ prasadanīyaṁ nimittam udgrāhayaty. *Sh.* ya ebhir ākārair manasas te sa praharṣa iti / ya ebhir ākāraiḥ sa pūrvvapramuditasyaitarhi prītimanaskatety ucyate / evaṁ prasadanīyaṁ nimittam udgrāhayaty. *Tib.* de ltar rnam pa de dag gis khyod kyi yid rab tu dga’ ba sṅa ma gaṅ yin pa de ni rab tu dga’ ba yin no/ / da (*N.* de) ltar gyi (*D.*, *Co.* gyis) ni yid dga’ ba źes bya’o/ źes de ltar daṅ bar ’gyur ba’i mtshan ma ’dzin du ’jug par byed do/. *Ch.* 如是行相諸適悅意. 先名歡悅今名喜悅. 總名悅意. 如是名爲取欣樂相.

2) *Tib.* ’dzin du bcug nas yaṅ ’di ltar rjes su ston par byed de. *Ch.* 取是相已復應教授告言.

3) *Sh.* udgrāhayitvā(hya).

4) *Ms.*, *Sh.* cittenābhiṣyanditacittaḥ. *Tib.* daṅ bar gyur ba’i mtshan mas sems mṅon par brlan par byas zin pas. *Ch.* 欣樂相故滋潤其心. 5) *Sh.* °daurmanasyaṁ(sye). 6) *Sh.* °mukhībhūtasya.

7) *Sh.* sarvvaṁ. 8) *Ms.*, *Sh.* asyādīnavanimittam. *See* Schmithausen 1982b, 63, *fn.* 16.

9) *Ms.*, *Sh.* vipakṣebhyabhyaś. *Tib.* rnam par rtog pa daṅ. *Ch.* 謂於所有諸相<u>尋思</u>及隨煩惱. *See* Schmithausen 1982b, 63, *fn.* 16.

10) *Ch. has* 取過患相. 11) *Ms.* °kārakāni. *Sh.* °kārakāni(ṇi). *See* Kritzer 2017, 36, *fn.* 32a.

12) *Ms.* autsuktasaṁkṣobhakarakāś. *Sh.* aunmuktasaṁkṣobhaka[ā]rakāś. *See* Kritzer 2017, 36, *fn.* 32b. 13) *Ms.* anupaśamakarakāś. *Sh.* anupaśamaka[ā]rakāś.

14) *Ms.* cotsukyasaṁkṣobho. *Sh.* conmuktasaṁkṣobho. See Kritzer 2017, 36, *fn.* 32c.

15) *Ms.* cānupakleśa-upakleśakṛtaḥ. *The second* upakleśa *is written in the lower margin. Sh.* cānu(nū)pakleśa[upakleśa]kṛtaḥ. *Tib.* ñe ba’i ñon moṅs pas ñe bar ma źi bar byas pa. *Ch.* 恒不寂靜隨煩惱所作. *See* Schmithausen 1982b, 63, *fn.* 16. 16) *Ms.*, *Sh.* duḥkhāvihāra.

「これらの様相によって、汝の心に喜悦があるのは、以前に歓喜した（汝）に、今、喜びの心があることである」と云われる。このように喜ばれるべき相を取らせる。

取らせたのちに、さらに、（次のように）教誡する。「来たれ、賢首よ、汝は嫌悪されるべき相によって精錬された心を持ち、喜ばれるべき相によって潤された心を持ち、世間において貪りと憂いを断ち、たびたび住するであろう。そして、止に属するものでも、観に属するものでも、汝が行じるあれこれの所縁において、心が内側に住し、よく等住するであろう。そして、身心の軽安と心一境性とを獲得するであろう」

(III)-C-V-4-a-(1)-iii　過患相

「このように、嫌悪と潤いによって、黒品に背き、白品に向いた汝は、さらにそれの過患相を取れ、すなわち、諸相より、尋思より、随煩悩よりである。

このうち、相は色相などの十であり、尋思は欲尋思などの八であり、随煩悩は欲貪などの五である。さらにまた、このように、それらにおいて過患を取れ。以上これらの相は、心を作用させるものである。以上これらの尋思は心を切望・散動させるものである。以上これらの随煩悩は心を寂静にさせないものである。相によってなされた心の作用と、尋思によってなされた切望・散動と、随煩悩によってなされた非寂静は、心が苦に住することである。それゆえ、これらの相・尋思・随煩悩は

duḥkhā anāryā anarthopasaṁhitāś (1…cittavikṣepasaṁkṣobhasaṁkleśakarāḥ /…1) evam ādīnavanimittam udgṛhya cittaikāgratāyāṁ cittasthitau cittāvikṣe*pe*[2] (3…ṣaḍbhir ākārair…3) nimittam udgṛhāṇa, yaduta nirnimittasaṁjñayā,[4] nirnimitte *cā*vyāpārasaṁjñayā,[5] nirvikalpasaṁjñayā, nirvikalpe cānautsukyāsaṁkṣobhasaṁjñayā, upaśamasaṁjñayā (6…upaśame ca…6) niṣparidāhanairvṛtya*sukha*saṁjñayā[7]/"

(III)-C-V-4-a-(1)-iv Ms.109a2L, Sh.416-2, P.184b8, D.153b2, N.163b4, Co.159b2, Ch.460b24

"(8…evaṁ nimittam udgṛhya…8) punar aparaṁ cālokanimittam udgṛhāṇa, yaduta pradīpād vā, agniskandhaprabhāsād vā, sūryamaṇḍalād vā, candramaṇḍalād[9] vā" /

(III)-C-V-4-a-(1)-v Ms.109a2M, Sh.416-4, P.184b8, D.153b3, N.163b4, Co.159b2, Ch.460b25

"(10…nimittam udgṛhya…10) śmaśānādy upasaṁkramya vinīlakād vā nimittam[11] udgṛhāṇa, (12…yāvad asthīnāṁ[13] vā, asthiśaṁkalikānāṁ vā…12) / (14…no cec chmaśānād…14) api tu citrakṛtād vā, kāṣ*ṭhā*śmaśā*da*kṛtād[15] vā nimittam[16] udgṛhāṇa" /

(III)-C-V-4-a-(2)-i Ms.109a3L, Sh.416-8, P.185a2, D.153b4, N.163b6, Co.159b4, Ch.460b29

"(17…udgṛhya śayanāsanam[18] upasaṁkrama…17) / upasaṁkramyāraṇyagato[19] vā, vṛkṣamūlagato vā, śūnyāgāragato vā, mañce vā, pīṭhe vā, tṛṇasaṁstarake vā niṣīda, paryaṅkam ābhujya, pādau prakṣālya[20], ṛjuṁ kāyaṁ praṇidhāya,

---

1) *Ms.* cittavikṣepasaṁkṣobhasaṁkleśakarā. *Sh.* cittavikṣepasaṁkṣobhakarā[ḥ /].

2) *Ms.* cittāvikṣepaḥ. *Sh.* cittāvikṣepaḥ(pe).

3) *Tib.* 'du śes rnam pa drug po 'di.

4) *Sh.* nimittasaṁjñayā.

5) *Ms., Sh.* vāvyāpārasaṁjñayā. *See* Schmithausen 1982b, 63, *fn.* 17.

6) *Sh.* upaśame(na). *Concerning* na, *Sh. says, in his footnote,* "This may be deleted."

7) *Sh.* °nairvṛtya[ā]śubhasaṁjñayā. *Tib.* yoṅs su gduṅ ba med pa daṅ/ yid brtan du ruṅ ba daṅ/ sdug pa'i 'du śes. *Ch.* 離諸燒惱寂滅樂想. *Cf.* ŚBh III 128, 4; 144, 3.

8) *Ch.* 汝取如是過患相已.

9) *No equivalent in Tib.*

10) *Tib.* de ltar snaṅ ba'i mtshan ma (*D., Co.* mar) bzuṅ (*P., N.* zuṅ) nas/. *Ch.* 既取如是光明相已. Schmithausen 1982b, 63, *fn.* 18: <evam āloka>nimittam udgṛhya. See Kritzer 2017, 33, *fn.* 23a.

11) *Tib.* mi sdug pa'i mtshan ma.

12) *Ch.* 廣説乃至取骨鎖相.

13) *Sh.* asthī(sthi)nām.

14) *Ch.* 汝若不能往詣塚間.

15) *Ms.* kāṣṭhaśmaśānākṛtād, *Sh.* kāṣṭhaśmaśānakṛtād, *Tib.* śiṅ ṅam/ 'jim pa (*P., N.* 'ji ba *for* 'jim pa) las byas pa las. *Ch.* 木石所作. *Cf.* ŚBh III, 38, 19. *Emended as* Schmithausen 2007, 226, *fn.* 47. *See* Kritzer 2017, 33, *fn.* 23b.

16) *Tib.* mi sdug pa'i mtshan ma. *Ch.* 如是諸相.

17) *Tib.* de ltar mi sdug pa'i mtshan ma bzuṅ nas gnas mal du soṅ la phyin pa daṅ. *Ch.* 取是相已還所住處.

18) *Ms., Sh.* śayanāsanāsanam.

19) *No equivalent for* upasaṃkramya *in Tib. or Ch.*

20) *Probably,* pādau prakṣālya *is out of order.*

苦なるものであり、聖なるものではなく、無益なるものを伴い、心を散乱・散動・染汚させるものである。このように、過患の相を取って、心一境性と心住と心不散乱において、六種によって相を取れ、すなわち、無相想によって、無相における無作用想によって、無分別想によって、無分別における無切望無散動想によって、寂静想によって、寂静における離熱悩寂滅楽想によってである」

(III)-C-V-4-a-(1)-iv　光明相

「このように、相を取ったのち、また別に、光明相を取れ、すなわち、灯明から、あるいは火聚のあかりから、あるいは日輪から、あるいは月輪からである」

(III)-C-V-4-a-(1)-v　了別事相

「相を取ったのち、墓場などに赴き、死斑の浮き出た死体から、乃至、骨の、あるいは諸骨の骨鎖の相を取れ。もし、墓場からでなければ、むしろ、絵に描かれたものから、あるいは木や石や泥で作られたものから相を取れ」

(III)-C-V-4-a-(2)　相明了　-i　亂不亂相

「（相を）取ったのち、臥坐処に赴け。赴いたのち、阿練若に行き、あるいは樹下に行き、あるいは空閑処に行き、大座に、あるいは小座に、あるいは草座に、両足を洗い[1]、跏趺を組み、正しい身体（の姿勢）を保ち、

1）テキストでは「両足を洗い」が「跏趺を組んで」のあとにきているが、チベット訳、漢訳に従い順序を変えて訳した。

pratimukhāṁ[1] smṛtim upasthāpya / [2] niṣadya[3] tatprathamata ekāgratāyām eva[4] cittāvikṣepe smṛtyupanibaddhaṁ[5] kuru / tatra ca (6… ṣaṭ *saṁjñā manasikuru, nirnimitta*saṁjñāṁ…6) nirvikalpasaṁjñām upaśamasaṁjñāṁ[7] nirvyāpārasaṁjñām anautsukyāsaṁkṣobhasaṁjñāṁ niṣparidāhanairvṛtya*sukha*saṁjñām[8] / tatra ca te vikṣepāvikṣepaparijñāvadhānaṁ pratyupasthitaṁ bhavatu / yena vikṣepāvikṣepaparijñāvadhānena tathā tathā nimittavitarkopakleśeṣu (9…*ca* vikṣepaṁ…9) parijānīṣva, cittaikāgratā*yā*ṁ[10] ca ṣaṭsaṁjñābhāvanānugatāyām avikṣepam / tatra ca vikṣepāvikṣe*payoḥ*[11] tathā tathāvahito bhava, yathā te‿ ekāgratopanibaddhā, adhyātmaṁ cetaḥśamathopanibaddhā sarvā cittasaṁtatiś cittadhārā[12] paurvāparyeṇa nirnimittā pravarteta, nirvikalpā, upaśāntā" /

(III)-C-V-4-a-(2)-ii Ms.109a5R, Sh.417-1, W.*122-27, P.185b2, D.154a2, N.164a5, Co.160a2, Ch.460c13

"sacet punaḥ smṛtisaṁpramoṣāt[13] tathā śamathaprāpte cetasi (14…nimittavitarkopakleśā *a*nabhyāsadoṣād…14) (15…ābhāsam āgacchanti, *mu*kham ādarśayanti, ālambanīkurvanti, teṣūtpannotpanne*ṣv* *a*smṛtyamanasikāraḥ kartavyaḥ,…15) (16…yaduta pūrvadṛṣṭam *evādīnava*m adhipatiṁ kṛtvā…16) evaṁ tadālambanam asmṛtyamanasikāreṇa[17] vibhāvitaṁ vi*dhva*stam[18] (19…anābhāsagatāyām avasthāpitaṁ bhaviṣyati…19) / tac caitad bhadramukha sūkṣmam ālambanaṁ duṣprati-

1) *Sh.* pratimukhāṁ(khīṁ). 2) *Tib. has* de ltar. 3) *No equivalent in Ch.* 4) *Sh. omits.*

5) Schmithausen 1982b, 63, *fn.* 19 *suggests* °upanibandhaṃ. *See* Kritzer 2017, 35, *fn.* 31a.

6) *Ms.* ṣaṭsaṁjñāṁ. *Sh.* ṣaṭsaṁjñāṁ(ḥ). *Tib.* 'du śes rnam pa drug po mtshan ma med pa'i 'du śes daṅ ... yid la gyis śig/. *Ch.* 復於其中依六種想作意思惟. 謂無相想無分別想. *See* Schmithausen 2007, 226, *fn.* 50. 7) *Ms., Sh.* upasaṁśama°. *See* Schmithausen 2007, 226, *fn.* 50.

8) *Sh.* niṣparidāhanairvṛtya[ā]śubhasaṁjñāṁ.. *Tib.* yoṅs su gduṅ ba med pa daṅ/ yid brtan du ruṅ ba daṅ/ sdug pa'i 'du śes. *Ch.* 離諸燒惱寂滅樂想. *Cf.* ŚBh III 126, *fn.* 6), *and* 144, 3. *See* Schmithausen 2007, 226, *fn.* 50. 9) *Ms., Sh.* vikṣepañ ca. 10) *Ms.* °āgratāñ. *Sh.* °āgratā[yā]ñ.

11) *Ms.* vikṣepāvikṣepe. *Sh.* vikṣepāvikṣepe(payoḥ). 12) *Tib.* sems kyi rnam pa.

13) *Ms.* saṁpramoṣā smṛtisaṁpramoṣāt. *Sh.* saṁpramoṣā[t] smṛtisaṁpramoṣāt. *Tib.* brjed (*Co.* brjod) ṅas pa daṅ. *Ch.* 由失念故.

14) *Ms., Sh.* nimittavitarkopakleśānabhyāsadoṣād. *Tib.* ma goms pa'i ñes pas mtshan ma daṅ/ rnam par rtog pa daṅ/ ñe ba'i ñon moṅs pa dag gis. *Ch.* 及由串習諸相尋思隨煩惱等諸過失故.

15) *Ms., Sh.* ābhāsam āgacchanti / sukham ādarśayanti / ālambanīkurvvanti / teṣūtpannotpanneṣu smṛtyamanasikāraḥ karttavyaḥ / *Tib.* snaṅ bar 'gyur/ sgo ston par 'gyur/ dmigs par byed par 'gyur na de dag byuṅ ṅo cog la ... dran pa med pa daṅ/ yid la byed pa med par byas te (*P., N.* bya ste)/. *Ch.* 如鏡中面所縁影像數現在前. 隨所生起. 即於其中當更修習不念作意.

16) *Ms., Sh.* yaduta pūrvadṛṣṭam evam adhipatiṁ kṛtvā. *Tib.* ñes dmigs sṅar mthoṅ ba de ñid kyi dbaṅ du byas te (*P., N.* bya ste)/. *Ch.* 謂先所見諸過患相增上力故. *See* Schmithausen 2007, 226, *fn.* 50.

17) *Ms.* anusmṛty°. *A second hand adds* nu *between lines. Sh.* a[nu]smṛty°. *Ch.*由所修習不念作意.

18) *Ms., Sh.* viśvastam. *Tib.* rnam par btsal na/. *Ch.* 散滅. *See* Schmithausen 1982b, 64, *fn.* 22.

19) *Ch.* 當令畢竟不現在前.

対面する念に近住して[1]、坐れ。坐ったのち、最初に、まさに（心）一境性において心不散乱に念を結びつけよ。また、そこで、無相想、無分別想、寂静想、無作用想、無切望無散動想、離熱悩寂滅楽想の六つの想を作意せよ。そこで、また、汝は散乱と不散乱との了知への専心を起こせ。その散乱と不散乱との了知への専心によって、それぞれのやり方で、相と尋思と随煩悩における散乱と、六つの想の修習をともなった心一境性における不散乱とを了知せよ。そこで、また、汝のすべての心相続・心流注が（心）一境性に結びつき、内に心の止に結びつき、前後に無相、無分別、寂静になるように、それぞれのやり方で、散乱と不散乱に専心せよ」

(III)-C-V-4-a-(2)-ii　奢摩他道

「しかし、もし、失念から、また同様に、串習しない過失から、止を得た心に相と尋思と随煩悩が顕現を生起し、面前に現し、所縁となすなら、これらのそれぞれの生じたものにおいて不念不作意がなされるべきである、すなわち、まさに以前に見られた過患に専念して、このようにそれの所縁が、不念不作意によって除去され、除滅され、不現前のなかに確立されたものとなるであろう。賢首よ、また、それは微細な所縁で、通達するのが難しい。

1）ŚBh III, 21, 2-5 および25, 18以下を参照。

vidhyam[1] / asya te prativi dhāya[2] tīvracchandaś ca vyāyāmaś ca karaṇīyaḥ” /

idaṁ cālambanaṁ saṁdhāyoktaṁ bhagavatā [3] /

“‘[(4...]janapadakalyāṇī janapadakalyāṇī’ti bhikṣavo *mahājanakāyaḥ saṁnipateta* / ‘*sā khalu janapadakalyāṇī paramapradhānā nṛtagītavādita’ iti bhūyasyā mātrayā* mahājanakāyaḥ saṁnipateta[...4)] / atha puruṣa āgacched abālajātīyaḥ / [(5...]taṁ kaścid eva*ṁ*[6] vaded[...5)] ‘idaṁ te bhoḥ, puruṣa, [7] tailapātrapūrṇaṁ samatittikam anabhiṣekyam [(8...(9...]antarā ca janapadakalyāṇīm[...9)] antarā ca mahāsamājaṁ parihartavyam[...8)] / ayaṁ ca te‿ utkṣiptāsiko vadhakapuruṣaḥ pṛṣṭhataḥ pṛṣṭhataḥ samanubaddhaḥ / sacet tvam asmāt tailapātrād ekabindum api pṛthivyāṁ nipātayiṣyasi, tatas te‿ utkṣi*ptā*siko[10] vadhakapuruṣa [(11...]ucchinnamūlaṁ śiraḥ prapātayiṣyati[...11)]’ / kiṁ manyadhve bhikṣavaḥ / [(12...]api nu sa puruṣo[...12)] [(13...(14...]’manasikṛtvā tailapātram amanasikṛtvā‿ utkṣiptāsikaṁ[...14)] vadhakapuruṣaṁ janapadakalyāṇī*ṁ*[15] manasikuryān mahāsamājaṁ[16] *vā*[17)...13)]” /

[18] “no bhadanta / tat kasya hetoḥ / tathā hi [(19...]tena puruṣeṇo *tkṣi*ptāsiko[20] vadhakapuruṣaḥ[...19)] pṛṣṭhataḥ pṛṣṭhataḥ samanubaddho dṛṣṭaḥ /

---

1) *Ms.* duḥprativi dhyam. *Sh.* duḥpra(duṣpra)tividhyam. 2) *Sh.* prativi(ve)dhāya.

3) *See W.* 123, 19-29 and *Telapattajātaka,* Jāt vol. I p. 393 ff., 10. 6 (96). Cf. *Janapadakalyāṇī-sutta,* SN vol. V, p. 169 f., XLII, 20. Taisho no.99, vol.2, 174b15 ff. (sūtra 623).

4) *Ms., Sh.* janapadakalyāṇī janapadakalyāṇīti bhikṣavo mahājanakāyaḥ saṁnipateta. *W.* janapadakalyāṇī janapadakalyāṇīti bhikṣavo [janaḥ saṃnipateta sā khalu janapadakalyāṇī paramapradhānā nṛttagītavādita iti] mahājanakāyaḥ saṃnipateta. *Tib.* dge sloṅ dag yul gyi bzaṅ mo yul gyi bzaṅ mo źes bya ba ni/ skye bo maṅ po ’du bar ’gyur ba yin no (*P., N.* te)// yul gyi bzaṅ mo de yaṅ gar daṅ/ glu daṅ/ rol mo mchog tu mkhas par gyur na/ skye bo maṅ po dag rgya cher ’du bar ’gyur ro//. *Ch.* 汝等必須當知衆善. 言衆善者. 謂於大衆共集會中盛壯美色. 即此衆善最殊勝者. 謂於多衆大集會中歌舞倡伎. *Janapadakalyāṇisutta.* janapadakalyāṇī janapadakalyāṇīti kho bhikkhave, mahājanakāyo sannipateyya. sā kho panassa janapadakalyāṇī paramapāsāvinī nacce, paramapāsāvī gīte, janapadakalyāṇī naccati gāyatīti kho bhikkhave bhiyyosomattāya mahājanakāyo sannipateyya. *Also see* ŚBh III 132, 8-10.

5) *Ch.* 從外而來告一人曰. 6) *Ms., W.* eva. *Sh.* eva[ṁ]. 7) *Ch. has* 於今者.

8) *Ch.* 經歷如是大衆中過當避其間所有衆善及諸最勝歌舞倡伎大等生等.

9) *Ms.* antarā ca janaḥ sannipateta / sā khalu janapadaṁ kalyāṇīm. *Sh.* antarā ca janakāyaḥ sannipateta / sā khalu janapadakalyāṇīm. *W.* antarā ca janapadakalyāṇīm [MS: janapadaṃ kalyāṇīm]. *Tib.* yul gyi bzaṅ mo’i bar daṅ/. *Ch.* 經歷如是大衆中過當避其間所有衆善及諸最勝歌舞倡伎大等生等. *See W.* 123, 19-29. 10) *Ms.* utkṣiptasiko. *Sh.* utkṣipta[ā]siko. *W.* utkṣiptāsiko.

11) *Ch.* 當斬汝首斷汝命根. 12) *W.* api tu sa puruṣo. *Tib.* skye bu de. *Ch.* 是持鉢人.

13) *Ch.* 頗不作意專心油鉢拔劍魁膾不平地等. 而能作意觀視衆善及諸最勝歌舞倡伎大等生耶.

14) *Sh.* amanasikṛtvā tailapātram amanasikṛtvā tailapātram amanasikṛtvā utkṣiptāsikaṁ.

15) *Ms.* janapadakalyāṇī. *Sh.* janapadakalyāṇī[ṁ]. *W.* janapadakalyāṇī(ṃ).

16) *Sh.* mahājanasamājaṁ. 17) *Ms.* vo. *Sh.* naḥ. *W.* vā [MS: vo]. 18) *Tib. has* gsol pa.

19) *Tib.* des gśed ma’i mi (*P., N. omit*) sug pa na (*P., N. omit*) ral gri gzas pa thogs pa ’dis (*P., N.* ’di). *Ch.* 是持鉢人既見魁膾露拔利劍隨逐而行.

20) *Ms.* puruṣeṇoptāsiko. *Sh.* puruṣeṇo[tkṣi]ptāsiko. *W.* puruṣeṇotkṣiptāsiko.

この汝の通達のために、激しい意欲と努力が起こされるべきである」

そして、世尊によって、この所縁が密意をもって述べられる。

「比丘たちよ、『国一番の美女、国一番の美女』といって多くの人々が集まるとしよう。『実に、その国一番の美女は、踊り・歌・楽器に最も秀でている』といって、さらに多くの人々が集まるとしよう。すると、愚かでない性分の男がやってきて、彼にある人がこのように言うだろう。『おお、男よ、あなたは、このふちまで一杯に満たされた油の入れ物を、こぼさずに、国一番の美女と多くの（人の）集まりの間を運ばなければならない。そして、この剣を振り上げた人斬りがあなたの真後ろについてくる。もし、あなたがこの油の入れ物から一滴でも地面に落とすなら、剣を振り上げた人斬りが、あなたの頭を根元から切り落とすであろう』（と。）比丘たちよ、どのように思うか。それでも、その男は油の入れ物に作念せず、剣を振り上げた人斬りに作念せず、国一番の美女、あるいは多くの（人の）集まりに作念するであろうか」

「否、尊者よ。それはどうしてかといえば、その男によって、剣を振り上げた人斬りが真後ろについてくるのが見られたからなのです。

(1...tasyaivaṁ syāt...1) / "(2...saced aham asmāt tailapātrād ekabindum api pṛthivyāṁ nipātayiṣyāmi,3)...2) (4...ato me utkṣiptāsiko vadhakapuruṣa ucchinnamūlaṁ śiraḥ prapātayiṣyati...4)" / 5) nānyatra sa puruṣo (6...'manasikṛtya7) janapadakalyāṇ*īṁ*8) mahāsamājaṁvā,...6) (9...tad eva tailapātraṁ...9) sarvacetasā samanvāhṛtya (10...samyag eva pariharet...10)"/

11) "evam eva bhikṣavaḥ ye kecic catvāri smṛtyupasthānāni satkṛtya bhāvayanti gurukṛtya sarvacetasā (12...samanvāhṛtya, te me...12) śrāvakā" iti /

tatra janapadakalyāṇīti kā*macchan*dādyupakleśaparyavasthānīyānāṁ13) dharmāṇām etad adhivacanam / paramapradhānā nṛtagītavādita iti vitarkaprapañcasaṁkṣobhasthānīyānāṁ dharmāṇām etad adhivacanam / mahāsamāja iti rūpanimittādīnāṁ daśānāṁ nimittānām etad adhivacanam / abālajātīyaḥ14) puruṣa iti (15...yogācāras*yaitad a*dhivacanam...15) / tailapātram16) iti śamathopanibaddhasya cittasya etad adhivacanam, kāyacittapraśrabdhisnehanārthena17) / utkṣiptāsiko vadhakapuruṣa iti nimittavitarkopakleśeṣu pūrvodgṛhītasyādīnava*nimitta*syaitad18) adhivacanam / (19...sa*rvacetasā samanvāhṛ*tya pariharati,...19) na caikabindum api pṛthivyāṁ pātayatīti vikṣepāvikṣepaparijñānāvadhānaparigṛhītasya śamathamārgasyaitad adhivacanam / yenāyaṁ sa*rvāṁ*20) cittasaṁtatiṁ cittadhārāṁ nirnimittāṁ21) nirvikalpām upaśāntāṁ

---

1) *Ch.* 極大怖畏專作是念.

2) *Ch.* 我所持鉢油既彌滿. 經是衆中極難將度. 脫有一滴當墮地者. 3) *Sh.* pātayiṣyāmi.

4) *Ch.* 定爲如是拔劍魁膾. 當斬我首斷我命根. 5) *Tib. has* sñam du sems pa'i slad du ste/.

6) *Ch.* 爾時於彼衆善及諸最勝歌舞倡伎大等生等. 都不作意思念觀視. 7) *Sh.* amanasikṛtya(tvā).

8) *Ms.* janapadakalyāṇī. *Sh.* janapadakalyāṇī[ṁ]. *W.* janapadakalyāṇī(ṁ).

9) *Tib.* snod 'bru mar gyis bltams pa de (*P., N. omit*).

10) *Tib.* leg pa kho nar 'tshal te/ mchi (*D., Co.* 'chi) ba 'ba' źig tu bgyid lags so/.

11) *Tib. has* bka' stsal ba (*N., Co.* pa)/. 12) *Sh.* samanvāhṛtyate me (ta ime).

13) *Ms.* kāyachandādyupakleśa°. *Sh.* kāya [c]chandādyupakleśa°. *W.* kāma(c)chandādyupakleśa°. *Tib.* 'dod pa la 'dun pa la sogs pa ñe ba'i (*P., N. omit* ñe ba'i) ñon moṅs pas kun nas dkris pa daṅ mthun pa'i. *Ch.* 能隨順貪欲纏等隨煩惱法. 14) *Sh.* abālabhāgīyaḥ.

15) *Ms., Sh., W.* yogācārasyādhivacanaṁ. *Tib.* de ni/ rnal 'byor spyod pa'i rnal 'byor pa'i tshig bla dags yin no/. *Ch.* 喩瑜伽師.

16) *Tib.* snod (*P., N. omit*) 'bru mar gyis kha da cad (*P., N.* bcad) du gaṅ ba. *Ch.* 平滿油鉢.

17) *Ch.* 能令身心輕安潤澤. 是奢摩他義.

18) *Ms., W.* °ādīnavasyaitad. *Sh.* °ādīnasyaitad. *Tib.* sṅon ñes dmigs kyi mtshan mar bzuṅ ba'i. *Ch.* 喩先所取諸相尋思隨煩惱中諸過患相.

19) *Ms.* satkṛtya pariharati. *Sh.* satkṛtya viharati. *W. omits. Tib.* legs pa kho nar khyer te. *Ch.* 專心將護. *Cf. l.*4: sarvacetasā samanvāhṛtya samyag eva pariharet. *Tib.* sems thams cad kyis bsams te/ legs pa kho nar 'tshal te/. *Ch.* 專心作意而正護持.

20) *Ms.* sarvvo. *Sh.* sarvvo(sarvāṁ). 21) *Sh.* nirmimittāṁ.

彼は、このように思うでしょう。『もしも、私が、この油の入れ物から一滴でも地面に落したなら、剣を振り上げた人斬りが、私の頭を根元から切り落とすであろう』（と。）その男は国一番の美女、あるいは多くの（人の）集まりに作念せず、まさにその油の入れ物に心のすべてを向け、まさに正しく運ぶほかないでしょう」

「比丘たちよ、まさにこのように四念処を尊び、重んじ、心のすべてを向け、修習するものは誰でも、私の声聞である」と。

このうち、国一番の美女というのは、欲貪等の随煩悩に纏縛される諸法のたとえである。踊り・歌・楽器に最も秀でているというのは、尋思・戯論・散動に属する諸法のたとえである。多くの（人の）集まりというのは、色相等の十の相[1]のたとえである。愚かでない性分の男というのは、瑜伽行者のたとえである。油の入れ物というのは、止に結びつけられた心の たとえである。（止は）身心の軽安と潤沢を目的としているからである。剣を振り上げた人斬りというのは、相・尋思・随煩悩において、先に取った過患の相のたとえである。心のすべてを向け、運ぶ。そして、一滴も地面に落とさないというのは、散乱と不散乱との了知への専心によって獲得された止の道のたとえである。それによって、彼はすべての心相続と心流注を、精進の力によって、無相、無分別、寂静にし、

1）瑜伽論記 (467b19-21): 色等十相者。有釋四大青黄赤白男女是也。今云色聲香味觸男女生老死也。

vīryabalena nirantarāṁ paurvāparyeṇa[1)] pravartayati / na caikacittam utpādayati nimittālambanaṁ vā vitarkopakleśālambanaṁ vā /

(III)-C-V-4-a-(2)-iii Ms.109b5R, Sh.419-13, P.186b6, D.155a3, N.165b1, Co.161a4, Ch.461a25

(2…tam enam evaṁśamathaprayuktam ādikarmikaṁ yogī…2) samanuśāsti / "(3…yāvat te bhadramukha evaṁśamathamārgaprayuktasya evam upāyaparigṛhītaṁ smṛtisaṁprajanyasahagataṁ sābhirāmaṁ cittaṁ bhavati,…3) tāvat te śamathamārga eva bhāvayitavyaḥ / sacet punar anabhyāsa*doṣ*ān[4)] (5…na ramate sopā*yāsa*ṁ ca, tadā laghulaghv eva tasmān nirvikalpād ālambanād vyutthāya…5) savikalpa ālambane smṛtyupanibaddhaṁ kurute / yad eva te pūrvodgṛhītam aśubhanimittaṁ tad eva manasikuru tatprathamato nimittamātrānusāriṇyā vipaśya*na*yā,[6)] yaduta vinīlakaṁ vā vipūyakaṁ vā, (7…yāvad asthiśaṁkalikāṁ vā…7) / tathāprayuktaś ca tatprathamata[8)] ekaṁ vinīlakam adhimucyasva, yāvad ekām asthiśaṁkalikām / (9…yataś cātra kṛtaparicayo bhava*si*,[10)] prabhāsvaraś ca te 'dhimokṣaḥ pravartate tadālamba*ne*,[11)…9)] tadā dvau trīṇi catvāri pañca daśa viṁśa*t*[12)] triṁśac catvāriṁśat pañcāśad vinīlakaśataṁ vinīlakasahasraṁ, yāvat (13…sarvā diśo vidiśaś cāpramāṇākāreṇa[14)…13)] pūr*ṇā*[15)] (16…nirantarā *a*dhimucyasva,…16) *(17…yeṣāṁ na syād

---

1) *Sh.* paurvāpayeṇa.

2) *Tib.* rnal 'byor pa des źi gnas la rab tu brtson pa'i las daṅ po pa de la 'di skad rjes su 'doms par yaṅ byed de. *Ch.* 是瑜伽師復應如是慇懃教誨於奢摩他初修業者.

3) *Tib.* bźin bzaṅ (*D.*, *Co.* bzaṅs) khyod ni (*P.*, *N.* *omit* ni) ji (*D.*, *Co.* ci) tsam du de ltar thabs kyis (*P.*, *N.* kyi) yoṅs su zin ciṅ dran pa daṅ/ śes bźin daṅ ldan pa'i źi gnas kyi lam la rab tu brtson (*N.* brtsen) par byed (*P.* bye) ciṅ/ sems mṅon par dga' ba daṅ bcas par 'gyur ba.

4) *Ms.*, *Sh.* anabhyāsamoṣān. *Tib.* ma goms pa'i ñes pas. *Ch.* 串習諸過失故. *Cf.* ŚBh III 128, 13.

5) *Ms.* na ramate sopāyaṁ ca · tadā laghulaghv eva tasmān nirvikalpād ālambanād vyutthāya. *Sh.* na ramate sopāyaṁ ca tadālamba tasmān nirvikalpād ālambanād vyutthāya. *Tib.* mṅon par mi dga' źiṅ 'khrug pa daṅ bcas pa la bsgrims te bya dgos par snaṅ na/ de'i tshe myur ba myur ba kho nar rnam par rtog pa med pa'i dmigs pa de las laṅs te/, *Ch.* 不能於中深心喜樂. 極大艱辛勵力策發方現前者. 還應速疾出無分別所縁境相. Schmithausen 1982b, 64, *fn.* 24. *suggests* na ramate sopā<yāsaṃ balātkāakaraṇī>yaṃ ca. *Cf.* ŚBh III 138, 2-3 *and fn.* 8).

6) *Ms.* vipaśyanāyā. *Sh.* vipaśyanayā. *Tib.* lhag mthoṅ gis. *Ch.* 先應用彼唯隨相行毘鉢舍那.

7) *Ch.* 廣説乃至觀骨觀鎖或觀骨鎖.

8) *Sh.* tatprathamava(ta).

9) *Tib.* des na de la khyod kyi sems yoṅs su sbyaṅ bar bya (*D.*, *Co.* ba byas *for* bar bya) ba daṅ/ 'od gsal bar 'gyur źiṅ dmigs pa de la mos par yaṅ 'gyur ro/. *Ch.* 若於其中已串修習觀道明淨. 於所縁相明了勝解相續轉時.

10) *Ms.* bhavase.

11) *Ms.* tadālambana (dvau). *Sh.* tadālambanandvau. *See* Schmithausen 2007, 228, *fn.* 58.

12) *Ms.*, *Sh.* viṁśa.

13) *Ch.* 一切諸方諸維所有青瘀. 起無量行...

14) *Sh.* ca/ pramāṇākāreṇa.

15) *Ms.* pūrvvā. *Sh.* pūrvvā[ṁ]. *Tib.* yoṅs su gaṅ ste/. *Ch.* 遍一切處. *See* Schmithausen 2007, 228, *fn.* 58.

16) *Ms.* nirantarādhimucyasva. *Sh.* nirantarā[m a]dhimucyasva. *Sh. says, in his footnote,* "This may be added."

前後に間断なくする。そして、相を所縁とする、あるいは尋思・随煩悩を所縁とする僅かな心も起こさない。

(III)-C-V-4-a-(2)-iii　毘鉢舎那道

瑜伽者は、このように止を実践する他ならぬこの初業者に教誡する。「賢首よ、このように止の道を実践する汝に、このように方便に含められ、念と正知を伴った、喜びを持つ心が生じる限り、汝はまさに止の道を修習すべきである。しかし、もし、串習しない過失から、（心が）喜ばず、悩みをもつなら、その時はまさに迅速にその無分別の所縁から起きて、有分別の所縁に念を結びつける。最初に、相のみにしたがう観によって、汝によって先に得られた不浄の相に作意せよ、すなわち、死斑の浮き出た死体、あるいは膿の出た死体、乃至、諸骨の骨鎖にである。また、そのように実践する（汝は）最初に、一つの死斑の浮き出た死体、乃至、一つの諸骨の骨鎖を勝解せよ。そして、これに熟練し、また、それの所縁における汝の勝解が明瞭となってから、その時に、二つ・三つ・四つ・五つ・十・二十・三十・四十・五十・百の死斑の浮き出た死体・千の死斑の浮き出た死体、乃至、すべての方角と中間の方角とが量りきれない様相（の死斑の浮き出た死体）で間断なく満たされ、ついには、それらに、

avakāśo 'ntato daṇḍakoṭī*viṣṭambhana*mātram api[...17)]* / yathā vinīlakānām evaṁ yāvad asthiśaṁkalikānām [1)]" /

"[(2...]sa *tvam*[...2)] evam evādhimuktimanaskāraṁ[3)] niśritya bhūtamanaskāram avatara / [(4...]evaṁ ca punar avatara[...4)] / '[(5...]yāvanty etāni vinīlakāni mayādhimuktāni, yāvad asthiśaṁkalikā ato 'pramāṇatarāṇi[6)...5)] [7)] me [(8...]pūrvāntam ārabhya[...8)] / [(9...]tatra tatra bhavagaticyutyupapādeṣu[...9)] mṛtasya kālagatasya [(10...]yāni vinīlakāni nirvṛttāni yāvad asthiśaṁkalikā nirvṛttā[11)...10)] [(12...]yeṣāṁ pūrvā koṭir na prajñāyate ni*rva*rtamānānām,[13)] tāḥ[14)] sacet kaścit saṁharet, saṁhṛtāś ca na vinaśyeyuḥ, na ca pūtībhaveyuḥ,[...12)] nāsti sa pṛthivīpradeśo yatra teṣām avakāśaḥ syāt / ekakalpikānām[15)] api tāvad yāvad asthiśaṁkalikānāṁ sacet kaścit saṁhārako bhavet, tāsāṁ syāt saṁhṛtānāṁ vipulapārśvaparvatasamā rāśiḥ / yathā pū*rvā*ntam[16)] ārabhyaivam aparāntam api yāvad duḥkhasyāntaṁ na kariṣyāmi' / evaṁ hi tvam *adhimu*ktimanaskāraṁ[17)] niśritya bhūtamanaskāram avatīrṇo bhaviṣyasi[18)]" /

(III)-C-V-4-a-(2)' Ms.110a3M, Sh.421-3, P.187b4, D.155b7, N.166a6, Co.161b7, Ch.461b27

[(19...]na caitāni vinīlakāni yāvad asthiśaṁkalikā[20)] [(21...]vipaśyanāprayuktena sakṛd vipaśyitavyāḥ,[...21)...19)] nānyatraikaṁ vinīlakam adhimucya punaś cittaṁ śamay-

---

17) *Ms.*, *Sh.* yeṣāṁ na syād avakāśaḥ · antato daṇḍaviṣṭambhanakoṭīmātram api. *Tib.* de dag gi bar skabs tha na khar (*P.*, *N.* 'khar) ba'i rtse mo gzugs pa'i gtos tsam yaṅ med par. *Ch.* 於中乃至無有容受一杖端處. *Cf.* ŚBh III 152, 7-8: yatra nāsty antaram antato...

1) *Tib. adds* mos par gyis śig. 2) *Ms.*, *Sh.* sarvvam. *Tib.* khyod kyis. *Ch.* 汝. *See* Schmithausen 2007, 228, *fn.* 59. 3) *Sh.* adhimuktimanaskāraṁ. 4) *Ch.* 於趣入時應作是念.

5) *Ch.* 如我今者勝解所作. 無量青瘀廣説乃至無量骨鎖. 眞實青瘀乃至骨鎖. 其量過此不可數知.

6) *Sh.* [a]pramāṇavarāṇi. 7) *Ch. has* 所以者何. 8) *Sh.* pūrvvāntabhārabhya.

9) *Tib.* srid pa daṅ/ 'gro ba de daṅ de dag tu bdag 'chi 'pho źiṅ skye ba dag (*P.*, *N.* daṅ) na/ *Ch.* 於彼彼有彼彼趣中輪迴生死.

10) *Ch.* 所棄尸骸所起青瘀. 廣説乃至所起骨鎖無量無邊. 11) *Sh.* nirvṛtyām.

12) *Tib.* de dag gi sṅon gyi mtha' (*P.*, *N.* mtha'i) ni mi mṅon no// gal te de ltar gyur pa de dag la la źig gis bsdus śiṅ bsdus nas kyaṅ źig par ma gyur/ rul bar ma gyur du zin na/ *Ch.* 如是所起推其前際不可知故. 假使有能攝聚如是所棄尸骸令不壞爛. 13) *Ms.*, *Sh.* nivartamānānāṁ.

14) *Although* tāḥ *does not agree with* yāni *above, it is left unemended.*

15) *Tib.* bskal pa gcig gi (*D.*, *Co.* gis) rnam par bsṅos pa. *Ch.* 於一劫中所棄尸骸.

16) *Ms.* pūrvvasyāntaram. *Sh.* pūrvvasyāntara(pūrvānta)m.

17) *Ms.* abhiyukti (/) manaskāraṁ. *Sh.* abhiyukṣi(yuṁkṣva) / manaskāraṁ. *Tib.* mos pa yid la byed pa la. *Ch.* 勝解作意. 18) *Sh.* bhaviṣyasi(bhava).

19) *Ch.* 又非修習如是青瘀乃至骨鎖毘鉢舍那. 應頓觀察.

20) *Ms.* asthiśaṁkalikāni yāvad asthiśaṁkalikā. *Sh.* asthiśaṁkalikā[yā]. *Sh. says, in his footnote,* "This may be added." *See* Schmithausen 1982b, 67, *fn.* 45.

21) *Sh.* vipaśyanāprayuktena sakṛd vipaśyitavyā[ni]. *Sh. proposes* vipaśyanāprayutena (*sic.*) sakṛd draṣṭavyāni *as "the correct form."*

杖の先端を支えるほどの隙間もなくなるまで、勝解せよ。諸骨の骨鎖まで、死斑の浮き出た死体と同様である」

「その汝は、まさにこのように勝解の作意に依って、真実の作意に入れ。そしてまた、このように入れ。『私によって勝解されたこれらの死斑の浮き出た死体、乃至、諸骨の骨鎖の量よりも、前際以来、私の（死体）はさらに量りきれない。あれこれの存在の世界と存在の状態における死と生の中で、絶命し末期に至った（私）の死斑の浮き出た死体が生じ、乃至、諸骨の骨鎖が生じ、その生じているものの最初は知られない。もし、それらを誰かが集め、また、集められたものが朽ちず、腐敗もしないなら、それらに隙間ができる国土はないであろう。もし、まず、たった一劫分の［死斑の浮き出た死体］乃至、諸骨の骨鎖を集める人が誰かいたとしても、それら集められたものの積み重ねは広博脇山のようであろう。前際以来のように、後際（まで）もまた、私が苦を終息させないうちは同様である』（と、）まさにこのように、汝は勝解の作意に依って、真実の作意に入った者となるであろう」

(III)-C-V-4-a-(2)'　結相明了

そして、これらの死斑の浮き出た死体、乃至、諸骨の骨鎖は、観を実践するものによって一度に観察されるべきではない。逆に、一つの死斑の浮き出た死体を勝解したのち、心は再び寂静にされる

itavyam / [(1...]tāvac ca tad vinīlakam[2)] adhimoktavya*m*,[3)...1)] yāvat [(4...]tas*minn* ālambane[...4)] [(5...]sābhirāmaṁ prabhāsvaraṁ[...5)] [(6...]nopāyāsena paryavanahyate,[...6)] na *bal*ā*t*kā*ra*karaṇīyaṁ[7)] bhavati / [(8...]yataś ca yāvad balātkā*ra*karaṇīyaṁ bhavati, tasmin samaye 'dhyātmaṁ *saṁ*śamayitavyam[...8)] / yathā vinīlakam evaṁ yāvad asthiśaṁkalikaikā evaṁ yāvad apramāṇā anenaiva nayena veditavyā*ḥ*[9)] / [(10...]cittam adhyātmaṁ saṁśamayitvādhimoktavyāḥ[...10)] / tataḥ sarvapaścād apramāṇāni vinīlakāny apramāṇā yāvad asthiśaṁkalikā adhyātmaṁ cittābhisaṁkṣepeṇa vibhāvayaty anābhāsagatāyāṁ sthāpayati / na ca tāni nimittāny utsṛjati savikalpāni, nāpi ca kalpayati, nānyatra tadālambanam[11)] eva nirnimittaṁ nirvikalpam upaśāntaṁ cittam avasthāpayati /

[(12...]sa punaś copadiśyate[...12)] / "yat te bhadramukha pūrvam evālokanimittam udgṛhītam, tat tvaṁ śamathapakṣaprayoge 'pi[13)] manasikuru, vipaśyanāpakṣaprayoge 'pi[14)] / [(15...]ālokasahagatena cittena, saprabhāsasahagatena,[16)] prabhāsvareṇānandhakāreṇa śamathavipaśyanāṁ bhāvaya / evaṁ ca te śamathavipaśyanāmārga ālokasaṁjñāṁ bhāvayataḥ,[...15)] saced ādita eva‿ [(17...]avispaṣṭo *'dhi*mokṣo[...17)] bhaviṣyaty ālambane mandābhāsaḥ,[18)] *[(19...]sa tena hetunā tena pratyayena, bhāvanā*bhyā*sād[20)] [21)] [(22...]vi*spa*ṣṭatā[23)] bhaviṣyati, pracurābhāsatā[24)...22)]

---

1) *Ch.* 齊爾所時應於如是尸骸青瘀發起勝解. 2) *Sh.* vinīkam.

3) *Ms.* adhimoktavyaḥ. *Sh.* adhimoktavyaḥ(vyaṁ).

4) *Ms.* tasmain ālambane. *Sh.* tasmen ā(sminn ā)lambane. 5) *Sh.* sābhirāmaprabhāsvaraṁ.

6) *Tib.* 'khrug pa med pa daṅ/ kun nas dkris pa med pa daṅ/. *Ch.* 無諸擾惱.

7) *Ms.* tyavāt kālakaraṇīyaṁ. *Sh.* tāva(ā)t. kālakaraṇīyaṁ. *Tib.* bsgrims te bya mi dgos pa. *Ch.* 不強勵力. *See* Schmithausen 2007, 227, *fn.* 55.

8) *Ms.* yataś ca yāvad balātkālakaraṇīyaṁ bhavati / tasmin samaye adhyātmaṁ sāśamayitavyaṁ. *Sh.* tasmin samaye adhyātmaṁ sā(saṁ?) śamayitavyaṁ. *Tib.* de nas ji srid du dmigs pa de la bsgrims te bya dgos pa'i bar du sems naṅ du yaṅ dag par źi bar byas te/. *Ch.* 若纔於此乃至勵力方現在前. 爾時於内應修寂靜. 9) *Ms.* veditavyā. *Sh.* veditavyā[ḥ].

10) *Sh.* cittam adhyātmaṁ saṁśamayitvā (saṁśamya) vimoktavyās. *Tib.* sems naṅ du źi bar byas śiṅ yaṅ dag par źi bar byas nas yaṅ mos par bya ste/. *Ch.* 如是令心内寂靜已. 復應發起寂靜勝解. *See* Schmithausen 1982b, 67, *fn.* 45. 11) *Tib.* dmigs pa de ñid la. *Ch.* 於此所緣.

12) *Tib.* de la yaṅ luṅ 'bogs (*P.*, *N.* 'bog) par byed do/. *Ch.* 彼瑜伽師復應教授告言.

13) *Sh.* [a]pi. 14) *Sh.* [a]pi.

15) *Ch.* 若汝能以光明俱心. 照了俱心. 明淨俱心. 無闇俱心. 修奢摩他毘鉢舍那. 如是乃爲於奢摩他毘鉢舍那道修光明想. 16) *See* Schmithausen 1982b, 67, *fn.* 44.

17) *Ms.* avispaṣṭo vimokṣo. *Sh.* avispaṣṭodhivimokṣo. *Tib.* mos pa rnam par mi gsal źiṅ. *Ch.* 若有最初於所緣境多不分明. 數習勝解. 其相闇昧. *See* Schmithausen 1982b, 67, *fn.* 44.

18) *Sh.* samya[gā]bhāsaḥ. *See* Schmithausen 1982b, 67, *fn.* 44.

19) *Ch.* 由是因緣後所修習所有勝解. 亦不分明. 雖多串習而相闇昧. 若有最初於所緣境多分分明. 數習勝解其相明了. 由是因緣後所修習轉復分明. 雖少串習而相明了.

20) *Ms.*, *Sh.* bhāvanābhāsād. *Tib.* bsgom pa goms par byed pa'i. *Ch.* 後所修習.

べきである。また、その所縁において、（心が）喜びを伴い、明瞭であり、悩みによって覆われず、力づくで起こされるのでないかぎり、その死斑の浮き出た死体が勝解されるべきである。また、（その所縁において、）乃至、力づくで起されることになったら、その時に、内に［心が］寂静にされるべきである。諸骨の骨鎖まで、量りきれない（数）まで、死斑の浮き出た死体と同様に、まさにこのやり方で知られるべきである。内に心を寂静にしたのち、勝解されるべきである。それから、すべての後に、量りきれない死斑の浮き出た死体、乃至、量りきれない諸骨の骨鎖を、内に心をまとめることによって除去し、不現前のなかに確立させる。これらの有分別の相を棄てるのではなく、しかも、分別するというのでもなく、逆に、まさにそれらを所縁とし、無相で無分別で寂静な心を安住させる。

また、彼はさらに教示される。「賢首よ、汝が以前に取った光明相を、汝は止に属する行においても、観に属する行においても、作意せよ。光明を伴い、光輝を伴い、明瞭で、暗闇のない心によって止と観を修習せよ。そして、このように止と観の道において光明想を修習している汝にとって、もし、まさに最初から勝解が明確でなく、所縁において漠然とした顕現をもつなら、その因により、その縁により、それは、修習を串習した後に明確で、多く顕現をもつ状態となるであろう。

ca / sacet punar ādita eva vispaṣṭo bhaviṣyati pracurābhāsaḥ, sa bhūyasyā mātrayā vispaṣṭataratāṁ pracurābhāsataratāṁ ca gamiṣyati…19)* /

(III)-C-V-4-a-(3) Ms.110a7R, Sh.422-9, P.188a6, D.156a7, N.166b6, Co.162a7, Ch.461c21

"sa tvam (1…eva*ṁ*[2] saṁve*janīya*nimittena[3] sūdgṛhītena, prasadanīyanimittena, śamathanimittena, vipaśyanānimittena, *ā*lokanimittena[4] sūdgṛhītena,…1) *kālena*[5] kālam adhyātmaṁ cittaṁ saṁśamayan,[6] kālena kālaṁ dharmān vicinvan[7] nimittamātrānusāriṇyā vipaśyanayā, smṛtyupasthāneṣv avatara, yadutāśubhāprayogam evādhipatiṁ kṛtvā" /

(III)-C-V-4-a-(3)-i-(a) Ms.110b1L, Sh.422-15, P.188a8, D.156b2, N.167a1, Co.162b2, Ch.461c27

"(8…evaṁ ca punar avatara,…8) (9…bahirdhā ṣaṭtriṁśato dravyā*ṇāṁ* kā*ye* keśādiprasrāvaparyantā*nāṁ*…9) nimittam udgṛhya‿ (10…adhyātmaṁ *kāya* etāni sarvāṇy aśucidravyāṇy adhimu*cyasva* / *adhimucyādhimu*cyādhyātmaṁ cittaṁ saṁśamaya…10) / idaṁ te bhaviṣyaty adhyātmaṁ kāye[11] kāyānupaśyanāyāḥ, [12] (13…yadutātmano 'ntaḥkāyam ārabhya…13)" /

---

21) *Tib. has* dmigs pa la.

22) Schmithausen 2007, 227, *fn.* 53 *suggests* vispaṣṭatāṁ gamiṣyati pracurābhāsatāṁ.

23) *Ms.* viśuṣṭatā. *Sh.* viśiṣṭatā.

24) *Ms.* pracurābhāsagatā. *Sh.* pracurābhāsa(ga)tā.

1) *Ch.* 由善取如是厭離相故. 善取如是欣樂相故. 善取如是奢摩他相故. 善取如是毘鉢舍那相故. 善取如是光明相故.

2) *Ms.* evan. *Sh.* etat. *Tib.* de ltar. *Ch.* 如是.

3) *Ms., Sh.* saṁveganimittena. *Tib.* kun tu (*D.* du) skyo bar 'gyur ba'i mtshan ma. *Ch.* 厭離相故. *Cf.* ŚBh III 116, 16.

4) *Ms., Sh.* lokanimittena. *Tib.* snaṅ ba'i mtshan ma. *Ch.* 光明相故.

5) *Ms., Sh. omit.*

6) *Sh.* saṁśayamayan. *Tib.* yan dag par źi bar gyis śig/. *Ch.* 中内以寂靜, *but read* 中内心寂靜, *following its footnote.*

7) *Ms.* vicinvanti. *Sh.* vicinvanti(cinvan). *Tib.* rab tu rnam par dbye bar yaṅ gyis śig/. *Ch.* 思擇.

8) *Sh.* evaṁ ca punar vicinvan. *Tib.* 'di ltar 'jug par gyis śig/. *Ch.* 將趣入時.

9) *Ms.* bahirdhā ṣaṭtriṁśato dra(ṣṭa)vyāṇi kāyāt keśādiprasrāvaparyantāṁ. *Sh.* bahirdhā ṣaṭtriṁśato(t)dravyāṇi kāyāt keśādi prasāvaparyantā(ntaṁ). *Tib.* phyi rol gyi lus la skra la sogs pa nas bśaṅ ba'i (*P., D., N., Co.* bśad pa'i) mthar thug pa'i bar du mi sdug pa'i rdzas (*P., N. adds* su) sum cu rtsa drug gi mtsham ma. *Ch.* 先於内身所有三十六物. 始從髮毛乃至小便.

10) *Ms.* adhyātmam etāni sarvāṇy aśucidravyāṇy adhimucyādhyātmaṁ cittaṁ saṁśamayasva. *Sh.* adhyātmam etāni sarvāṇy aśucidravyāṇy adhimucyādhyātmaṁ cittaṁ saṁśamaya(sva). *Tib.* raṅ gyi lus la yaṅ mi sdug pa'i rdzas kyi mtshan ma de dag thams cad yod par (*P., N. omit* yod par) mos par gyis śig/ mos par byas śiṅ mos par byas nas kyaṅ sems naṅ du yaṅ dag par źi bar gyis śig daṅ/. *Ch.* 汝應於是自内身中諸不淨物. 先當發起不淨勝解. 數數發起此勝解已. 復令其心於内寂靜. *Cf.* ŚBh III 142, 3-4.

11) *Ms., Sh.* kāyena.

12) *Tib. has* dran pa nye bar gzhag pa la.

13) *Ch.* 依自身内而發起故.

さらに、もし、まさに最初から（勝解が）明確で、多く顕現をもつなら、それは、ますます、より明確で、より多く顕現をもつものになるであろう」

(III)-C-V-4-a-(3)　念處趣入

「その汝は、このようによく取られた嫌悪されるべき相によって、喜ばれるべき相によって、止の相によって、観の相によって、よく取られた光明相によって、適時に内に心を寂静にしつつ、相のみにしたがう観によって、適時に諸法を思択しつつ、念処に入れ、すなわち、他ならぬ不浄の実践に専念してである」

(III)-C-V-4-a-(3)-i　循身観[1)]　-(a) 内循身観

「さらにまた、このように入れ。（自己以）外の身体における髪をはじめとして尿までの三十六の物の相[2)]を取って、自己の身体におけるこれらすべての不浄の物を勝解せよ。様々に勝解したのち、自己の心を寂静にせよ。これが、汝の自己の身体における身体の観察の［念処］となるであろう、すなわち、自身の体の内側のについてである」

1）ŚBh II 189以下を参照。

2）ŚBh II 59, 17以下を参照。

(III)-C-V-4-a-(3)-i-(b) Ms.110b1R, Sh.422-20, P.188b3, D.156b4, N.167a4, Co.162b4, Ch.462a3

"sa tvaṁ punar api bahirdhā[1] aśubhānimittenodgṛhītena vinīlakaṁ *vā*dhimucyasva,[2] yāvad [(3…]asthiśaṅkalikāṁ vā,[…3)] parīttena vādhimokṣeṇa mahadgatena vāpramāṇena[4] vā / adhimucyādhimucyādhyātmaṁ cittaṁ saṁśamaya / idaṁ te bhaviṣyati bahirdhā kāye[5] kāyānupaśyanāyāḥ, [(6…]yaduta parasāntatikaṁ bahiḥkāyam ārabhya[…6)]" /

(III)-C-V-4-a-(3)-i-(c) Ms.110b2R, Sh.423-4, P.188b5, D.156b6, N.167a5, Co.162b6, Ch.462a8

"sa tvaṁ punar apy [(7…]ātmano 'ntaḥkāye [(8…]'śubhatāparibhāvitena cetasā, parakāye cāntar bahiś[…8)] cāśubhatāparibhāvitena cetasātmānaṁ[9] *mri*yamāṇam[10] adhimucyasva[…7)] / mṛtaṁ vā punaḥ śmaśāne 'bhinirhriyamāṇam,[11] abhinirhṛtaṁ vā śmaśāne ccho*ryamāṇam,*[12] choritaṁ vā vinīlakāvasthaṁ, vipūyakāvasthaṁ, yāvad asthiśaṅkalikāvastham[13] adhimucyasva / [14] idaṁ te bhaviṣyaty adhyātmabahirdhā kāye kāyānupaśyanāyāḥ[15]" /

(III)-C-V-4-a-(3)-ii Ms.110b3R, Sh.423-12, P.188b8, D.157a2, N.167b1, Co.163a2, Ch.462a16

"[(16…]sa tvaṁ[…16)] punar api [(17…]ca*tu*ro 'rūpiṇaḥ skandhā*n*[…17)] [(18…]śrutacintādhipateyena parika*lpena* nimittagrāheṇa[…18)] triṣu bhāgeṣv adhimucyasva, śamathapakṣye vikṣepapakṣye[19] vipaśyanāpakṣye ca" /

---

1) *Tib.* phyi rol gyi lus gyi. *Ch.* 次應於外諸不淨物善取其相 2) *Ms., Sh.* cādhimucyasva.

3) *Ms., Sh.* asthi vā śaṁkalikām vā. *Tib.* rus goṅ daṅ/ rus pa'i keṅ rus. *Ch.* 骨鎖.

4) *Sh.* vā[a]pramāṇena. 5) *Ms., Sh.* kāyena. 6) *Ch.* 依他外身而發起故.

7) *Ch.* 應於自身内外諸不淨物. 善取其相令心明了. 又於他身内外不淨. 善取其相令心明了. 於自所愛汝當發起如是勝解.

8) *Sh.* 'śubhatāparibhāvitena cetasāś cāśubhatāparibhāvitena cetasā parakāye cāntarbahiś.

9) *Ms.* cetasā'tmānaṁ. *Sh.* cetasā[']'tmānaṁ.

10) *Ms.* dhriyamāṇam. *Sh.* ghri(mri)yamāṇam. *Tib.* bdag ñid 'chi bar mos par gyis śig/. *However, Ch.* 於自所愛 *suggests* priyamāṇam.

11) *Ms.* bhinirhriyamāṇam. *Sh.* [a]bhinirhriyamāṇam. 12) *Ms., Sh.* cchoritaṁ.

13) *Sh.* asthiśaṅkālikāvastham.

14) *Ch. has* 數數發起此勝解已. 復令其心於内寂靜. *Cf.* ŚBh III 140, *fn.* 12).

15) *Tib. has* de ni 'di lta ste/ bdag daṅ gźan gyi lus (*P., N. omit*) las brtsams nas/. *Ch. has* 依自他身若内若外而發起故.

16) *Sh.* sa[t]tvaṁ. 17) *Ms.* catvāro rūpiṇaḥ skandhāḥ. *Sh.* catvāro 'rūpiṇaḥ skandhāḥ.

18) *Ms.* śrutacintādhipatena yena parikalpanimittagrāheṇa. *Sh.* śrutacintādhipateyena parikalpanimittagrāheṇa. *Cf.* ŚBh III 116, 14-15; 156, 8-9; 160, 6-7.

19) *Tib.* rnam par g-yeṅ ba'i phyogs daṅ/. *Ch.* 二於無散亂品.

(III)-C-V-4-a-(3)-i-(b)　外循身観

「さらにまた、その汝は、（自己以）外に不浄の相を取って、少しの、あるいは広大な、あるいは量りきれない勝解によって、死斑の浮き出た死体、乃至、あるいは諸骨の骨鎖を勝解せよ。[1] 様々に勝解したのち、自己の心を寂静にせよ。これが、汝の（自己以）外の身体における身体の観察の［念処］となるであろう、すなわち、他の相続の体の外側についてである」

(III)-C-V-4-a-(3)-i-(c)　内外循身観

「さらにまた、その汝は、自身の体の内側において不浄性によって修習した心で、また、他の身体において内側と外側とで不浄性によって修習した心で、死につつある自身を勝解せよ。あるいはさらに、死んで墓場に運ばれつつある、あるいは運ばれて墓場に棄てられつつある、あるいは棄てられて死斑の浮き出た死体の状態の、あるいは膿の出た死体の状態の、乃至、諸骨の骨鎖の状態の（自身）を勝解せよ。これが、汝の自己と（自己以）外の身体における身体の観察の［念処］となるであろう」

(III)-C-V-4-a-(3)-ii　循受心法観

「さらにまた、その汝は、四つの無色蘊を、聞と思を主因とする分別による取相によって、止に属するもの、散乱に属するもの、観に属するものの三つの区分において、勝解せよ」

1）ŚBh III 37以下を参照。

(III)-C-V-4-a-(3)-ii-(a) Ms.110b4M, Sh.423-15, P.189a1, D.157a3, N.167b2, Co.163a3, Ch.462a19

[1)] "yadādhyātmaṁ cittam abhisaṁkṣipasi tatra 'nirnimittanirvikalpopaśamākārā[2)] nirvyāpārānutsukāsaṁkṣobhaniṣparidāhanairvṛtyasukhasaṁjñākārā[3)] (4...avikṣepālambanā vedanādayaś...4) catvāro 'rūpiṇaḥ[5)] skandhāḥ (6...pratikṣaṇaṁ pratikṣaṇam anyonyatayā[7)] navanavaniṣpurāṇapurāṇatayā[8)] pravartanta' ity adhimucyasva...6) / idaṁ te bhaviṣyaty (9...adhyātma*ṁ* vedanāsu citte dharmeṣu dharmānupaśyanāyāḥ...9)"/

(III)-C-V-4-a-(3)-ii-(b) Ms.110b5M, Sh.423-22, P.189a5, D.157a6, N.167b5, Co.163a6, Ch.462a26

[10)] "(11...sa tvaṁ...11) ye pūrvaṁ viṣayopādānā viṣayālambanā asamāhitabhūmipatitā[12)] abhyatītāḥ[13)] kṣīṇāḥ, ye caitarhi smṛtisaṁpramoṣāc citta*vi*kṣepe[14)] saty utpadyante nimittavitarkopakleśālambanādhipateyā vedanādayaś catvāro 'rūpiṇa*ḥ*[15)] skandhās (16...teṣām āyāpāyikatāṁ tāvatkālikatām itvarapratyupasthāyitāṁ sādīnavatā*m* *a*dhruvatām anāśvāsikatā*m* *adhi*mucyasva...16) / idaṁ te bhaviṣyati (17...bahirdhā vedanā*yāṃ* ci*tte dharmeṣu* dharmānupaśyanāyāḥ...17)" /

---

1) *Tib. has* de la źi gnas kyi phyogs la ni. *Ch. has* 於奢摩他品者. 謂...

2) *Sh.* nirmimitta°. *Ch.* 起無相無分別寂靜想行.

3) *Ms., Sh.* nirvyāpārānutsukāsaṁkṣobhaniḥparidāhanairvṛtyasukhasaṁjñākārā. *Tib.* g-yeṅ ba med pa daṅ/ spro ba med pa daṅ/ kun tu 'khrug pa med pa daṅ/ yoṅs su gduṅ ba med pa daṅ/ yid brtan du mi ruṅ ba daṅ/ sdug pa'i 'du śes kyi rnam pa daṅ/. *Ch.* 及無作用無思慕無躁動. 離諸燒惱寂滅樂想行. *Cf.* ŚBh III 126, 5; 128,4.

4) *Tib.* rnam par g-yeṅ ba med pa la dmigs pa'i (*P., N.* pa) tshor ba la sogs pa. *Ch.* 於所縁境無亂受等.

5) *Ms.* rūpiṇaḥ. *Sh.* [a]rūpiṇaḥ.

6) *Ch.* 刹那刹那展轉別異. 唯是新新而非故故相續流轉. 汝應於此如理思惟發起勝解.

7) *Sh.* anyo[']nyatayā.

8) *Sh.* navanavaniṣpurāṇatayā.

9) *Ms., Sh.* adhyātmabahirdhā vedanāsu citte dharmeṣu dharmānupaśyanāyāḥ. *Tib.* naṅ gi tshol ba rnams daṅ sems daṅ chos rnams la chos kyi rjes su lta ba'i dran pa ñe bar gźag pa la 'jug par 'gyur ba yin no/. *Ch.* 如是名爲於内受心法修循受心法觀. *Cf.* ŚBh II 188, 17-18. *See* Schmithausen 1982b, 66, *fn.* 43.

10) *Ch. has* 於無散亂品者. 謂...

11) *Sh.* sattvaṁ.

12) *Tib.* mñam par ma bźag pa'i sa par rtogs pa'i.

13) *Sh.* abhyapatitāḥ

14) *Ms., Sh.* cittakṣepe. *See* Schmithausen 1982b, 66, *fn.* 43.

15) *Ms.* rūpiṇa. *Sh.* [a]rūpiṇaḥ.

16) *Ms.* teṣām āyāpāyikatāṁ tāvatkālikatām itvarapratyupasthāyitāṁ · sādīnavatāṁ · sadhruvatāṁ · manāśvāsikatā · saparimucyasva /. *Sh.* teṣām ā(yā)pāyikatāṁ tāvatkālikatām itvarapratyupasthāyitāṁ, sādīnavatāṁ, sadhruvatām anāśvāsikatām aparimucyasva /. *Tib.* de dag ni byuṅ nas 'jig pa ñid daṅ/ dus yun mi riṅ ba ñid daṅ/ ṅan par gnas pa ñid daṅ/ ñes dmigs daṅ bcas pa ñid daṅ mi brtan pa ñid daṅ/ yid brtan du mi ruṅ ba ñid yin par mos par gyis śig/. *Ch.* 汝應於此如理作意. 如是諸法其性皆是誑幻所作. 暫時而有率爾現前. 多諸過患. 其性無常不可保信. 汝應如是發起勝解. *Cf. Ms.* 122a3L (*Sh.* 480, 9), 125b7M (*Sh.* 498, 9) āpāyikatāṁ, *and* 115b5L (*Sh.* 448, 15) ākāyikās (*corrupt.*), *but Tib.* (*P.* 219a6, 229a7, 203a6) byuṅ nas 'jig pa *and Ch.* (472a20, 475b19-20, 467b1) 或增或減. *See* Schmithausen 1982b, 66, *fn.* 43.

17) *Ms., Sh.* bahirdhā vedanācittadharmānupaśyanāyāḥ. *Tib.* phyi rol gyi tshol ba rnams daṅ/ sems daṅ/ chos rnams la chos kyi rjes su lta ba'i dran par (*D., Co.* pa) ñe bar gźag pa la 'jug pa yin no/. *Ch.* 如是名爲於外受心法修循受心法觀. *Cf.* ŚBh II 188, 20-21.

(III)-C-V-4-a-(3)-ii-(a)　内循受心法観

「（汝が）自己の心をまとめるとき、『相を離れ分別を離れ寂静なる様相をもち、作用を離れ切望なく散動なく熱悩を離れ寂滅し楽想をもつ様相をもち、不散乱なるものを所縁とする、受をはじめとする四つの無色蘊は、それぞれの瞬間ごとに、別々に、次々新しく次々過去を離れた状態になる』と勝解せよ。これが、汝の自己の受と心と法における（受と心と）法の観察の［念処］となるであろう」

(III)-C-V-4-a-(3)-ii-(b)　外循受心法観

「その汝は、以前に、対境を取とし、対境を所縁とし、不定地に落ち、過ぎ去り、尽きた、また、現在、失念から心の散乱があるときに、相と尋思と随煩悩の所縁を主因として生じた受をはじめとする四つの無色蘊は、来ては去り、暫時的で、僅かに現前し、過患を伴い、堅固でなく、安定しないと勝解せよ。これが、汝の（自己以）外の受と心と法における（受と心と）法の観察の［念処］となるであろう」

(III)-C-V-4-a-(3)-ii-(c) Ms.110b6R, Sh.424-6, P.189b1, D.157b1, N.168a1, Co.163b2, Ch.462b4

[1] “[(2...]sa tvaṁ[...2)] punar api vipaśyanānimittam udgṛhya [(3...]sanimitte sav*i*kalpe[...3)] manaskāre sthitaḥ, ye savikalpasanimittālambanādhipateyā adhyātmam utpadyante vedanādayaś[4] catvāro ’rūpiṇaḥ[5] skandhās [(6...]teṣāṁ pratikṣaṇaṁ navanavatāṁ niṣpurāṇa*purāṇa*tām anyonyatāṁ[7] pūrvavad adhimucyasva[...6)] / idaṁ te bhaviṣyaty [(8...]*adhyātma*bahirdhā vedanāyāṃ citte dharmeṣu dharmānupaśyanāyāḥ[...8)]” /

(III)-C-V-4-a-(4) Ms.110b7R, Sh.424-13, P.189b4, D.157b4, N.168a4, Co.163b4, Ch.462b9

“evaṁ hi tvam aśubhāprayogam adhipatiṁ kṛtvā catvāri smṛtyupasthānāny avatīrṇo bhaviṣyasi / smṛtyupasth*āna*prayoge[9] ’pi[10] ca te kālena kālaṁ śamathavipaśyanāyāṁ prayoktavyam / sa tvam evamupasthitayā smṛtyā caturṣu smṛtyupasthāneṣu yaṁyam eva grāmaṁ vā nigamaṁ vopaniśritya[11] viharasi, sa tvaṁ tam eva grāmaṁ vā nigamaṁ vā [(12...]tannimnena[13] cittena tatpravaṇena tatprāgbhāreṇa[14] ālambanam ālambananimittam utsṛjatā piṇḍāya praviśa[...12)] / caṇḍasya hastinaś caṇḍasyāśvasya [(15...]caṇḍasya goś caṇḍasya kukkurasya‿[16)...15)] [(17...]ahiśvabhrasthāṇukaṇṭakapalvalaprapātasya*ndani*kagūthaka*ṭhi*llapāpikeryācaryāśayanāsa*nānāṃ* parivarjanā[...17)] / [(18...]*su*rakṣitas te‿ ātmā bhava*tu*[...18)] / yeṣu ca

1) *Ch. has* 於毘鉢舍那品者. 謂...

2) *Sh.* sattvaṁ.

3) *Ms.* sanimitte sakalpe. *Sh.* sanimitte saṁkalpe. *Tib.* mtshan ma daṅ bcas pa daṅ/ rnam par rtog pa daṅ bcas pa’i yid la byed pa la. *Ch.* 有相有分別. *See* Schmithausen 1982b, 67, *fn.* 43.

4) *Sh.* vedanādaya.

5) *Ms.* rūpiṇaḥ. *Sh.* [a]rūpiṇaḥ.

6) *Ms., Sh.* ... niṣpurāṇatām ... *Tib.* de dag la skad cig re re daṅ/ skad cig re re la gźan daṅ (*P., N. omit* gźan daṅ) gźan du sar pa sar pa daṅ/ rñiṅ pa ma yin pa daṅ/ rñiṅ pa ma yin par ’gyur (*D., Co.* ’jug par ’gyur) ba yin no źes sṅa ma bźin du mos par gyis śig daṅ/. *Ch.* 如理作意思惟此法刹那刹那展轉別異. 唯是新新而非故故相續流轉. 如前所説發起勝解.

7) *Sh.* anyo[’]nyatāṁ.

8) *Ms.* bahirdhā vedanāyāṁ citte dharmeṣu dharmānupaśyanāyāḥ. *Sh.* bahirdhā vedanāyāṁ citte, dharmeṣu dharmānupaśyanāyāḥ [sattvaṁ]. *Tib.* naṅ daṅ/ phyi rol gyi tshol ba rnams daṅ/ sems daṅ/ chos rnams la chos kyi rjes su lta ba’i dran pa ñe bar gźag pa la rjes su ’jug par ’gyur ba yin te/. *Ch.* 如是名爲於内外受心法修循受心法觀. *Cf.* ŚBh II 190, 2-3.

9) *Ms., Sh.* smṛtiupasthāne prayoge. *Tib.* dran pa ñe bar gźag pa la rab sbyor bar byed pa na/. *Ch.* 於念住加行.

10) *Ms.* pi. *Sh.* [a]pi.

11) *Ms.* vopaniḥśritya.

12) *Tib.* de la gźol ba daṅ/ de la ’bab pa daṅ/ de la ’bab (*D.* babs, *Co.* ’babs) pa’i sems kyis dmigs pa daṅ/ dmigs pa’i mthan ma ma spaṅs par bsod sñams kyi phyir źugs pa’i tshe na (*P., N. omit*). *Ch.* 於心隨順趣向臨入所縁境界. 汝應捨此所縁境相入彼村邑聚落乞食.

13) *Sh.* tannityena.

14) *Sh.* tatprābho(bhā)reṇa.

15) *Tib.* ba laṅ rguṅ grus (*D., Co.* rgus) daṅ/ khyi za ba daṅ/.

16) *Sh.* kurarasya.

17) *Ms.* °syandikagūthakaṭhallapāpikeryācaryāśayanāsanaparivarjanā. *Sh.* °syandikagūthakaṭhalla-pāpike yā caryāśayanāsanaparivarjanā. *Tib.* sbrul daṅ/ dam grog daṅ/ sdoṅ (*P., N.* sdom) dum daṅ/ tsher ma daṅ/ ’dam rdzab daṅ/ g-yaṅ sa daṅ/ ljan ljin daṅ/ mi gtsan ba’i khuṅ (*Co.* guṅ) bu daṅ/ spyod lam daṅ/ spyod pa daṅ/ gnas mal sdig pa can dag yoṅs su spaṅ źiṅ. *Ch.* 應當善避惡象惡馬. 惡牛惡狗. 惡蛇惡獸. 坑澗濠塹. 株杌毒刺. 泥水糞穢. 及應遠離諸惡威儀穢坐臥具.

(III)-C-V-4-a-(3)-ii-(c)　内外循受心法観

「さらにまた、観の相を取って、有相、有分別の作意に住する、その汝は、有分別、有相の所縁を主因として内に生じた受をはじめとする四つの無色蘊は、それぞれの瞬間に、次々新しくなり、次々と過去を離れ、別々であると、前のごとくに、勝解せよ。これが、汝の自己と（自己以）外の受と心と法における（受と心と）法の観察の［念処］となるであろう」

(III)-C-V-4-a-(4)　結不浄観

「まさにこのように、汝は不浄の実践に専念して、四念処に入るであろう。さらにまた、念処の実践において、汝は適時に止と観を実践するべきである。その汝は、四念処においてこのように安住した念をもって、あちらこちらの村落あるいは聚落に寄り、住し、その汝は、それに傾き、それに向い、それに傾斜し、所縁と所縁の相を捨てている[1)]心によって、まさにその村落あるいは聚落に乞食のために入れ。荒れ狂った象、荒れ狂った馬、荒れ狂った牛、荒れ狂った犬の、蛇・穴・切り株・刺・池・断崖・排水溝・肥溜・悪い威儀と行と臥坐処の忌避がある（べきである）。汝の身体がよく護られねばならない。また、

1）サンスクリットと漢訳は「捨てている」だが、チベット訳は「捨てない」になっている。

te viṣayanimitteṣv indriyāṇi [(1…]*na* prerayitavyāni,[…1)] teṣv anābhogatayā *su*saṁvṛtānīndriyāṇi[2] bhavantu / yeṣu vā punar nimitteṣv[3] indriyāṇi prerayitavyāni, [(4…]teṣu teṣūpasthitā smṛtir bhavatu,[…4)] yaduta kleśāsamudācārāya /

sa tvam evaṁ surakṣitena kāyena, susaṁvṛtair indriyaiḥ, sūpasthitayā smṛtyā, tadgatena mānasena mātrayā piṇḍapātaṁ paribhuṅkṣva / mi*ta*bhāṇī[5] ca bhava sārdhaṁ gṛhasthapravrajitair yukta*bhā*ṇī,[6] kālabhāṇī, ārjavabhāṇī, praśāntabhāṇī / adharmyā[7] ca te[8] kathā sarveṇa sarvaṁ parivarjayitavyā / dharmyām api te[9] kathāṁ[10] kathayatā na vigṛhyakathā karaṇīyā / tat kasya hetoḥ / [(11…]vigṛhyakathāsaṁrambhānuyogam anuyuktasya puruṣapudgalasya viharataḥ[…11)] kathābāhulye cittaṁ saṁtiṣṭhate / *ka*thābāhulye[12] saty [(13…]auddhatyam, auddhatye saty avyupaśamaḥ[…13)] / [(14…]avyupaśāntacittasyārāc cittaṁ samādher bhavati[…14)] /

sa[15] tvam evaṁcārī tvaritatvaritam anutsṛṣṭenālambanena *niṣa*dya[16] śamathavipaśyanāyāṁ yathodgṛhītenaiva nimittena prata*ta*kāritayā[17] cātyantakāritayā[18] ca yogaṁ kuru[19] / agnimathanayogaprayogeṇa[20] ca sātatyasatkṛtyaprayogatayā [(21…]pratatakārī bhava[…21)] /

evaṁ ca[22] punaś cittaṁ[23] praṇidhatsva / saced yāvad āyur jambūdvīpe sarveṣāṁ jambūdvīpakānāṁ manuṣyāṇām abhūt, tat sarvam abhisamastaṁ mamaikasyaitarhi syāt, so 'haṁ[24] tāvad apramāṇenāyuṣā pra*hā*ṇayogamanasikāre[25]

---

18) *Ms., Sh.* arakṣitas te ātmā bhavati. *Tib.* legs par bsruṅ bar gyis śig. *Ch.* 汝應如是善護己身.

1) *Ms., Sh.* prerayitavyāni. *Tib.* gtad (*P., N.* bstad) par mi bya ba. *Ch.* 不應策發諸根.

2) *Ms., Sh.* asaṁvṛtānīndriyāṇi. *Tib.* dbaṅ po rnams legs par bsdam par gyis śig. *Ch.* 善守諸根.

3) *Tib.* mtshan ma. *Ch.* 如是諸境界相.

4) *Ch.* 汝應於彼正作功用善住正念.

5) *Ms.* mitābhāṇī. *Sh.* mitabhāgī(ṇī).

6) *Ms.* yuktakāṇī. *Sh.* yuktakā(bhā)ṇī.

7) *Ch.* 一切世間非法.

8) *Sh.* te[tvayā].

9) *Sh.* te[tvayā].

10) *Sh.* kathā[ṁ].

11) *Ch.* 若諸士夫補特伽羅. 住諍競語互相難詰.

12) *Ms., Sh.* tathā bāhulye. *Tib.* smra ba maṅ na. *Ch.* 多戲論故.

13) *Ch.* 其心掉擧. 心掉擧故心不寂靜.

14) *Tib.* ñe bar ma źin sems tiṅ ṅe 'dzin las thag riṅ du 'gyur ba'i phir ro/. *Ch.* 不寂靜故便令其心遠三摩地.

15) *Sh.* na.

16) *Ms.* medya. *Sh.* me[a]dya. *Tib.* 'dug la. *Ch.* 結跏趺坐.

17) *Ms., Sh.* pratanukāritayā. *Tib.* rgyun du byed pa. *Ch.* 由恒常作.

18) *Sh.* vā, antakāritayā.

19) *Ms.* kurute. *Sh.* kuru, te (sa tvam). *Tib.* gyis śig/. *Ch.* 汝應 ... 修瑜伽行.

20) *Sh.* °mathanaprayogeṇa. *Tib.* gtsub (*P., N.* gtsubs) gtan las me 'byuṅ ba'i sbyor ba'i tshul gyis. *Ch.* 猶如世間鑽火方便.

21) *Ch.* 恒常修作畢竟修作.

22) *Sh.* tu.

23) *Sh.* citaṁ.

24) *Ms.* haṁ. *Sh.* [a]haṁ.

25) *Ms.* pramāṇayogaprayogeṇa ca sātatyasatkṛtyaprayogatayā pratatakārī bhava evaṁ ca punaś cittaṁ praṇidhatsva / saced yāvad āyur jaṁbūdvīpe manasikāre. *Sh.* pramāṇayogaprayogeṇa ca sātatyasatkṛtyaprayogatayā pratatakārī bhava[āmi]. [/] evaṁ ca punaś cittaṁ praṇidhatsva / saced yāvad āyur jaṁbūdvīpe manasikāre. *Tib.* spoṅ ba daṅ/ rnal 'byor yid la byed pa daṅ. *Ch.* 決定於斷瑜伽作意.

汝が諸根を反応させるべきでない対象の相に対しては、無功用に諸根をよく守るようにせよ。あるいはまた、汝が諸根を反応させるべき諸相においては、念を安住させよ、すなわち、煩悩が起こらないようにである。

その汝は、このようによく護られた身体によって、よく守られた諸根によって、よく安住した念によって、それに向けた心で、量を知って施食を食べよ。在家者と出家者と共に、適量を語り、適切に語り、適時に語り、正直に語り、静かに語れ。また、汝は、法にかなわない論を全く完全に避けるべきである。汝は、法にかなう論を語るとしても、攻撃的な論をなすべきではない。それは何故か。攻撃的な論によって激しい非難に没頭し続ける士夫・プドガラの心は大量の論のなかに留まる。大量の論があるとき、興奮がある。興奮があるとき、寂静はない。寂静でない心をもつ者の心は三摩地から遠ざかる。

このように行じる汝は、速疾に、所縁を捨てずに坐り、止と観において、まさに取られたままの相で、永続的なものとして、また、完全なものとして、瑜伽を行ぜよ。また、摩擦による火起こしの実践による（ように）、継続的に尊重して実践することによって、永続的になせ。

さらにまた、次のように心を向けよ。例えば、贍部洲におけるすべての贍部洲の人々の寿命があって、今、そのすべてが私一人のものとなったとして、それと同じだけの無量の寿命の間、その私は、断と瑜伽作意において、

śamathavipaśyanāyāṁ[1] [(2…]yogaṁ na riñ*ce*yam,[3)…2)] yadutāsyaiva yogaprayogasya mahāphalatāṁ mahānuśaṁsatāṁ ca viditvā / prāg evāsmin paritta[4] āyuṣītvare jīvite, dūram api gatvā, varṣaśatike[5] [(6…]pariganyamā*ne* mauhūrtike[…6)] /

evaṁ hi tvaṁ yathānuśiṣṭaḥ pratatakārī cātyantakārī[7] ca, yasyārthe prahāṇam upagatas tasyārthasyā*rā*dhako[8] bhaviṣyasi / [(9…]tatprathamata*ḥ* sprakṣyasi[…9)] mṛdukāṁ kāyapraśrabdhiṁ cittapraśrabdhiṁ[10] cittaikāgratām / tataś cottari [(11…]vipulā*ṁ* laukikalokottarāṁ[…11)] saṁpadam ārāgayiṣya*si*[12]" /

evam ayam ādikarmikas tatprathamakarmiko 'śubhāprayukto [(13…]yogajñenācāryeṇa[…13)] codyamānaḥ [(14…]samya*k* codito[…14)] bhavaty evaṁ ca pratipadyamānaḥ samyak pratipanno bhavati /

(III)-C-V-4-a' Ms.111b1M, Sh.426-17, P.190b7, D.158b3, N.169a5, Co.164b3, Ch.462c19

[(15…]yathāśubhāvineyo 'śubhāyāṁ,[…15)] tathā [(16…]maitryāvineyādayo 'py ānāpānasmṛtivineyaparyavasānā[…16)] [(17…]yathāyogaṁ veditavyāḥ[…17)] /

[(18…]tatrāyaṁ viśeṣaḥ / tadanyeṣv avataraṇamukheṣu taṁ vibhāvayiṣyāmi[…18)] /

(III)-C-V-4-b Ms.111b2L, Sh.426-20, Mai.281, P.190b8, D.158b4, N.169a6, Co.164b4, Ch.462c23

tatra maitrībhāvanāprayuktenādikarmikena[19] bahirdhā [(20…]mitrapakṣād *amitrapakṣād* udāsīnapakṣāc ca[…20)] nimittam udgṛhya pratirūpaśayanāsana-

---

1) *Ch.* 勝奢摩他毘鉢舍那. 2) *Ch.* 精勤修習時無暫捨. 3) *Ms.* riṁcayaṁ. *Sh.* riṁcayaṁ(yan).

4) *Ms.* paridhatte. *Sh.* pari(praṇi)dhatte [/]. *Tib.* thuṅ. *Ch.* 小分. 5) *Sh.* varṣaśati(ta)ke.

6) *Ms.* pariganyamāna mauhūrttike. *Sh.* pariganyamānamau[1]ntike. *Sh. says, in his footnote* 1, "Letter illegible." *Tib.* yoṅs su brtsis na yud tsam cig las med pa. *Ch.* 委悉算計但須臾頃.

7) *Sh.* vātyantakārī.

8) *Ms., Sh.* tasyārthasyābādhako. *Tib.* don de (*D., Co.* ni) 'grub par 'gyur te/. *Ch.* 此義必當獲得.

9) *Ms.* tatprathamata sprakṣyasi. *Sh.* tatprathamata[s ta]ṁpra[kṣya]si. 10) *Sh. omits.*

11) *Ms.* vipulā laukikalokottarāṁ. *Sh.* vipulā[']laukikalokottarāṁ.

12) *Ms.* ārāgayiṣyati. *Sh.* ārāgayiṣyati(si). *Tib.* thob par 'gyur ro/. *Ch.* 證得.

13) *Tib.* slob dpon rnal 'byor ba rnal 'byor śes pa des. *Ch.* 善達瑜伽諸瑜伽師.

14) *Ms.* samyagacodito. *Sh.* samyaga(k)codito. *Cf.* ŚBh III 168, 13-14.

15) *Ms.* yathāśubhāvineyo śubhāyāṁ *Sh.* yathā[a]śubhāvineyo[a]śubhāyāṁ. *Tib.* mi sdug pas 'dul ba la mi sdug pas gdams pa ji lta ba bźin du. *Ch.* 如說貪行是不淨觀之所調伏.

16) *Ms.* maitryāvineyādayo pi ānāpānasmṛti°. *Sh.* maitryavineyādayo[a]pi ānāpānasmṛti°. *Tib.* byams pas 'dul las dbugs rṅub pa daṅ/ dbugs 'byuṅ ba dran pa la sogs pa'i mthar thug pa'i bar gyis 'dul ba la yaṅ. *Ch.* 瞋行是慈愍觀之所調伏. 乃至最後尋思行是阿那波那念之所調伏. Schmithausen 1982b, 63, *fn.* 15 *suggests* maitrīvi°. 17) *Ch.* 如其所應皆當了知其中差別.

18) *Tib.* de las gźan pa dag gi sgor 'jug pa dag gi khyad par gaṅ yin pa de ni rnam par dbye bar bya ste/. 19) *Sh.* °ādikarmikā(ṇa). *Ch.* 依慈愍觀初修業者.

20) *Ms., Sh.* mitrapakṣād udāsīnapakṣāc ca. *Tib.* mdza' bśes (*Co.* śes) kyi phyogs daṅ/ tha mal pa phyogs la. *Ch.* 親品怨品及中庸品.

止と観において、瑜伽を捨てないであろう、すなわち、まさにその瑜伽の実践に大きな成果と大きな称讃があると知ってである。ましてや、この、長くなったとしても、数えて百年である、瞬間的な、僅かな寿命、短い命において（捨てないであろう）。

まさにこのように、汝は、教えに従い、永続的になし、完全になし、そのために断に向かうところの目的を達成するであろう。最初に、下品の身体の軽安・心の軽安・心一境性を獲得するであろう。その後に、広大な世間と出世間の円満を証得するであろう」（と。）

このように、かの入門者である初業者は、不浄を実践し、瑜伽を知る軌範師によって教誨されて、正しく教誨されたものとなり、また、このように修業して、正しく修業したものとなる。

(III)-C-V-4-a'　餘趣入門

不浄によって導かれるべき者が、不浄において［教えられる］のと同様に、慈愍によって導かれるべき者をはじめとして、阿那波那念によって導かれるべきものまでも、適切に理解されるべきである。

そのうち、これが違いである。その（不浄）以外の趣入の門におけるその（違い）を私は明示しよう。

(III)-C-V-4-b　慈愍観

そのうち、慈愍の修習を実践する初業者は、（自己以）外の、親しい立場の者からと、敵対する立場の者からと、どちらでもない立場の者から相を取って、適切な臥坐処に

ga*tena*[1] hi*ta*sukhādhyāśayagatena[2] manaskāreṇa samāhitabhūmikena pūrvam ekaṁ mitram adhimoktavyam (3...eka*m* *a*mitram eka udāsīna*ḥ*...3) / teṣu ca triṣu pakṣeṣu tulyaṁ hitasukhādhyāśayagatena manaskāreṇopasaṁhāraḥ[4] karaṇīyaḥ / [5] "sukhitā bhavantv[6] ete sukhakāmāḥ[7] sattvā yadutānavadyakāmasukhena, anavadyasaprītikasukhena, anavadyaniṣprītikasukhena[8]" / tataḥ paścād [9] dve mitre[10] trīṇi catvāri pañca daśa viṁśa*t*[11] triṁśat [12] pūrvavad yāvat sarvā diśo vidiśaś ca mi*trapakṣaiḥ*[13] pūrṇā adhimucya*nte*[14] nirantarā, yatra nāsty antaram antato daṇḍakoṭīviṣkambhanamātram api / yathā mitrapakṣeṇaivam amitrodāsīnapakṣeṇa veditavyam /

(III)-C-V-4-b-(1) Ms.111b4M, Sh.427-12, P.191a7, D.159a2, N.169b5, Co.165a2, Ch.463a5

sa ca maitrīprayogaṁ [15] na jahāti / nānyatra bhāvayann eva maitrīṁ smṛtyupasthāneṣv avatarati /

kathaṁ punar avatarati / (16...adhimucyamāno 'vatarati,[17]...16) yath"āham apy anyeṣāṁ mitrasaṁmato 'mitrasaṁmataś[18] codāsīnasaṁmataś ca / aham api sukhakāmo duḥkhapratikūlaḥ" [19] / idam asyādhyātmaṁ kāye kāyānupaśyanāyāḥ [20] /

"ete 'pi[21] sattvāḥ pareṣāṁ mitrabhūtā amitrabhūtā udāsīnabhūtāś ca / (22...yathā*ha*m ete 'pi...22) sukhakāmā duḥkhapratikūlāḥ" / [23] idam asya bahirdhā *kāye*[24] kāyānupaśyanāyāḥ [25] /

---

1) *Ms., Sh.* °gato. 2) *Ms., Sh.* hi sukhādhyāśayagatena. *Tib.* phan pa daṅ/ bde ba'i lhag pa'i bsam pa daṅ ldan pas/. *Ch.* 由利益安樂增上意樂俱行定地作意.

3) *Ms.* ekamitram ekam udāsīnaṁ. *Sh.* ekam amitram ekam u(ka u)dāsī naṁ(naḥ).

4) *Ms., Sh.* manaskāreṇopasaṁhāraś ca. 5) *Ch. has* 如是念言. 6) *Sh.* bhavanty.

7) *Sh.* sukhakāyāḥ. 8) *Ms.* anavadyaniḥprītikasukhena. 9) *Tib. has* gcig daṅ.

10) *Sh.* mitrāṇi. *Tib.* mdza' bśes kyi phyogs. 11) *Ms., Sh.* viṁśa.

12) *Tib. has* bźi bcu daṅ/ lṅa bcu.

13) *Ms.* mitrāmitraḥ. *Sh.* mitrāmitra(traiḥ). *Tib.* mdza' bśes kyis (*P., N.* kyi). *Ch.* 親品.

14) *Ms.* adhimucyate. *Sh.* adhimucyante.

15) *Ms., Sh. have* ca. 16) *Ch.* 謂趣入時應當發起如是勝解. 17) *Ms.* vatarati. *Sh.* [a]vatarati.

18) *Ms.* mitrasammataś. *Sh.* [a]mitrasammataś. 19) *Tib. has* de ltar mos par byed pa.

20) *Sh. has* [sattvam]. *Tib. has* byams pa bsgom (*P.* sgom) pa yin no/. *Ch.* 修循身觀.

21) *Ms.* pi. *Sh.* [a]pi.

22) *Ms.* yathām ete pi. *Sh.* yathā me te [a]pi. *Tib.* bdag ji lta ba bźin du ... sems can 'di dag kyaṅ. 23) *Tib. has* de ltar mos par byed pa.

24) *Ms., Sh. omit*. *Tib.* lus la. *Ch.* 名爲於其外身修循身觀.

25) *Sh. has* [sattvaṁ]. *Tib. has* byams pa bsgom pa yin no/. *Ch.* 修循身觀.

入り、利益と安楽をなす意楽に至る定地の作意によって、先に一人の親しい者、一人の敵対した者、一人のどちらでもない者を勝解すべきである。そして、その三つの立場の者たちに、等しく、利益と安楽をなす意楽に至る作意によって、（楽の）付与がなされるべきである。「これらの楽を望む人々は安楽であれ、すなわち、罪のない欲（界）の安楽によって、罪のない喜悦を伴う安楽によって、罪のない喜悦を伴わない安楽によってである」（と。）その後に、二人、三人、四人、五人、十人、二十人、三十人の親しい者、乃至、前と同様に、すべての方角と中間の方角とが親しい立場の者で間断なく満たされ、ついには、それらに、杖の先端を支えるほどの隙間もなくなるまで、勝解する。親しい立場の者によるのと同様に、敵対する（立場の者）・どちらでもない立場の者による（勝解の次第が）知られるべきである。

(III)-C-V-4-b-(1)　念處趣入

彼は、慈愍の実践を捨てない。逆に、まさに、慈愍を修習しつつ、念処に入る。

さらに、どのように入るのか。「私も、他の者たちの親しい者とみなされ、敵対する者とみなされ、どちらでもない者とみなされる。私も、安楽を望み、苦に抗う」（と）いうように勝解しつつ入る。これが、彼の内の身体についての身体の観察の（念処）である。

「これらの人々も他の者たちの親しい者の状態にあり、敵対する者の状態にあり、どちらでもない者の状態にある。私と同様に、彼らも、安楽を望み、苦に抗う」（と。）これが、彼の（自己以）外の身体についての身体の観察の（念処）である。

“yathāhaṁ tathaite sattvāḥ / yathā me‿ ātmanaḥ sukham eṣaṇīyam, tathaiṣāṃ[1] sattvānām ātmasamatayātmatulyatayā / eṣāṁ sattvānāṁ [(2...]mayā hitasukhopasaṁhāraḥ karaṇīya”[...2)] iti / [3)] idam asyādhyātmabahirdhā kāye kāyānupaśyanāyāḥ [4)] / [(5...]catvāri caitāni smṛtyupasthānāni / saṁbhinnaskandhālambanatayā[...5)] saṁbhinnālambanaṁ smṛtyupasthānaṁ bhavati / [(6...]rūpanimittaṁ tu yogy udgṛhya varṇasaṁsthānanimittaṁ vijñaptinimittaṁ ca,[...6)] [(7...]mitrāmitrodāsīnapakṣād adhimucyate[...7)] / tenedaṁ kāyasmṛtyupasthānam eva vyavasthāpyate[8)] / so 'dhimuktimanaskāraṁ niśritya[9)] bhūtamanaskāram asyāvatarati / [10)] evaṁ ca punar adhimucyamāno 'vatarati[11)] / “yāvad apramāṇāḥ sattvā ete mayādhimuktā[12)] hitasukhagatenādhyāśayena / ato 'pramāṇatarāḥ[13)] sattvāḥ, ye mama pūrvāntam ārabhya mitrāmitrodāsīnapakṣatayābhyatītāḥ,[14)] [(15...]ye mama mitratāṁ gatvā‿ amitratām upagatā amitratāṁ gatvā mitratāṁ codāsīnatāṁ copagatāḥ[16)...15)] / tad anena paryāyeṇa sarva eva sattvāḥ samasamāḥ / nāsty atra kācin mitratā vāmitratā vodāsīnatā vā pariniṣpannety anenaiva paryāyeṇa [(17...]sarveṣu triṣu pakṣeṣu tulyacittatā[...17)] tulyahitasukhopasaṁhāratā ca karaṇīyā / yathā pūrvāntam ārabhya‿ evam aparāntam apy ārabhya[18)] satyāṁ saṁsṛtau saṁsāre [19)] / ye 'pi ca mayā sattvāḥ pūrvāntam ārabhya *na*[20)] maitreṇa cittenānukampitāḥ, kiṁ cāpi te 'bhyatītāḥ[21)] / api tu tān etarhy anukampe [22)] yaduta svacittaniṣkāluṣyatām[23)]

---

1) *Sh. omits.*

2) *Ms., Sh.* mayābhihitasukhopasaṁhārakaraṇāya. *Tib.* bdag gis sems can 'di dag la yaṅ bde ba ñe bar bsgrub (*P., N.* sgrub) par bya'o/. *Ch.* 我當與彼利益安樂.

3) *Tib. has* de ltar mos par byed pa.

4) *Sh. has* [sattvam]. *Tib. has* byams pa bsgom pa yin no/. *Ch.* 修循身觀.

5) *Tib.* dran pa ñe (*Co.* te) bar gźag pa bźi po dag las chos dran pa ñe bar gźag pa ni phuṅ po 'dren ma la dmigs pa'i phyir. *Ch.* 此四念住總緣諸蘊爲境界故.

6) *Ch.* 若修行者但取色相. 謂取顯相形相表相.

7) *Sh.* mitrā[']mitrodāsīnapakṣād(kṣebhyo) [']dhimucyate. 8) *Sh.* vyāvasthāpyate.

9) *Ms.* niḥśritya. 10) *Tib. has* ji ltar 'jug ce na/. *Ch. has* 謂. 11) *Ms.* vatarati. *Sh.* [a]vatarati.

12) *Sh.* mayā [a]dhimuktā. 13) *Ms.* pramāṇatarāḥ. *Sh.* [a]pramāṇatarāḥ.

14) *Ms.* mitrāmitrodāsīnapakṣatayābhyatītā. *Sh.* mitrā[']mitrodāsīnapakṣatayā [a]bhyatītā.

15) *Tib.* gaṅ dag bdag gi mdza' bśes su gyur pa las dgra bo daṅ/ tha mal par soṅ ba daṅ/ dgra bor gyur pa las mdza' bśes (*Co.* śes) daṅ/ tha mal par soṅ ba daṅ/ tha mal par gyur pa las mdza' bśes daṅ/ dgra bor soṅ ba'i. *Ch.* 爲我親已復爲我怨. 爲我怨已復爲我親. 爲怨親已復爲中庸. 爲中庸已復爲怨親. 16) *Sh.* topa(copa)gatās. 17) *Sh. omits.*

18) *Sh.* āramya. *Tib.* brtsams nas. *Ch. omits.* 19) *Tib. has* rig par bya'o/. *Ch. has* 應知亦爾.

20) *Ms.* (ta). *Sh.* tan. *Tib.* rjes su sñiṅ brtse bar ma byas par. *Ch.* 未曾發起慈愍之心.

21) *Ms.* bhyatītā. *Sh.* [a]bhyatītā. 22) *Ch. has* 復有何益.

23) *Sh.* cittaniṣkāluṣya(kaluṣa)tām.

「これらの人々も、私と同様である。私自身の安楽が望まれるべきであるように、自身と同じであることから、自身と等しいことから、これらの人々の（安楽も望まれるべきである）。私は、これらの人々に利益と安楽の付与をなすべきである」と。これが、彼の自己と（自己以）外の身体についての身体の観察の（念処）である。

これら念処は、四つである。雑多な蘊を所縁とすることから、念処は雑多な所縁をもつものとなる。しかし、瑜伽者は色相、（すなわち）顕（相）・形相と表相とをとって、親しい立場の者・敵対する立場の者・どちらでもない立場の者から勝解する。これにより、これはまさに身念処であると確立される。彼は、勝解の作意に依って、それの真実の作意に入る。さらにまた、このように勝解しつつ入る。「量りきれないこれらの人々までが、私によって、利益と安楽に至る意楽をもって勝解された。前際以来、私にとって親しい立場の者・敵対する立場の者・どちらでもない立場の者として過ぎ去った（人々）、私にとって親しい状態を経て、敵対する状態に至り、敵対する状態を経て、親しい状態やどちらでもない状態に至った人々は、これよりさらに量りきれない。この巡り合わせによって、まさにすべての人々は同等である。そこには、いかなる親しい状態も、敵対する状態も、どちらでもない状態も確定されていないというこの巡り合わせによって、すべての三つの立場の者たちに、等しい心と、等しい利益と安楽の付与がなされるべきである。前際以来のように、後際に関しても輪廻を巡っている間は同様である。また、前際以来、私が慈愍の心によって慈しまなかった人々もまた過ぎ去った。それでも、今、彼らを慈しむ、すなわち、自分の心の穢れのないことと、

avyāpannatām upādāya / [1] [(2...]'sukhitā bata te sattvā bhūtā *a*bhaviṣyan[3] / ye 'pi[4] ca na bhūtā anāgate 'dhvani[5] sukhitā bhavantu[...2)]" / [6] evaṁ bhūtamanaskārānupraviṣṭasya[7] maitrīvihāriṇaḥ, yaḥ puṇyābhiṣyandaḥ kuśalābhiṣyandaḥ, [(8...]tasyādhimokṣikamaitrīvihāragataḥpuṇyaskandhaḥ[...8)] śatimām api kalāṁ nopaiti[9] [(10...]sahasrimām api, saṁkhyām api kalām api gaṇanām apy upaniṣadam api nopaiti[...10)] / śeṣaṁ pūrvavat[11] /

(III)-C-V-4-c Ms.112a3M, Sh.429-10, P.192b1, D.160a1, N.170b5, Co.166a1, Ch.463b11

tatredaṁpratyayatāpratītyasamutpādaprayukta[12] ādikarmikaḥ [(13...]śrutacintādhipateyena parika*lpe*na nimittam udgṛhṇāti[...13)] / [14] [(15...]asty eṣāṁ[...15)] sattvānām [(16...]ajñānaṁ saṁmoho[...16)] [(17...]yeneme pratyakṣam anityaṁ nityato 'vagacchanti,[18] pratyakṣam aśuci śucitaḥ, duḥkhaṁ sukhataḥ, nirātmakatām ātmataḥ[...17)] / viparyastā[19] ete sattvā viparyāsahetor dṛṣṭe dharme vedanāsu saṁparāye cātmabhāvābhinirvṛttau[20] tṛṣyanti / tṛṣitāś ca jātimūlakāni karmāṇi kṛtvā evam āyatyāṁ [(21...]karmakleśahetu kevalaṁ duḥkha*skandham*[...21)] abhinirvartayanti / evaṁ nimittam udgṛhyādhyātmam adhimucyate / "[(22...]ayam api kevalo duḥkhaskandha[...22)] evam eva saṁbhūta" iti / "ye 'pi[23] cātmabhāvā anantāparyantāḥ[24]

---

1) *Ch. has* 故起念言

2) *Tib.* kye ma 'das pa'i sems can 'di dag kyaṅ bde bar gyur cig ces rjes su sñiṅ brtse bar bya'o// gaṅ dag ma 'oṅs pa'i dus kyi sems can ma 'das pa de dag kyaṅ bde bar gyur cig ces. *Ch.* 當令過去諸有情類皆得安樂. 諸未來世非曾有者. 亦皆令彼當得安樂.

3) *Ms.* bhaviṣyan. *Sh.* bhaviṣyan(abhūvan). 4) *Ms.* pi. *Sh.* [a]pi. 5) *Ms.* dhvani. *Sh.* [a]dhvani.

6) *Tib. has* de ltar mos par byed pa na 'jug par byed do/. 7) *Sh.* °ānupratiṣṭhasya.

8) *Ch.* 望前所修勝解作意. 慈愍住中所獲福聚. 9) *Sh.* naupeti.

10) *Tib.* stoṅ gi cha daṅ graṅs daṅ cha daṅ bgraṅ ba daṅ dpe daṅ rgyur yaṅ ñe bar mi 'gro' ste/. *Ch.* 彼於千分不及此一. 彼於數分算分計分鄔波尼殺曇分不及此一. 11) *Sh.* pūrvvat.

12) *Sh.* °pratītyasamutpāda. *Ch.* 又於緣性緣起觀中初修業者.

13) *Ms., Sh.* śrutacintādhipateyena parikalpitaṁ na nimittam udgṛhṇāty. *Tib.* thos pa daṅ bsams pa'i dbaṅ gis byuṅ ba'i yoṅs su rtog pas mtshan ma (*P., N. omit*) 'dzin par byed de (*D., Co.* do)/. *Ch.* 由聞思慧增上力故. 分別取相. *Cf.* ŚBh III 116, 14-15; 142, 15-16; 160, 6-7. Schmithausen 2007, 85, *fn.* 48 *reads* parikalpitena *for* parikalpitaṁ na.

14) *Ch. has* 謂. 15) *Sh.* anyeṣāṁ. 16) *Tib.* mi śes pas kun tu moṅs pa. *Ch.* 種種無智愚癡.

17) *Ch.* 現見無常妄計爲常. 現見不淨妄計爲淨。現見其苦妄計爲樂. 現見無我妄計爲我.

18) *Ms.* vagacchanti. *Sh.* [a]vagacchanti. 19) *Tib.* phyin ci log gis bslad pa yin te/.

20) *Sh.* cātmabhāvābhirnivṛttau.

21) *Ms.* karmakleśahetu kevalaṁ (su)duḥkham. *Sh.* karmakleśahetu [........] kevalaṁ saṁduḥkham. *Sh. says,* "Letters illegible". *However, Ms. has no letter between* hetu *and* kevalaṁ. *Tib.* las daṅ/ ñon moṅs pa'i rgyu las byuṅ ba sdug bsṅal gyi phuṅ po 'ba' źig po 'di. *Ch.* 此煩惱業爲因緣故. 感得當來純大苦蘊.

22) *Tib.* bdag gi sdug bsṅal gyi phuṅ po 'ba' źig po 'di yaṅ (*P., N. omit* 'di yaṅ) de kho na. *Ch.* 我今此純大苦蘊. 23) *Sh. omits.* 24) *Sh.* nānantā[ḥ] paryantāḥ.

瞋恚のないこととに依ってである。『ああ、すでに存在した人々が安楽であればよかったのに。（いまだ）存在していない（人々）もまた、未来世において安楽であれ』」（と。）このように、勝解にもとづく慈愍に住している間の功徳の集積は、真実の作意に入り、慈愍に住し、功徳による潤いをもち、善による潤いをもつ者の（功徳の集積の）、百分の一にも、千分の一にも及ばず、数えることにも、分けることにも、計算にも、比較にも及ばない。残りは前の通りである。

(III)-C-V-4-c　縁起観

このうち、縁性縁起を実践する初業者は、聞と思を主因とする分別によって、相を取る。これらの人々には無知・迷妄があり、それによって、彼らは、現に無常であるものを常として、現に不清浄なものを清浄として、苦を楽として、無我性を我として理解する。顛倒したこれらの人々は、顛倒の故に、現世の受と来世の自体の生起において渇愛を生じる。そして、渇愛を生じた（人々）は、生の根本の所作をなして、このように、将来、業煩悩を因とするあらゆる苦蘊を生起させる。このように、相を取って、内に勝解する。「このあらゆる苦蘊も、まさにこのように生じた」と。「また、

pūrvāntam ārabhya yeṣām [(1…]ādir eva[…1)] na prajñāyate, te 'py evaṁbhūtāḥ / eṣām api sattvānām atītānāgatapratyutpannāḥ sarva evātmabhāvā duḥkhaskandhasaṁgṛhītā evam evābhinirvṛttāḥ / āyatyāṁ *co*tpadyante[2)" 3)] / [(4…]sa khalv ayam *ida*ṁpratyayatāpratītyasamutpādamanaskāraḥ[5)] / *sa*r*vo*[6)] bhūtamanaskāra eva,[…4)] [(7…]nāsty adhimokṣikaḥ[…7)] / [(8…]ya*dā* *ca*[…8)] punar ātmano vartamānā*n*[9)] skandhān pratītyasamutpannān manasikaroti, [(10…]tadādhyātmaṁ kāye yāvad dharmeṣu dharmānudarśī viharati[…10)] / yadā ca punaḥ pareṣāṁ vartamānān skandhān pratītyasamutpannān manasikaroti, [(11…(12…]tadā bahirdhā[…12)] kāye yāvad dharmeṣu dharmānudarśī viharati[…11)] / yadātmanaś ca pareṣāṁ cātītānāgatān skandhān pratītyasamutpannān manasikaroti, [(13…]tadādhyātmabahirdhā kāye yāvad dharmeṣu dharmānudarśī viharati[…13)] / śeṣaṁ pūrvavat[14)] /

(III)-C-V-4-d [15)]Ms.112a7R + Ms.A.A*a1L · Ms.B.29b1R, Sh.*430-14, P.193a4, D.160b1, N.171a7, Co.166b2, Ch.463c2

tatra dhātuprabhedaprayukta[16)] ādikarmiko bahirdhā pṛthivīkāṭhi*nya*nimittam[17)] udgṛhya, tadyathā[18)] [(19…]bhūparvatatṛṇavanaśarkarakaṭhillamaṇimuktivaiḍūryaśaṅkhaśilāpravālādikebhyo 'dhyātmaṁ[…19)] kāṭhinyam adhimucyate / bahirdhā [(20…]apskandhān nimittam[…20)] udgṛhya, tadyathā nadīprasravaṇa*saras*taḍāgakūpādibhya*ḥ*,[21) 22)] *[(23…]tathā *bahirdhā* mahato 'gniskandhā*d* *grīṣme* vādityakiraṇasaṁ-

1) *Tib.* sṅon gyi mtha'.

2) *Ms., Sh.* notpadyante. *Tib.* phyis kyaṅ skye (*N.* skya) bar 'gyur ba yin no. *Ch.* 亦皆如是已生當生.

3) *Tib. has* źes mos par byed do/.

4) *Tib.* rkyen 'di pa (*P., N.* la) ñid kyi rten ciṅ 'brel par 'byuṅ ba yid la byed pa 'di dag thams cad ni yaṅ dag pa ñid yid la byed pa las byuṅ ba yin gyi (*P., N.* gyis). *Ch.* 如是緣性緣起正觀. 一切皆是眞實作意.

5) *Ms.* iyaṁpratyayatā°. *Sh.* iyaṁ(daṁ)pratyayatā°.

6) *Ms.* sarvaṁ. *Sh.* sarva. *See* Schmithausen 1982b, 72, *fn.* 79a.

7) *Sh.* nāsya[ā]dhimokṣikaḥ. *Ch.* 更無所餘勝解作意.

8) *Ms., Sh.* yadi na. *Tib.* de la yaṅ (*P., N. omit*) gaṅ gi tshe. *Ch.* 若. *No negative in Tib. or Ch. See the following sentences.*

9) *Ms.* vartamānāt. *Sh.* vartamānān.

10) *Ch.* 是名於内身受心法住彼循觀.

11) *Ch.* 是名於外身受心法住彼循觀.

12) *Sh.* tadādhyātmabahirdhā.

13) *Ch.* 名於内外身受心法住彼循觀.

14) *Sh.* pūrvvat.

15) *Regarding Mss. in this section, see* ŚBh III 162, *fn.* 7).

16) *Ms., Sh.* dhātuprabhedaprayogaprayukta. *Tib.* khams rab tu dbye ba (*P., N. omit*) la rab tu brtshon pa'i. *Ch.* 於界差別觀初修業者.

17) *Ms.* °kāṭhinyānimittam.

18) *Tib.* sa'i khams 'di lta ste/

19) *Ms.* °vaiḍūryaśaṁkhaśilāpravālādikebhyaś cādhyātmaṁ. *Sh.* °vaiḍūryaśilāpravālādikebhyaś cādhyātmaṁ.

20) *Sh.* apsv abdhātor nni(rni)mittam. *Ch.* 諸大水相.

21) *Ms.* nadīprasravaṇataḍāgakūpādibhya *Sh.* nadīprasravaṇataḍāgakūpādibhya[ḥ]. *Tib.* chu kluṅ daṅ/ 'bab chu daṅ/ mtsho daṅ/ lteṅ ka daṅ/ khron pa la sogs pa dag las. *Ch.* 江河衆流陂湖池沼井等.

22) *Ch. has* 取彼相已復於内濕而起勝解.

他ならぬその初めが知られず、前際以来、限りなく、果てのない自体も、同様である。これらの人々の、苦蘊に摂せられる過去・未来・現在のすべての自体も、まさにこのように生起した。また、将来にも生じる」（と。）実にこれが、縁性縁起の作意である。すべてが真実の作意に他ならず、勝解にもとづく（作意）はない。さらにまた、自身の現在の縁起した蘊を作意するとき、自己の身体について、乃至、法について、法を観じて住する。さらにまた、他者の現在の縁起した蘊を作意するときには、（自己以）外の身体について、乃至、法について、法を観じて住する。自身と他者の過去と未来の縁起した蘊を作意するときには、自己と（自己以）外の身体について、乃至、法について、法を観じて住する。残りは前の通りである。

(III)-C-V-4-d　界差別観

このうち、界差別を実践する初業者は、例えば、大地・山・草・森・小石・砂利・宝珠・真珠・瑠璃・螺貝・璧玉・珊瑚等から、（自己以）外の地の堅さの相を取って、自己の堅さを勝解する。（自己以）外の水蘊から、例えば、川・細流・湖・池・井戸等から相を取り、同様に、（自己以）外の大きな火蘊から、（例えば）夏の太陽の光に

tāpi*tebhyaḥ,* jvarāviṣṭebhyo vā sattvebhyaḥ, udārāgnisaṁpratāpitebhyo vā pra*ti*śrayebhyaḥ,…[23]* [1] (2…tathā[3] bahirdhā vāyuskandhāt…[2] pūrvadakṣiṇa-paścimottarebhyo vāyubhyo yāv ad vāyumaṇḍalakebhyaḥ,[4] [5] (6…ye deśā (7…asphuṭā aspharaṇīyā…[7] *rūpa*gatena[8] sacchidrāḥ suśuṣirāḥ[9] sāvakāśāḥ,…[6] tasmād ākāśadhātor nimittam udgṛ*hyā*dhyātmam[10] abdhātuṁ tejodhātuṁ vāyudhātum ākāśadhātum adhimucya*te*[11] / [12] śrutacintādhipateyena ca parika*lpe*naivaṁ[13] vijñānadhātor nimittam udgṛhṇāti / cakṣur ādhyātmikam āyatanam aparibhinnaṁ ced bhavati, rūpam[14] ābhāsagatam, (15…na ca tajjo manaskāraḥ pratyupasthito bhavati, na tajjasya cakṣurvijñānasya prādurbhāvo bhavati…[15] / (16…viparyayād bhavati…[16] / evaṁ yāvan manodharmān manovijñānaṁ veditavyam / [17]

(18…evaṁ nimittam udgṛhy"āsty[19] eṣāṁ sarveṣāṁ vijñānānām asmin kāye caturmahābhūtike[20] (21…bījaṁ dhātur gotraṁ prakṛtir"…[21] ity adhimucyate…[18] / tāny etāni catvāri mahābhūtāni tatprathamato (22…'ṅgapratyaṅgaudārikāny adhimucyate…[22] / tataḥ paścāt sū*kṣma*tarāvayavaprabhedān[23] *a*dhimucyate[24] / evaṁ

---

23) *Ms.* tathā mahato gniskandhān greṣce vādityakiraṇasaṁtāpitā jvarāviṣṭebhyo vā (vā: *added interlineally by another hand*) satvebhyaḥ / udārāgnisaṁpratāpitebhyo vā praśrayebhyas. *Sh.* tathā mahato [a]gniska ska[ndhasya]bdhau vādityakiraṇasaṁtāpitā bhūrāviṣṭebhyo [vā] sarvvebhyaḥ / udārāgnisaṁpratāpitebhyo vā praśrayebhyaś. *Tib.* de bźin du phyi rol gyi me 'di lta ste/ me'i phuṅ po chen po daṅ/ dpyid ka'i ñi ma'i 'od zer gyis gduṅs pa daṅ/ sems can rims kyis btab pa daṅ/ khyim me chen pos tshig ba la sogs pa daṅ/. *Ch.* 次取其外諸大火相. 所謂熱時烈日. 炎熾焚燒. 山澤災火蔓莚窯室等中所有諸火.

1) *Ch. has* 取彼相已復於内煖而起勝解. 2) *Ch.* 次取其外諸大風相. 3) *Sh.* ca no.

4) *Sh.* vāyumaṇḍalebhyaḥ. *Tib.* de bzhin du phyi rol gyi rluṅ gi dkyil 'khor gyi bar dag daṅ/.

5) *Ch. has* 取彼相已復於内風而起勝解.

6) *Tib.* de bzhin du gaṅ dag yul gyis ma khyab pa daṅ/ gzugs kyi rnam pas khyab par bya ba ma yin pa daṅ/ bu gu daṅ bcas pa daṅ sbubs yod pa daṅ/ go skabs yod pa'i nam mkha'i khams de dag las. *Ch.* 次取其外諸大空相. 所謂諸方無障無礙諸聚色中孔隙窟穴有所容受.

7) *Sh.* [astyādestāraṇīyā]. *Sh. says, in his footnote,* "MS. blurred, letter(s) indistinct and illegible." 8) *Ms., Sh.* vāyugatena. *Tib.* gzugs kyi rnam pas. *Ch.* 諸聚色中. *Cf.* ŚBh III 62, 12.

9) *Sh.* suśirāḥ. 10) *Ms.* udgṛhṇaty ādhyātmam. *Sh.* udgṛhṇāty adhyātmam. *Tib.* bzuṅ nas/ naṅ gi … *Ch.* 善取如是空界相已. 於内…

11) *Ms.* adhimucyati. *Sh.* adhimucyati(te). 12) *Tib. has* de bźin du. *Ch. has* 後.

13) *Ms.* parikalpitena · evaṁ. *Sh.* parikalpitena [/] evaṁ. *Tib.* yongs su rtog pas 'di ltar. *Ch.* 起細分別. *Cf.* ŚBh III 116, 14-15; 142, 15-16; 156, 8-9.

14) *Ch.* 外色. 15) *Ch.* 若無能生作意正起. 所生眼識亦不得生.

16) *Tib.* de las bzlog na 'byuṅ bar 'gyur ro/. *Ch.* 與是相違眼識得生.

17) *Tib. has* de ltar rnam par śes pa'i khams kyi mtshan ma 'dzin par byed do/ des.

18) *Ch.* 取是相已次起勝解. 了知如是四大身中有一切識諸種子界種性自性.

19) *Sh.* udgṛhyāpy. 20) *Sh.* ca[ā]turmahābhūtike. 21) *Cf.* ŚBh III 62, 4.

22) *Sh.* [a]ṅgapratyaṁgo(gato) [a]rthaṁ vināpy adhimucyate.

23) *Ms.* sūkṣmātarāvayavaprabhedān. *Sh.* sūkṣmatarāvayava prabhedān.

24) *Ms.* ādhimucyate. *Sh.* a(ā)dhimucyate.

熱せられた、あるいは、熱に冒された人々、あるいは、大火に焼かれた家々から（相を取り）、同様に、（自己以）外の風蘊から、（例えば）東・南・西・北の風、乃至、風輪から（相を取り）、（例えば）色に属するものによって妨げられず、遮られることのない、隙間を伴い、穴を伴い、空間を伴う場である空界から相を取り、自己の水界、火界、風界、空界を勝解する。また、聞と思を主因とする分別によって、このように識界から相を取る。もし、内処である眼が損傷しておらず、色が現前し、そして、それから生じる作意が起こらないなら、それから生じる眼識は生起しない。逆の場合、（眼識が）生起する。乃至、意と法から（生じる）意識も同様であると知られるべきである。

このように相を取って、「この四大種からなる体において、このすべての識には、種子、界、種姓、本性がある」と勝解する。その初めに、これらの四大種を支と支節において麁大であると勝解する。その後に、より微細な部分の分割を勝解する。同様に、

yāvad vātāyanapraviṣṭ*atru*ṭisamatayā,[1] evaṁ yāvac chanaiḥ śanaiḥ paramāṇuśo 'dhimucyate[2] / sa ekaikam (3...aṅgāvayava*m* *a*pramā*ṇa*paramāṇusaṁcayasaṁniviṣṭam...3) adhimucyate / kaḥ punarvādaḥ sarvakāyam /

(4...ayaṁ dhātuprabhedaprayuktasya dhātuprabhedaparyanto[5] rūpiṇām...4) /

(6...tāvad dhātūnām ākāśadhā*tau* punaś...6) [7] [Aa1](B29b1)cakṣuḥsauṣiryaṁ vā śrotraghrāṇasya kaṇṭhanāḍam, yenābhyavaharati, yatra cābhyavaharati, yena cāsyā(b2)bhyavaharitam adhobhāgena pragharitam, audārikam ākāśadhātuṁ tatprathamato[8] 'dhimucyate / [9] (10...tataḥ paścāc chanaiḥ śanair yāvat sarvaromakūpānugataṁ sauṣiryam adhimucyate[11]...10) /

vijñānadhātuṁ punaḥ śanaiḥ śanair āśrayālambanamanasikārādhvaprakārabhedenāpramāṇam adhi[a2]mucyate / vijñānadhātum eva cādhimucyamāna āśrayālambanādhimokṣeṇa (b3)tasyaiva vijñānadhātor daśavidham upādāyarūpam apy adhimucyate / tad api tathaiva yathaiva mahābhūtāni[12] /

(13...yady ātmanaḥ...13) pratyātmikaṁ[14] dhātum adhimucyate / (15...so[16] 'dhyātmaṁ smṛtyupasthāneṣu carati...15)/ (17...atha pareṣām asattvasaṁkhyātā*nām*[18] evaṁ bahirdhā...17) / (19...atha pareṣāṁ sattvasaṁkhyātānām evam adhyātmabahirdhā...19) /

---

1) *Ms.* vātāyanapraviṣṭatuṭisamatayā. *Sh.* gatāyanapraviṣṭa[s]tu[ṭi] samatayā. *Tib.* ñi zer gyi naṅ na yod pa'i rdul daṅ mñam pa'i. *Ch.* 如是漸次分析乃至向遊塵量.

2) *Ms.* dhimucyate. *Sh.* [a]dhimucyate.

3) *Ms.* aṁgāvayavapramāṇuparamāṇusañcayasanniviṣṭam. *Sh.* aṁgāvayavapramāṇaparamāṇusañcayasanniviṣṭam. *Tib.* lag daṅ/ cha śas re re la yaṅ rdul phra rab kyi tshogs tshad med pa dag yod par. *Ch.* 支分尚起無量最極微塵積集.

4) *Tib.* de ni re źig khams rab tu dbye ba la rab tu (*P., N. omit* rab tu) brtson pa'i khams gzugs can rnams kyi rab tu (*D., Co.* rab tu, *P., N.* bar du) dbye ba'i mtha' yin no. *Ch.* 如是名爲界差別觀中分析諸色界差別邊際微細勝解. 5) *Sh.* cārthaprabhedaparyantaḥ.

6) *Ms.* tāvad dhātūnām ākāśadhātoḥ punaḥ. *Sh.* tābad dhātūnām ākāśadhātoḥ punaḥ. *Tib.* nam mkha'i khams la ni. *Ch.* 次於空界先當發起所有麁大空界勝解.

7) *Ms.* (112b5) *and Sh.* (432, 3) *skip the following part. The omitted text is found in* A*a1-b7 (*Ms.A*) *and Ms.* 29b1R - 30a8L (*Ms.B*). *See* Intro *or* 声聞地研究会 1992.

8) *Ms.A* prathanato. 9) *Ms.A, Ms.B have* dhi.

10) *Tib.* de'i 'og tu khad kyis spu'i khuṅ bu thams cad kyi bar du sbubs daṅ ldan par mos par byed do/. *Ch.* 次後漸漸發起種種微細勝解. 乃至身中一切微細諸毛孔穴皆悉了知.

11) *Ms.A* adhiṣacyate. 12) *No equivalent in Tib.* 13) *Ms.A* niyamyātmanaḥ.

14) *Tib.* bdag ñid kyi naṅ gi khams la. *Ch.* 於自身各別諸界.

15) *Ch.* 是名於內諸念住中住彼循觀. 16) *Ms.A omits.*

17) *Tib.* gal te sems can du bgraṅ ba ma yin pa gźan dag gi khams la mos par byed na ni phyi rol gyi dran pa ñe bar gźag pa rnams la spyod pa yin no/. *Ch.* 若於其餘非有情數. 所有諸界而起勝解. 是名於外住彼循觀. 18) *Ms.A, Ms.B* asatvasaṃkhyātām.

19) *Tib.* gal te sems can du bgraṅ ba gźan dag gi khams la mos par byed na ni naṅ daṅ phyi rol gyi dran pa ñe bar gźag pa rnams la spyod pa yin no/. *Ch.* 若於其餘諸有情數所有諸界而起勝解. 名於內外住彼循觀.

乃至、窓から入った微塵と同じくらいに、同様に、乃至、順次に、極微ごとに（分割を）勝解する。彼は、一つ一つの支や部分を量りきれない極微の蓄積の集合であると勝解する。全身については繰り返し言うまでもない。

これが、界差別を行じる者にとっての有色（界）の界差別の究極である。

さらに、まず、諸界のなかの空界については、眼孔や、耳・鼻の（穴）や、それによって飲み込み、そこで飲み込み、それによって飲み込まれたものがその人の下部で流れ出す咽喉（等の）麁大な空界を最初に勝解する。その後に、順次に、乃至すべての毛穴に付随した孔を勝解する。

さらに、識界は順次に所依・所縁・作意・時間・様相の区別によって量りしれないと勝解する。そして、まさに識界を勝解している者は、所依・所縁の勝解によってまさにその識界に対する十種の所造色も勝解する。それも、大種とまさしく同様にである。

もし、自身のそれぞれの界を勝解するなら、彼は自己の（四）念処において行じる。もし、有情とみなされない他の（界）なら、同様に（自己以）外の［念処において行じる］。もし、有情とみなされる他の（界）なら、同様に自己と（自己以）外の［念処において行じる］。

[a3](1…paryāyaḥ/ punar aparam…1) imaṁ kāyam ātmano mri(b4)yamāṇam adhimucyate, pūrvavad yāvad (2…vi*nīla*kāvasthaṁ vipūyakaṁ vā…2) / punaḥ pūyapraghāriṇam[3] adhimucyate / sa śanaiḥ śanais tat pūyasrotas tāvad abhivardhayati, yāvat samudraparyantāṁ mahāpṛthivīṁ pūyasaṁpūrṇām adhimucyate / (4…agninā vā dahyamānaṁ taṁ kāyam anantākārādhimuk*ta*m[5] adhimucyate mahatāgniskandhenānantenā[a4]paryantena…4) / ni(b5)rvṛte vā punar agnāv asthiśeṣaṁ bhasmaśeṣam [6] adhimucyate ’nantenāparyantenādhimokṣeṇa / tāni vā punar (7…asthīni cūrṇāni kṛtvā‿…7) apramāṇena vāyuskandhena diśo diśo ’pahriyamāṇāny apahṛtāni vādhimucyate / (8…apahṛteṣu ca tāny asthīni tac ca bhasma taṁ ca vāyuṁ na paśya*ty*[9]…8) (10…ākāśadhātum evāvaśiṣṭaṁ paśyati…10) / evaṁ tāvad adhimukti[a5]ma(b6)naskāreṇādhyātmabahirdhāśubhāprayogasaṁniśrayeṇa dhātuprabhedapraveśāt kāye kāyānudarśī viharati /

(11…bhūtamanaskāreṇa punar evam (12…adhimucyamāno ’dhyātmabahirdhākāye…12) kāyānudarśī viharati…11) / “(13…yāvad apramāṇo me ayam abdhātus tejodhātu*ḥ*[14] pṛthivīdhātur vāyudhātur ākāśadhātuś cādhimuktaḥ…13) / ato ’pramāṇataro (b7)yo me ’na[a6]varāgre jātisaṁsāre saṁsarato mātṛmaraṇeṣu pitṛmaraṇeṣu bhrātṛbhaginījñātimaraṇeṣu (15…bhogakṣaye dhanakṣaye…15) ’śru prasyanditaṁ pragharitaṁ mātu*ḥ*stanyapānaṁ[16] pītaṁ (17…corapāripanthakabhūtena[18] ca saṁdhicchedakena granthimocakena…17) satāpramāṇāni hastacchedanāni pādacchedanāni śīrṣacchedanāni[19] nāsi(B30a1)kācchedanāni vividhāny aṅgapratyaṅ[a7]gacchedanāny anubhūtāni, tatra cāpramāṇaṁ rudhiraṁ pragharitam, yasyāśrukṣīrarudhirasaṁgṛhītasyābdhātor[20] apskandhasya caturo ’pi mahāsamudraudakahradaprati-

---

1) *Tib.* gzhan yaṅ. *Ch.* 復有異門.

2) *Ms.A, Ms.B* vipūyakāvasthaṁ vipūyakam vā. *Tib.* rnam par rnags (*P., N.* brnags) pa’i gnas skabs su gyur pa’i. *Ch.* 青瘀位或復膿爛.

3) *Ms.A* pūyapraghāriṇaṃ. *Ms.B* praghariṇaṃ. *Tib.* rnam par rnags (*P., N.* brnags) pa (*P., N.* pa’i) yaṅ rnag rab tu ’dzag par. *Ch.* 即<u>於膿爛</u>發起種種<u>流出</u>勝解.

4) *Ch.* 次復發起火燒勝解. 謂此身分無量無邊品類差別. 爲大火聚無量無邊品類燒爈.

5) *Ms.A, Ms.B* anantākārādhimuktim. *Tib.* rnam pa mtha’ yas par mos par byas nas.

6) *Tib.* *has* lus la.

7) *Ch.* 碎此骨灰以爲細末.

8) *Ch.* 既飄散已不復觀見所飄灰骨及能飄風.

9) *Ms.A, Ms.B* paśyasy.

10) *Tib.* lhag ma nam mkha’i khams tsam zhig lus par snaṅ bar mos par byed do/.

11) *Ch.* 從是趣入眞實作意. 謂由如是勝解作意. 於内外身住循身觀.

12) *Ms.A, Ms.B* °māna adhi°.

13) *Ch.* 由勝解力我此所作無量無邊水界火界地界風界虚空界相.

14) *Ms.A, Ms.B* tejodhātu.

15) *Ch.* 及由親友財寶祿位離散失壞.

16) *Ms.A, Ms.B* mātustanyapānaṁ.

17) *Ch.* 又由作賊擁逼劫掠穿牆解結.

18) *Ms.B* corapārikanthakabhūtena.

19) *Ms.A* *omits.*

20) *Ms.A* yasya aśru°. *Ms.B* yasyā’śru°.

異門がある。さらにまた、この自身の死にゆく身体を、前述のように、死斑の浮き出た状態、あるいは膿の出た（状態）まで勝解する。さらに、膿の滲出する（身体）を勝解する。彼は、順次に、海まで膿で満ちた大地を勝解するまで、その膿の流れを増大させる。

あるいは、火によって焼かれつつある、その無辺の様相に勝解された身体を、無辺無際の大きな火蘊によって、勝解する。また、火が滅したときに、骨の残り、灰の残りを、無辺無際の勝解によって、勝解する。あるいは、それらの骨を粉々にして、無量の風蘊によって方々に散らされている、あるいは散らされたと勝解する。そして、散らされたとき、それらの骨やその灰も、その風も見ず、残された空界のみを見る。このように、まず、自己と（自己以）外の不浄の加行に依る勝解作意によって、界分別に入ってから、身体において身体を観じて住する。

さらに、真実作意によって、このように勝解しつつ、自己と（自己以）外の身体において身体を観じて住する。「私によって、この水界、火界、地界、風界、空界までが量りしれないと勝解された。これよりも、無始からの生まれの輪廻をめぐる私によって、母の死、父の死、兄弟・姉妹・親戚の死においてや、所有物を失ったとき、財産を失ったときに、涙が溢れ、流されたことや、母乳を飲んだことや、また、盗人や追い剥ぎである（私）によって、押し込み強盗、すりである（私）によって、量りしれない手の切断、足の切断、首の切断、鼻の切断、様々な支や支節の切断が経験され、そこで量りしれない血が流出されたことは、さらに量りしれず、水で満たされた四大海も、その涙や乳や血に含まれる水界の水蘊の

pūrṇā śatimām api kalāṁ nopayānti" / vistareṇa pūrvavat /

"apramāṇāni ca tatratatrabha*vaga*ticyutyupapādeṣu[1] (a2) ka*ḍe*varāṇy[2] agninā dagdhāni, (3…yasyāgniskandhasyo[Ab1]pamāpi *nā*sti…3) / (4…apramāṇāni cāsthīni pṛthivīnidhānāni saṁvṛttāni…4) / (5…apramāṇaś ca vāyudhātur *utpanna*niruddho yena tāni kaḍevarāṇi pravibhaktāni…5) / (6…apramāṇaṁ ca…6) teṣāṁ kaḍevarāṇāṁ cakṣurādisauṣiryam abhūt / apramāṇaṁ ca vijñānasrota-uttarottarāṇi kaḍevarāṇi navanavāny upādāya yāva(a3)d etarhy asmiṁ paścime kaḍevare tad vijñānasrotaḥ saṁniviṣṭa[b2]m / āparāntikāpi gatir asyāniyatā[7] / evam apramāṇo 'yaṁ yāvad vijñānadhātur" iti /

(III)-C-V-4-e Ms.A.A*b2L · Ms.B.30a3M, Sh.–, P.195a7, D.162a5, N.173a6, Co.168a5, Ch.464b12

(8…tatrānāpānasmṛtiprayogaprayukta ādikarmika…8) ubhayatodvārakād vā avavarakād[9] ayaskārabhastrābhyāṁ *vā*[10] suvarṇakāradhamanyā[11] vā bahirdhā vā vāyuskandhāt praveśaniṣkramaṇāgamanā(a4)pagamananimittam[12] udgṛhya adhyātmāśvāsapraśvāsālambanayā [b3]smṛtyāśvāsapraśvāsān adhimucyate /

sa tatprathamatas (13…tadanukān vāyū*n*[14] paripelavān hṛddeśaudārikasauṣirya-gamanāgamanatayādhimucyate[15]…13) / tataḥ śanaiḥ śanais tān vāyūn prabhūtatarān prabhūtatamān[16] adhimucyate / yāvat sarvaromakūpapraviṣṭān adhimucyate / e(a5)vaṁ sarvaṁ[17] kāyaṁ vāyuskandhānugataṁ [18] vāyuskandhaparivṛtaṁ[19]

---

1) *Ms.A, Ms.B* bhagavaticyuty°.

2) *Ms.A, Ms.B* katarevarāṇy.

3) *Ms.A* yasyāgniskandha + pamāpitāsty. *Ms.B.* yasyāgniskandhasyopamāpitā 'sty. *Tib.* me'i phung po gang yin pa de yaṅ ches tshad med de/. *Ch.* 如是火聚亦無比況.

4) *Tib.* sa'i khams kyi rus pa zhig (*D., Co.* zhigs) par gyur pa dag kyaṅ ches tshad med do/. *Ch.* 又經無量棄捨骸骨狼籍在地亦無比況.

5) *Ms.A, Ms.B* apramāṇaś ca vāyudhātur niruddho yena tāni kaḍevarāṇi pravibhaktāny. *Tib.* gaṅ gi lus de dag rab tu g-yo bar byed pa'i rluṅ gi khams de yaṅ ches tshad med do/. *Ch.* 又經無量風界生滅分析尸骸亦無比況.

6) *Tib.* nam mkha'i khams kyaṅ ches tshad med do/.

7) *Ms.A* asyānityatā.

8) *Ms.A* tatrānāpānasmṛtiprayogaprayuktakādikarmika. *Ms.B* tatrānāpānasmṛtiprayogaḥ prayuktādikarmika. *Tib.* de la dbugs rṅub pa daṅ/ dbugs 'byuṅ ba dran pa'i rnal 'byor la rab tu brtson pa'i. *Ch.* 又於阿那波那念正加行中. 初修業者. *Cf.* ŚBh III 158, *fn.* 16).

9) *Ms.A* avavarakā(dvā)d. *Ms.B* apavarakā(dvā)d.

10) *Ms.A, Ms.B omit. Tib.* lcags mgar gyi sbud pa dag las sam.

11) *Ms.A, Ms.B* suvarṇṇakāramadhamanānyā. *Tib.* gser mgar gyi shing sbud las.

12) *Tib.* rluṅ phyir 'byuṅ ba daṅ/ naṅ du 'jug pa daṅ/ 'oṅ ba daṅ/ 'gro ba'i mtshan ma.

13) *Tib.* kha daṅ sna'i phyogs su sbubs rags pa nas/ 'gro ba daṅ ldog pa'i rluṅ śin tu phra źiṅ chuṅ ba la mos par byed do//.

14) *Ms.A, Ms.B* vāyū.

15) *Ms.B* hrideśodaurārika°.

16) *Ms.B* prabhūtamān.

17) *Ms.B* sarva.

18) *Ms.B has* vā.

19) *Ms.A* vāyuskandhandhaparivṛtaṁ. *Ms.B* vāyuskandhatvaparivṛtaṁ.

百分の一にも達しない」（と。）詳しくは前の通りである。

「またそれぞれの有・趣の死生において、火によって焼かれた死骸は量りしれず、その火蘊は比較もできない。そして、骨が地に置かれて放置されたことは量りしれない。そして、それによってこれらの死骸が分散する、生滅する風界は量りしれない。そしてこれらの死骸にあった眼などの孔は量りしれなかった。そして、いまこの最後の死骸における（識の相続）まで、次々と続く識の相続をもつ新たな死骸の（生じることの）ために、その（死骸に）結びついた識の相続は量りしれない。彼の未来の趣も不確定である。このように、この識界まで量りしれない」と。

(III)-C-V-4-e　阿那波那念

このうち、阿那波那念の加行を実践する初業者は、両側に扉のある寝室から、あるいは鍛冶の鞴から、あるいは金匠の吹筒から、あるいは（自己以）外の風蘊から、出入・去来の相を取って、内の入息と出息を所縁とする念によって、入息と出息を勝解する。

最初に、彼は、それに付随する微細な風を、胸の位置の麁大な孔を往来することによって勝解する。それから、順次に、その風をより多く、最も多く勝解する。乃至、すべての毛穴に入った（風）を勝解する。このように、風蘊を伴い、風蘊に包まれ、

vāyuskandhopa[b4]gūḍham apramāṇasya[1] vāyuskandhasya madhye saṁniviṣṭam, tadyathā tūlapicu*ṁ*[2] vā karpāsapicu*ṁ*[3] vā (4…laghukam adhimucyate…4) /

sa yadādhyātmam āśvāsapraśvāsānāṁ pravṛttim anuparatāṁ manasikaroti, tasmin samaye 'dhyātmaṁ kāye kāyānupaśyī[5] viharati / yadā pu(a6)nar apareṣāṁ mṛtakaḍevareṣu vinīlakādiṣv avasthā[b5]sūparatām āśvāsapraśvāsapravṛttiṁ manasikaroti, tadā bahirdhā kāye kāyānupaśyī[5] viharati / yadā tu punar ātmānaṁ mriyamāṇam adhimucyate mṛtaṁ vāśvāsapraśvāsapravṛttivirahitam adhimucyate, [6] tasmin[7] samaye 'dhyātmabahirdhā kāye kāyānudarśī[5] viharati / (a7)sarvaprayogeṣu ca śamathapakṣa[b6]sahāyaṁ śamathapakṣaparigṛhītaṁ (8…prayogaṁ karoti…8) / pūrvavac cānyat [9] sarvaṁ śeṣaṁ veditavyam /

(III)-C-V-5 Ms.A.A*b6M · Ms.B.30a7M + Ms.112b5L, Sh.*432-4, Sa.*25-3, P.196a1, D.162b5, N.173b7, Co.168b4, Ch.464c2

evaṁ saty[10] ādikarmikaḥ (11…samya*k* *co*ditaḥ…11) samyag eva ca[12] pratipadyamāna ātāpī viharati saṁprajānaḥ[13]. smṛtimān,[14] (15…vinīyābhidhyā loke daurmanasyam…15)/ [16] yat tāvat tasmin prayoge (17…pratatakārī bhavaty atya(a8)ntakārī na ca samya[b7]gāgataṁ manasikāraṁ saṅgaṇikādibhir vikṣipati, idam asyātāpitāyāḥ…17)/ [18] yat punar asya tasmin prayoge śamathavipaśyanābhāvanāyāṁ vikṣepāvikṣepaparijñāvadhānam, idam asya saṁprajanyasya smṛtima*ttā*yāś[19] ca / yat punaḥ (20…saṁve*janīyaṁ* nimittaṁ…20) prasadanīyaṁ ca nimittaṁ sūdgṛhītaṁ

---

1) *Ms.B* apramāṇa.

2) *Ms.A, Ms.B* tūlapicur.

3) *Ms.A, Ms.B* karpāsapicur.

4) *Ch.* 諸輕飄物於是諸相而起勝解.

5) *Both* kāyānudarśī *and* kāyānupaśyī *appear in* ŚBh. *See* ŚBh II 188, 5-194, 3.

6) *Ch. has* 或於未死入息出息無有流轉而起勝解. 由法爾故.

7) *Ms.A* tasmiṁ. *Ms.B* tasmi.

8) *Tib.* mos par byed de/. *Ch.* 應修 ... 無倒加行.

9) *Ms.A has* satyaṁ.

10) *Ms.A, Ms.B* sahi. *Sa.* [ayaṃ].

11) *Ms.A, Ms.B* samyag evoditaḥ. *Sa.* [samyagavoditaḥ]. *Tib.* yang dag par gtams (*P.*, *N.* gtam) pa. *Ch.* 蒙正教誨. *Cf.* ŚBh III 150, 8-10.

12) *Sa. omits.*

13) *Sa.* [saṁprajānan]. *Read* saṁprajānan *as Sa, but see fn.* 15) *and* BHSG 18.53.

14) *Ms.B* smṛtīmān.

15) *Ms.A* vinīyābhidhyādaurmanasyaṁ. *Sa.* [vinīya loke 'bhidhyādaurmanasyaṃ]. *Cf.* MPS 14.25: ātāpī saṁprajānaḥ smṛtimān vinīyābhidhyā loke daurmanasyam.

16) *Sa. has* [tatra]. *Tib. has* de la.

17) *Sa.* [pratatakāriṇo 'tyantakāriṇaḥ na ca samyagpratilabdhasya manasikārasya aprahāṇaṃ pralāpādinā, idam asyātāpitāyāḥ/].

18) *Ms.A and Ms.B end here. Our text goes back to Ms.* 112b5L (*Sh.* 432, 4).

19) *Ms., Sh.* smṛtisamatāyāś. *Tib.* dran pa daṅ ldan pa. *Ch.* 具念.

20) *Ms., Sh., Sa.* saṁveganimittaṁ. *Tib.* kun tu skyo bar 'gyur ba'i mtshan ma. *Cf.* ŚBh III 120, 15 and 124, 3-4.

風蘊に覆われ、量りしれない風蘊の中に住する身体全体を、あたかも草綿、あるいは木綿のように軽いと勝解する。

彼は、内側に入息と出息の途切れない繰り返しを作意する時に、自己の身体において身体を観じて住する。さらに、死斑の浮き出る等の状態にある他の人々の死んだ死骸において、入息と出息の繰り返しが途切れたと作意するとき、（自己以）外の身体において身体を観じて住する。しかし、さらに、死にゆく、あるいは、死んだ自分を勝解し、入息と出息の繰り返しのなくなった（自分）を勝解する時、自己と（自己以）外の身体において身体を観じて住する。また、すべての加行において、止に属するものに伴われ、止に属するものに含まれる加行をなす。また、他の残りのすべても、前のとおりに知られるべきである。

(III)-C-V-5　結修作意

このようであるとき、まさに正しく教誨され、正しく修業しつつある初業者は、熱心であり、正知しつつ、念を保って住し、世間における貪りと憂いを除く。

まず、彼が熱心であることには、その加行中に、継続的になし、永続的になし、正しく得られた作意を喧噪等によって散乱させないということがある。さらに、彼が正知することと念を保つこととには、その加行中に、止と観の修習において彼に散乱と不散乱の了知への専心があるということがある。さらに、彼が（世間における）貪りと憂いを除くことには、嫌悪されるべき相と喜ばれるべき相を善く取ることが

bhavati, idam asyābhidhyādaurmanasyavinayasya[1)] /

[(2...]tasyaivam ātāpino viharato[...2)] [(3...]yāvad *vinīya* loke 'bhidhyādaurmanasyaṁ[...3)] pūrvam eva samyakprayo*gā*rambhakāle[4)] [(5...]sūkṣmā ci*ttaikāgratā kāyaci*tta-praśrabdhiś *ca*[...5)] durupalakṣyā[6)] pravartate / yā tatra śama*thaṁ*[7)] vā bhāvayato vipaśyanāṁ vā [(8...]prasvasthacittatā prasvasthakāyatā[...8)] cittakāyakarmaṇyatā, iyam atra kāyacittapraśrabdhiḥ / tasya saiva sūkṣmā[9)] cittaikāgratā cittakāyapraśrabdhiś cābhivardhamānā[10)] audārikāṁ sūpalakṣyāṁ[11)] cittaikāgratāṁ *citta*kāyapraśrabdhim[12)] āvahati, yaduta hetupāraṁparyādānayogena[13)] / na[14)] tasya nacirasyedānīm audārikī cittakāyapraśrabdhiś cittaikāgratā ca sūpala*kṣyo*tpatsyatīti[15)] yāvat / asya[16)] pūrvanimittaṁ [(17...]mūrdhani gaurava-pratibhāsam[...17)] utpadyate, na [(18...]ca tad[...18)] bādhalakṣaṇam[19)] / tasyānantarotpādād[20)] yat prahāṇarativibandhakā*ri*ṇāṁ[21)] kleśānāṁ pakṣyaṁ cittadauṣṭhulyaṁ tat prahīyate / tatpratipakṣeṇa ca cittakarmaṇyatā cittapraśrabdhir utpadyate / [(22...]tasyā utpādāt[...22)] kāyapraśrabdhyutpādānukūlāni vāyū*dri*ktāni[23)] mahābhūtāni kāye 'vakrāmanti[24)] / teṣām avakramaṇahetor yat kāyadauṣṭhulyaṁ tad vigacchati [(26...]prahāṇarativibandhakarakleśapakṣyam / kāyapraśrabdhyā[26)...25)] ca tatprati-

---

1) *Tib.* de'i 'jig rten la brnab sems daṅ yid mi bde ba rnam par bsal ba yin no//. *Ch.* 調伏一切世間貪憂. *Both Tib. and Ch. have* loka ('jig rten / 一切世間).

2) *Ch.* 由是因縁宣説彼能安住熾然.

3) *Ms.* yāvat dvitīya loke bhidhyādaurmanasyaṁ. *Sh.* yāvat(d) dvitīyaloke [a]bhidhyādaur-manasyaṁ. *Cf.* ŚBh III 168, 13-14. *See* Schmithausen 1982b, 62, *fn.* 10

4) *Ms.* samyakprayogamārambhakāle. *Sh., Sa.* samyakprayoga[sa]mārambhakāle.

5) *Ms.* sūkṣmā cittapraśrabdhir. *Sh.* sūkṣmacittapraśrabdhir. *Sa.* sūkṣmā [cittaikāgratā kāya]-cittapraśrabdhir. *Tib.* sems śin tu sbyaṅs pa daṅ lus śin tu sbyaṅs pa daṅ/ sems daṅ lus las su ruṅ ba 'byuṅ ba ni phra ba ste/. *Ch.* 心一境性身心輕安微劣. *See* Schmithausen 1982b, 62, *fn.* 10.

6) *Sh.* durupalabhyā. 7) *Ms.* śamathām. 8) *See* Schmithausen 1982b, 62, *fn.* 10.

9) *No equivalent in Tib.* 10) *Sh.* cābhivara[ṁ] nī. 11) *Sh.* supalakṣyāṁ.

12) *Ms., Sh.* kāyapraśrabdhim. *Sa.* [citta]kāyapraśrabdhim. *Tib.* sems daṅ lus śin tu sbyaṅs pa de ñid. *Ch.* 身心輕安. *See* Schmithausen 1982b, 62, *fn.* 10.

13) *Sh.* hetupāraṁ paryādānayogena. 14) *No equivalent in Tib. or Ch.*

15) *Ms.* sūpalakṣyātpatsyatīti. 16) *Sh.* asyā.

17) *Sh.* pūrva nirgauravapratibhāsam. *Tib.* sra ba lci (*P.* ltsi) bar snaṅ ba. *Ch.* 於其頂上似重.

18) *Sh.* caitad. 19) *Sh.* vādhalakṣaṇaṁ.

20) *Tib.* de skyes ma thag tu. *Ch.* 即由此相於内起故.

21) *Ms.* °vibandhakārīṇāṁ. *Sh.* °vivandhakārī(ri)ṇāṁ. *Sa.* °vivandhakārāṇāṁ

22) *Ms., Sh., Sa.* tasyotpādāt.

23) *Ms.* vāyūdṛktāni. *Sh.* vāyūrdhva[mu]ktāni. *Tib.* 'byuṅ ba chen po'i rluṅ dag lus la rgyu bar 'gyur te/. *Ch.* 風大偏増衆多大種來入身中. 24) *Sh.* [']vakramanti.

25) *Sh.* prahāṇaratir iva[da ka]rakleśāpakṣyakāyapraśrabdhyā. 26) *Ch.* 身調柔性身輕安性.

ある。

このように、世間における貪りと憂いを除き、熱心であり、乃至、住するその者には、正しく加行を始める時、まさに最初に、観察し難い微細な心一境性と身心の軽安が生起する。このうち、止、あるいは観を修習するものに快適な心の状態、快適な身の状態、心身の順応性があることが、ここでの身心の軽安である。彼のその微細な心一境性と心身の軽安は増大しつつ、大きく、善く観察される心一境性と心身の軽安をもたらす、すなわち、因を段階的に捉える方法によってである。「このとき、すぐには、彼に観察しやすい大きな心身の軽安と心一境性が生起しないであろう」ともいえる。彼に、頭における重さのような以前の相が生起し、また、それが悩惑の特徴をもたない。その（相）は間断なく生起するので、断の楽の妨げをなす煩悩に属する心の麁重であるものは断じられる。そして、それの対治であるので、心の順応性、心の軽安が生起する。それが生起するので、身の軽安の生起に随順し、風によって増勢した大種が身体に入る。それらが入るので、断の楽の妨げをなす煩悩に属する身体の麁重性が消滅する。また、それの対治である身の軽安によって、

pakṣikayā sarvakāyaḥ pūryate, (1…sphuṭa iva khyāti…1) / ta*t*prathamopanipāte[2] cittaudvilyaṁ[3] ca[4] (5…cittasumanaskatā *ca* prāmodyasahagatālambanasābhirāmatā…5) ca cittasya (6…tasmin samaye khyāti…6) / tasyordhvaṁ yo 'sau tatprathamopanipātī praśrabdhivegaḥ, sa śanaiḥ śanaiḥ pariślathataro bhavati / chāyevānugatā[7] praśrabdhiḥ / kāye ca pravartate / [8] yac ca tad audvilyaṁ[9] cetasas tad apy avahīyate / (10…praśāntākāracittam ālambane…10) śamathopastabdhaṁ[11] pravartate /

tata ūrdhvam ayaṁ yogy ādikarmikaḥ samanaskāro bhavati / samanaskāra[12] iti ca saṁkhyāṁ gacchati / tat kasya hetoḥ / (13…rūpāvacaro 'nena…13) samāhitabhūmiko manaskāraḥ parīttas tatprathamataḥ[14] pratilabdho bhavati / tenocyate samanaskāra iti / tasyāsya samanaskārasyādikarmikasyemāni liṅgāni bhavanti / parīttam anena rūpāvacaraṁ cittaṁ pratilabdhaṁ bhavati, parīttā kāyapraśrabdhiś cittapraśrabdhiś cittaikāgratā / bhavyo bhavati pratibalaḥ kleśaviśodhanālambanaprayogasya[15] / (16…snigdhā cāsya…16) cittasaṁtatiḥ pravartate / (17…śamathopagūḍhāc caritaṁ tadānena viśodhitaṁ bhavati…17) / saced rañjanīye viṣaye carati, na tīvraṁ rāgaparyavasthānam utpādayati / (18…alpamātrakeṇāvaramātrakeṇa ca pratipakṣasaṁniśrayeṇābhogamātrake*ṇa* śaknoti prativinodayitum…18) / yathā rañjanīye[19] evaṁ dveṣaṇīye, mohanīye

---

1) *Ms., Sa.* sphuṭa iva khyāti. *Sh.* syādā[................]dhyāti. *Tib.* gaṅ ba bźin du snaṅ bar 'gyur ro. *Ch.* 状如充溢.

2) *Ms., Sh.* tataḥ prathamopanipāte. *Tib.* daṅ por de skyes par gyur pa de'i tshe na. *Ch.* 彼初起時.

3) *Sh.* cittauṣṭhilyaṁ(cittadauṣṭhulyaṁ).

4) *Sh. omits.*

5) *Ms.* cittasumanaskatā prāmodyasahagatālambanasābhirāmatā. *Sh.* cittasumanaskāraprāmodyasahagatālambanasābhirāmatā.

6) *Ch.* 於心中現.

7) *Ms.* cchāyevānugatā. *Sh.* chāyevānugatā. *Tib.* grib ma lta bu daṅ ldan par. *Ch.* 隨身而行.

8) *Ch. has* 由是因縁.

9) *Sh.* auddhilyaṁ(ddhatyaṁ).

10) *Sh.* praśāntākāracittasālambane. *Sa.* praśāntākāra[ṃ ca]? cittam ālambane.

11) *Sh.* śamatho yas tacca(yassa).

12) *Sh.* [sa]manaskāra.

13) *Sh.* rūpārtha[ā]nurodhena.

14) *Sh.* taprathamataḥ.

15) *Ms.* kleśaviśodhanālambanaḥ prayogasya. *Sh.* kleśaviśodhanālambanaḥ prayoga[o']sya.

16) *Sh.* stigvā(mā)cāsya.

17) *Tib.* źi gnas kyis ñe bar dkris pa daṅ/ des spyad pa rnam par sbyoṅ ba yaṅ spyad pa zin pa yin te/. *Ch.* 爲奢摩他之所攝護能淨諸行.

18) *Ms.* alpamātrakeṇāvaramātrakeṇa ca pratipakṣasanniśrayeṇābhogamātrakeṇā śaknoti prativinodayituṁ. *Sh.* alpamātrekaṇāvaramātrakeṇa ca pratipakṣasanniśrayeṇābhogamātrakeṇā['] śakto [a]tiprativiśoda(dha)yituṁ. *Tib.* gñen po cuṅ zad tsam daṅ ṅan ṅon tsam la brten ciṅ cuṅ zad brtsal (*P., N.* bsal) ba tsam gyis sel nus par 'gyur ba daṅ/. *Ch.* 雖少生起依止少分微劣對治暫作意時即能除遣.

19) *Ch.* 可愛境.

身体全体が満たされて、満ち溢れたように見える。最初に（軽安が）起こったときに、心の踊躍と、心の喜悦した状態と、心に歓喜を伴った所縁に悦楽のある状態とが、その時に現れる。その後に、この最初に起こった軽安の勢いが、順次に、より緩まる。軽安は影のように伴うものとなる。また、身体においても（それが）生じる。また、その心の踊躍も滅する。寂静なる様相をもつ心が、所縁において止に基づいて生じる。　それより後に、この初業者である瑜伽者は有作意の者となる。また、「有作意の」と呼ばれるが、それは何故か。彼によって、色界の定地に属する微小な作意が初めに獲得される。これゆえ、「有作意の」と言われる。この有作意の初業者には、これらの特徴が生じる。彼によって、微小な色界の心が獲得され、微小な身の軽安、心の軽安、心一境性が（獲得される）。浄惑所縁の加行に適性を持ち、有能な者となる。また、彼の心相続は滋潤となる。止に包まれたのちに行じられたことは、そのときに彼によって清められる。もし、貪を生じる対境において行じる場合でも、激しい貪の纏を生起させない。わずかで微少な対治への依止によって、少しの努力で取り除くことができる。貪を生じる（対境）においてと同様に、瞋を生じる、癡を生じる、

mānasthānīye, vitarkasthānīye[1] veditavyam / [(2...]niṣaṇṇasya cāsya pratisaṁlayane cittaṁ praṇidadhatas[3)...2)] tvaritatvaritaṁ cittaṁ praśrabhyate kāyaś ca / kāyadauṣṭhulyāni ca nātyarthaṁ bādhante / na cātyarthaṁ nivaraṇasamudācāro bhavati / na cātyartham utkaṇṭhāratiparitasanāsahagatā*ḥ*[4] saṁjñāmanasikārāḥ samudācaranti / [(5...]vyutthitasyāpi carataḥ[...5)] praśra*bdhi*mātrā[6] kācic citte kāye [7] cānugatā bhavatītyevaṁbhāgīyāni *sa*manaskārasya[8] liṅgāni nimittāny avadātāni veditavyāni /

// piṇḍoddānam //[9]

(A-I)upasaṁkramaṇaṁ yā ca (A-II)harṣaṇā (B-I, II)pṛcchanaiṣaṇā /
(C-I)viniyogarakṣopacayaḥ [(10...] (C-II)prāvivekyaṁ (C-III)tathaikatā[...10)] //
[(11...] (C-IV)āvaraṇaśuddhyā kṛtveha[...11)] (C-V)manaskārasya bhāvanā //

// yogācārabhūmau śrāvakabhūmisaṁgṛhītāyāṁ tṛtīyaṁ yogasthānaṁ samāptam //

---

1) *Ch.* 可尋思境.

2) *Tib.* de naṅ du yaṅ dag 'jog 'dug (*P.* 'jug) ste/ sems gtod par byed pa na/. *Ch.* 宴坐靜室暫持其心.

3) *Sh.* pratidadhatas.

4) *Ms.* utkaṇṭhāratiparitasanāsahagatā. *Sh.* utkaṇṭhā ratiparitamanāsahagatā[ḥ]. *Tib.* 'dod pa daṅ dga' ba daṅ/ yoṅs su gduṅ ba daṅ ldan pa'i. *Ch.* 思慕不樂憂慮俱行.

5) *Ms.* vyutthitasyāpi manasa carataḥ. *Sh.* vyutthitasyāpi manasa[ś](vyutthitamanaso'pi) carataḥ. *Tib.* laṅs te rgyu ba na. *Ch.* 雖從定起出外經行.

6) *Ms.* praśrabdhamātrā. *Sh.* praśrabdha(bdhi)mātrā.

7) *Ms. has* citte.

8) *Ms.* manaskārasya. *Sh.* [sa]manaskārasya [ādikarmikasya]. *Tib.* yid la byed pa daṅ bcas pa'i. *Ch.* 有作意者.

9) *Ch. places this uddāna at the beginning of the third yogasthāna* (448b24-25). *See* ŚBh III 2, *fn.* 2).

10) *Sh.* prāvivekyabhavaikatā.

11) *Sh.* āvaraṇaśuddhayutkṛṣṭeha.

慢を生じる、尋思を生じる（対境）において（行じる場合）も知られるべきである。また、坐って黙居独考において心を向けている彼の心身は速疾に軽安になる。また、甚だしく身体の麁重が煩わすこともない。また、甚だしく障礙が現行することはない。また、甚だしく憧憬・不快・怯弱を伴う想の作意が現行することはない。（定から）起きて行じている者にさえも、心身に伴う何らかの僅かな軽安が生じる。というこれに類するものが、有作意の者の清浄な特徴、相であると理解されるべきである。

// 略概要頌 //

（A-I）近づくことと、（A-II）喜ばせることと、（B-I）問うことと、
（B-II）審査することと、
（C-I）務めを護り集積することと、（C-II）遠離と、
（C-III）（心）一（境）性と、
ここで（C-IV）障の清浄を用いたのち、（C-V）作意の修習がある。

// 瑜伽師地論、声聞地所摂中の第三の瑜伽処が終わる //

English Summary

YASUI Mitsuhiro

According to the abridged summary (*piṇḍoddāna*) at the end, the third yoga stage of the *Śrāvakabhūmi* (ŚBh) consists of nine parts, namely (1) Approach (*upasaṁkramaṇa*), (2) Encouragement (*harṣaṇā*), (3) Question (*pṛcchanā*), (4) Examination (*eṣaṇā*), (5) Guarding and accumulating the instruction (*viniyogarakṣopacaya*), (6) Solitude (*prāvivekya*), (7) Focusing on a single point (*ekatā*), (8) Purification from hindrances (*āvaraṇaśuddhi*), and (9) Cultivation of contemplation (*manaskārasya bhāvanā*).

Taking this into consideration, this stage is divided into three main sections according to the Chinese translation: (A) Approach and encouragement (*upasaṁkramaṇa, harṣaṇā*), (B) Question and examination (*pṛcchanā, eṣaṇā*), and (C) Five points (*pañca sthānāni*). Then these sections are further broken down into nine subsections: (A-I) Approach (*upasaṁkramaṇa*), (A-II) Admiration and encouragement (*samuttejana saṁpraharṣaṇa*), (B-I) Four points of question (*catvāraḥ paripṛcchāsthānīyāḥ*), (B-II) Matters of examination in four ways (*caturbhiḥ kāraṇaiḥ samanveṣitavyaḥ*), (C-I) Guarding and accumulating the requisites for meditation (*samādhisaṁbhārakṣopacaya*), (C-II) Solitude (*prāvivekya*), (C-III) Focusing on a single point (*ekāgratā*), (C-IV) Purification from hindrances (*āvaraṇaviśuddhi*), and (C-V) Cultivation of contemplation (*manaskāra-bhāvanā*).

The third yoga stage demonstrates a gradual process of practice through which the beginner (*ādikarmika*) of *yoga* attains a subtle mind in the realm of form, repose of the subtle body and mind, and focusing of the mind on a single point. At the same time, this stage also serves as a manual for the yoga master (*yogajña ācārya*) who supervises the beginner. Its main topic is a fivefold visualization of impurity (*aśubhā*), friendliness (*maitrī*), dependent origination (*idaṁpratyayatāpratītyasamutpāda*), analysis of elements (*dhātuprabheda*), and mindfulness of breathing (*ānāpānasmṛti*). This method is referenced in (C-III) Focusing of the mind on a single point and (C-V) Cultivation of contemplation. These two sections account for a large part of this stage, and refer to the fivefold visualization from different angles. Especially, the latter (C-V) elucidates the meditation of impurity in detail, which reflects the importance of this meditation.

In the following, let us overview each section of the third yoga stage, and examine its significance in reference to previous studies.

Outline of the third yoga stage

(A) Approach and encouragement

In this section, firstly, (A-I) refers to the beginner's "approach" to the yoga master, as the very action of the beginner. Secondly, (A-II) instructs the master to accept, admire, and encourage the beginner.

(A-I) Approach

There are four things the beginner must do while approaching the master: (1) longing for acceptance without a critical mind, (2) respecting the master without conceit and arrogance, (3) intending a modest deed without bragging about himself, (4) considering to lead himself and others to good deeds and not wealth or fame. Keeping these in mind, the beginner should ask the master for the instruction of yoga.

(A-II) Admiration and encouragement

The master accepts the beginner's request, encourages his motivation with gentle words, and admires him. Then, he praises the beginner's will to abandon the desire.

(B) Question and examination

This section explains the two-step procedure, which the master should follow, for question and examination, namely (B-I) Four points of question and (B-II) Matters of examination in four ways.

(B-I) Four points of question

The master asks four customary questions to the beginner after encouraging him, whether he (1) embraces three treasures (*buddha*, *dharma*, and *saṁgha*) exclusively, without agreeing to non-Buddhist masters or sages; (2) has an essential purity, upholds highly faultless precepts , and keeps a right view to practice the continence and the chastity; (3) hears the sufficient teachings about the four noble truths, and keeps them; and (4) concentrates his mind on *nirvāṇa*, and his ordination being for the sake of the attainment of *nirvāṇa*.

(B-II) Matters of examination in four ways

After four customary questions, the master examines the beginner in four points, namely aspiration, disposition, faculty, and performance. This examination is undertaken in four ways; (1) question, (2) explanation, (3) action, and (4) knowing the state of mind. (1) The master asks the beginner questions about his aspiration, disposition, faculty, and performance. First, the master asks the beginner whether his aspiration belongs to *śrāvakayāna*, *pratyekabuddhayāna*, or *mahāyāna*. In the same way, the master also asks about disposition, faculty, and performance in order to examine the potential of the beginner. (2) The examination by means of explanation focuses on disposition, faculty, and performance. The master explains the three vehicles, and examines his disposition, faculty, and performance by seeing its reaction. (3) The master examines the potential of the beginner by seeing his action after hearing the explanation. (4)

Lastly, the master, that is to say the *yogin* who knows yoga, examines disposition, faculty, and performance of the beginner by knowing his mind.

(C) Five points

The preceding two sections are the preparation for the practice of yoga, and this section, which accounts for a large part of the third yoga stage, demonstrates the practice of yoga. According to the text of this section, the five points are (C-I) Guarding and accumulating the requisites for meditation (*samādhisaṁbhārakṣopacaya*), (C-II) Solitude (*prāvivekya*), (C-III) Focusing of the mind on a single point (*cittaikāgratā*), (C-IV) Purification from hindrances (*āvaraṇaviśuddhi*), and (C-V) Cultivation of contemplation (*manaskārabhāvanā*).

(C-I) Guarding and accumulating the requisites for meditation

The precepts are referred to here as the requisites for meditation (*samādhisaṁbhāra*). While the first yoga stage explains the precepts in detail, the third yoga stage emphasizes the precepts with reference to the training of meditation.

(C-II) Solitude

The yoga practitioner first observes precepts, and then practices solitude. Solitude consists of (1) fulfillment of a place (*sthānasaṁpad*), (2) fulfillment of deportment (*īryāpathasaṁpad*), and (3) isolation (*vyapakarṣa*). (1) Fulfillment of a place is to live in an appropriate place for the practice of yoga, such as a distant place (*araṇya*), underneath a tree, and a quiet abode. Especially, those places must be deserted, but not so far from a village for the sake of mendicancy, no harm of mosquitoes and horseflies, and no danger of a lion or a tiger. (2) Fulfillment of deportment outlines norms for daily life. The yoga practitioner must wake up and start meditation before dawn, spend time walking slowly or sitting quietly during the daytime, and sleep after the practice at night. The yoga practitioner who is skilled in the proper deportment sits with legs crossed and meditates with proper posture and mind. (3) Isolation consists of two parts, namely isolation of the body and isolation of the mind. Isolation of the body is to live with neither householders nor monks. Isolation of the mind is to avoid impure and indifferent contemplation, practicing good and meaningful contemplation conducive to meditation.

(C-III) Focusing of the mind on a single point

The explanation of yoga practice begins with this subsection. (C-III) Focusing of the mind on a single point is roughly classified into (C-III-1) the part of calm abiding (*śamathapakṣya*), and the part of insight (*vipaśyanāpakṣya*), and (C-III-2) the ninefold practice (*navavidhaprayogatā*).

(C-III-1) Those pertaining calm abiding and to insight

Focusing of the mind on a single point is defined as a "mental continuum with the objects that are the same as (external ones) through repeated recollection, accompanied with continuity (of objects) and unblemished pleasure" and are referred to as meditation (*samādhi*). It divided into the part of calm abiding (*śamathapakṣya*), and the part of insight (*vipaśyanāpakṣya*). Calm abiding is assorted into nine parts, and insight is assorted into four parts. Nine parts of calm abiding are fulfilled by six kinds of powers, and four kinds of contemplation work at that time. Meanwhile, four parts of insight consist of three directions and objects which are distinguished by six matters. The six matters are (1) meaning (*artha*), (2) matter (*vastu*), (3) characteristic (*lakṣaṇa*), (4) type (*pakṣa*), (5) time (*kāla*), and (6) reasoning (*yukti*). Each part of the fivefold visualization is respectively analyzed through these six matters while explaining insight.

(C-III-2) Nine types of practices

There are nine types of practice that belong to the white (good) side and to the black (bad) side. The former nine are (1) concordant practice (*anurūpaprayogatā*), (2) repetitive practice (*abhyastaprayogatā*), (3) unslackened practice (*aśithilaprayogatā*), (4) uninverted practice (*aviparītaprayogatā*), (5) timely practice (*kālaprayogatā*), (6) observative practice (*upalakṣaṇaprayogatā*), (7) unsatiated practice (*asaṁtuṣṭaprayogatā*), (8) undissociated practice (*avidhuraprayogatā*), and (9) right practice (*samyakprayogatā*). The latter nine are their opposites. After the explanation of nine types of practice is reference to removal (*vibhāvanā*). Removal is part of right practice. For example, when a painter draws a picture, he paints on paper and discards one sheet after another. As he repeats this action, his picture gradually approaches completion. In the same way, the beginner removes the image of the object when he perceives it, and acquires a new object. His cognition of the object deepens by following this process.

(C-IV) Purification from hindrances

Purification from hindrances is explained after right practice. This subsection consists of (C-IV -1) Purification from hindrances, (C-IV-2) Multitude (*bāhulya*), (C-IV-3) Obtainment (*pratilabdha*), and (C-IV-4) The path to the combination of calm abiding and insight (*śamathavipaśyanāyuganaddhavāhī mārgaḥ*). (C-IV-1) Purification from hindrance is to purify the yoga practitioner's mind from impurity. With regard to impurity, this part explains its nature, cause, negative effect, and treatment. (C-IV-2) Multitude explains the mutual expansion of calm abiding and insight, and it also stimulates the expansion of focusing of the mind on a single point and the confidence of the body and the mind. And its completion is the transformation of the basis (*āśrayaparivṛtti*). (C-IV-3) Obtainment demonstrates what happens when the fivefold visualization such as impurity is obtained. (C-IV-4) The path of the combination of calm abiding and insight describes how calm abiding and insight function equally and mutually when they link together.

(C-V) Cultivation of contemplation

In this present publication, this subsection is divided into five categories, namely (C-V-1) Fourfold contemplation (*catvāro manaskārāḥ*), (C-V-2) Aversion and delight (*saṁvejanīyaḥ dharmaḥ, abhipramodanīyaḥ dharmaḥ*), (C-V-3) Two *dharma*-s (*dvau dharmau*), (C-V-4) Five images (*pañca nimittāni*), and (C-V-5) Summary. This subsection specifically demonstrates how the beginner gradually masters the yoga practice of contemplation to attain repose of the body and mind without disturbance from defilements.

(C-V-1) Fourfold contemplation

The beginner learns right practice through focusing of the mind on a single point and purification from hindrances. Here, in order to realize focusing of the mind on a single point and the pleasure of the abandonment, he practices the following four kinds of contemplations: (1) the contemplation of making the mind undergo austere training (*cittasaṁtāpano manaskāraḥ*), (2) the contemplation of fostering the mind (*cittābhiṣyandano manaskāraḥ*), (3) the contemplation of engendering ease (*praśrabdhijanako manaskāraḥ*), and (4) the contemplation of purifying the wisdom and view (*jñānadarśanaviśodhano manaskāraḥ*).

(C-V-2) Objects of aversion and delight, (C-V-3) Two *dharma*-s

The beginner should distinguish *dharma*-s which are to be averted and rejoiced. He should avoid the present sufferings of self and others, and the vanished welfare of self and others. Meanwhile, he should rejoice at the three treasures, the purification of the moral precepts and the virtue, and the confidence of the fulfillment of his own aptitude. By averting and rejoicing in these manners, his mind goes against black (bad), and towards white (good). Consequently, he becomes accustomed to avoiding all defilements and cherishing good, and is also ready for the next stage.

(C-V-4) Five images

Five images are those (1) of what is averted (*saṁvejanīyaṁ nimittam*), (2) of what is to be rejoiced (*prasadanīyaṁ nimittam*), (3) of distress (*ādīnavanimittam*), (4) of illumination (*ālokanimittam*), and (5) of the examination of objects (*vasturūpaṇānimittam*). The practice of the fivefold visualization begins with the attainment (*udgrahaṇa*) of those five images. The master (*yogī yogajñaḥ*) teaches the beginner how to attain those images through impurity, friendliness, dependent origination, analysis of elements, and mindfulness of breathing. Then he goes on to explain the practice of calm abiding and insight, and the four applications of mindfulness. The practice of the four applications of mindfulness is the observation (*anupaśya*) of the body, sensation, mind, and dharma from both inside and outside with regard to each object of the fivefold visualization.

(C-V-5) Summary
To conclude the practice of contemplation, the fruits of the practice are demonstrated. The beginner will achieve focusing of the mind on a single point and the repose of the body and the mind through the practice of calm abiding and insight. These fruits will grow as the practice proceeds. The increase of the repose of body and the leads to relinquishing depravities of body and mind which are subject to defilements. When repose comes to follow like a shadow, the beginner will acquire the tranquil mind and become “a practitioner with contemplation (*samanaskāra*)” Being purified, he will not have an acute entanglement, which is the manifestation of defilements, such as lust, anger, and stupidity.

The status of the third yoga stage in the ŚBh

The third yoga stage starts with the beginner’s initiation. First, the master encourages him, and examines his ability. Then, the process to the attainment of focusing of the mind on a single point is demonstrated. Such content corresponds with the practice (*viniyoga*), which is referred to the *uddāna* written at the beginning of the first yoga stage. However, the third yoga stage does not refer to *pudgala* as the first and second yoga stages do, and it is mostly occupied by the explanation of the practice of yoga. While the first and second yoga stages describe theories of yoga in Abhidharmic way, the third and the forth stages fully deal with the techniques of spiritual cultivation (Deleanu 2006). Although the second stage contains explanation of yoga practice, the third stage strongly emphasizes the methods of calm abiding and insight and the actual changes of body and mind (Abe 2017).

There are the following correspondences between the third yoga stage and former two stages. First, (B) Question and examination refers to (a) aspiration, (b) disposition, (c) faculty, and (d) performance. It classifies (a) (b) into *śrāvakayāna*, *pratyekabuddhayāna*, and *mahāyāna*, (c) into the inferior, average, superior faculty, and (d) into the doer of passion, hatred, delusion, pride, and rough examination. This classification is similar to part of the first yoga stage ((I)-A-IV-d~i, ŚBh I pp. 30-35). As for the second yoga stage ((II)-A-II-2), the classification by faculty ((II)-A-II-2-a-(1), ŚBh II pp. 22-23), the classification by performance ((II)-A-II-2-a-(3)~(3)v, ŚBh II pp. 22-33), and the classification by aspiration ((II)-A-II-2-a-(4), ŚBh II pp. 32-35) irregularly correspond to the third yoga stage. Among those classifications, the aspiration to “Mahāyāna” is seen in the second and third yoga stages. It is uncertain that Mahāyāna has already existed when the ŚBh was established, or whether “Mahāyāna” was inserted when the ŚBh was absorbed into the *Yogācārabhūmi*.

Secondly, the items which are explained in detail in the first yoga stage ((I)-C-III, ŚBh I pp. 62-295) are summarized in (C-I) Guarding and accumulating the requisites for meditation of (C) Five points. Part of this sentence is regarded as the primitive description therefore it is important when we consider the original form of the ŚBh. (C-II) Solitude is related to ((I)-A-II-4-b-(10), ŚBh I pp. 20-21) and ((I)-C-III-11-b(2), ŚBh I pp. 248-251) of the first yoga stage. ((III)-C-II-2) Fulfillment of behavior is quite similar to ((I)-C-III-7, ŚBh I pp. 150-171) of the first yoga stage, however it is summarized briefly in the third yoga stage. ((III)-C-II-3) Isolation does not have obvious correspondences with other yoga stages.

Calm abiding and insight of the third yoga stage are similar to the second yoga stage. Calm abiding is similar to the Images without Discriminative Thought ((II)-A-II-3-a-(1)-ii, ŚBh II pp. 44-45) of the second yoga stage, and insight is similar to the Images with Discriminative Thought ((II)-A-II-3-a-(1)-i, ŚBh II pp. 44-45). In those cases, the explanation of calm abiding and insight in the second yoga stage is brief, meanwhile the third yoga stage explains them in detail. On the other hand, Characteristic ((III)-C-III-1-b-(2)-ii-(c)) of impurity demonstrates that "This body contains hair of head and body, brain, meninx, and urine", and this is the abbreviated form of 36 items which are enumerated in Internal Impurity ((II)-A-II-3-b-(1)-i-(a)-①, ŚBh II pp. 58-59) of the second yoga stage.

There is no noteworthy correspondence between (C-IV) Purification from Hindrances of the third yoga stage and other two stages. As for (C-V) Cultivation of Contemplation, (C-V-1) Fourfold Contemplation is different from ((II)-A-II-9-a, ŚBh II pp. 158-159) Contemplation of the second yoga stage and Sevenfold Contemplation (Sh. p. 439) of the fourth yoga stage. The contemplation of the third yoga stage tells "subtle contemplation pertaining to the meditative stage in the realm of form". However, the contemplations of the other two stages are mentioned with related to practical steps of cultivation. Besides, the application of mindfulness of the third yoga stage is different from that of the second yoga stage. The second yoga stage demonstrates the fourfold contemplation in the practice of the 37 factors of enlightenment, and analyzes body, sensation, mind, and dharma. Meanwhile the third yoga stage explains the application of mindfulness with the practice of each yoga such as impurity and friendliness. Furthermore, the instruction of practice is given in dialogue between the master and the beginner. It reflects the characteristic of the third yoga stage, which shows the practical demonstration of yoga.

Contents

Preface .... NAGASHIMA Jundo

Contents (Japanese) I

Introduction .... ISHIDA Kazuhiro III

Bibliography and Abbreviations XII

Explanatory Remarks XXI

Synopsis XXII

Śrāvakabhūmi, the Third Chapter,

Sanskrit Text and Japanese Translation 1

English Summary ....YASUI Mitsuhiro................. 177

Contents 185

大正大学綜合佛教研究所研究叢書　第32巻
瑜伽論　声聞地，第三瑜伽処 ―サンスクリット語テキストと和訳―
Śrāvakabhūmi, the Third Chapter, Revised Sanskrit Text and Japanese Translation

Śrāvakabhūmi Study Group
長島潤道　NAGASHIMA Jundo
阿部貴子　ABE Takako
石田一裕　ISHIDA Kazuhiro
松本恒爾　MATSUMOTO Koji
西野　翠　NISHINO Midori
佐藤堅正　SATO Kensho
安井光洋　YASUI Mitsuhiro

平成30年3月21日　初版発行
編　著　大正大学綜合佛教研究所　声聞地研究会
〒170-0021　東京都豊島区西巣鴨3丁目20番1号
電話　(03)3918-7311（代表）
Śrāvakabhūmi Study Group
The Institute for Comprehensive Studies of Buddhism, Taisho University
3-20-1 Nishisugamo, Toshima-ku Tokyo, Japan

発行所　株式会社　山喜房佛書林
代表者　浅地　康平
〒113-0033　東京都文京区本郷5丁目28番5号
電話　(03)3811-5361
FAX　(03)3815-5554
振替　00100-0-7900
SANKIBO Busshorin Publishing CO., Ltd.
5-28-5 Hongo, Bunkyo-ku, Tokyo, Japan

ISBN 978-4-7963-0288-3 C3315